文化中国书系
中国社会科学院中国文化研究中心

总主编◎王立胜　李河

国际创意经济发展与中国

意娜◎著

中国书籍出版社
China Book Press

图书在版编目（CIP）数据

国际创意经济发展与中国 / 意娜著. -- 北京：中国书籍出版社，2020.12
（中国社会科学院中国文化研究中心·文化中国书系 / 王立胜，李河总主编）
ISBN 978-7-5068-8165-4

Ⅰ.①国… Ⅱ.①意… Ⅲ.①文化产业—国际化—产业发展—研究—中国 Ⅳ.①G124

中国版本图书馆CIP数据核字(2020)第242232号

国际创意经济发展与中国
意娜 著

责任编辑	牛 超
项目统筹	惠 鸣　孙茹茹
责任印制	孙马飞　马 芝
封面设计	程 跃
出版发行	中国书籍出版社
地　　址	北京市丰台区三路居路 97 号（邮编：100073）
电　　话	（010）52257143（总编室）　（010）52257140（发行部）
电子邮箱	eo@chinabp.com.cn
经　　销	全国新华书店
印　　刷	三河市顺兴印务有限公司
开　　本	787毫米×1092毫米　1/16
字　　数	292千字
印　　张	15.75
版　　次	2021年2月第1版　2021年2月第1次印刷
书　　号	ISBN 978-7-5068-8165-4
定　　价	60.00 元

版权所有　翻印必究

文化中国书系编委会
（以姓氏笔画为序）

王　平　王立胜　牛　超　刘向鸿　刘建华
李　河　吴尚民　张晓明　章建刚　惠　鸣

目录

绪论：全球化·新技术·黑天鹅 / 1

第一章　政策话语："文化多样性"理念 / 14
　　第一节　"文化多样性"理念的中国阐释 / 14
　　第二节　全球化危机中保护与促进"文化多样性"的两难困境 / 27
　　第三节　"文化多样性"理念对文化政策的重塑 / 38

第二章　发展中经济体文化创意产业发展 / 55
　　第一节　数字经济宏观环境的整体影响 / 55
　　第二节　文化创意产业的能力建设与政策可量化困境 / 78
　　第三节　创意经济的升级与发展中经济体的崛起机遇 / 84
　　第四节　推动全球变革的创意力量 / 94

第三章　发达地区创意经济发展经验 / 99
　　第一节　发达经济体发展文化产业的若干经验与问题 / 99
　　第二节　发达经济体湾区的"宜居宜业宜游"经验与中国 / 102
　　第三节　发达经济体的"乡村振兴"经验与中国 / 116
　　第四节　国际旅游岛发展比较评估 / 131

第四章　国际热点：数字平台产业研究 / 145
　　第一节　数字大平台热思考：文化发展时代 / 145
　　第二节　数字大平台冷思考：文化政策与伦理关切 / 152

第三节　数字时代"原住民"的拓疆体验 / 162

第五章　国际热点：创意城市的可持续发展 / 166

第一节　创意经济、创意城市与城市可持续发展 / 166

第二节　纽约经验：国际化大都市的文化创意产业发展战略 / 170

第三节　国际组织总部集聚的北京实践 / 183

第四节　国家时尚中心建设的北京实践 / 198

第六章　中国特色本土实践的国际贡献 / 206

第一节　中国文化产业人才培养的 U40 模式 / 206

第二节　新青年的新雄安 / 211

第三节　文化旅游不等于文化加旅游——在"公共文化与文化旅游产业融合发展"论坛上的发言 / 216

第四节　民族传统 IP 改编成动漫有戏吗？ / 219

第五节　文化产业的"西部模式"与赤峰特色 / 221

第六节　"互联网+"时代的定州旅游发展 / 233

绪论：全球化·新技术·黑天鹅

2020年以降，延续近20年的宏观发展环境突然发生了很大变化：人类生存危机与坚韧生命力，地缘关系的敏感脆弱和无法割裂的生产链条，都在时隔多年以后又一次清晰并置呈现在世人面前。文化创意产业深受全球化和国际贸易状态影响，从2008年联合国贸发会议（UNCTAD）、联合联合国教科文组织（UNESCO）、联合国开发计划署（UNDP）等机构发布的第一本《创意经济报告》开始，学界约定俗成地使用该报告中主导的国际文化产品与服务贸易统计指标作为衡量国际创意经济发展的参考。因此，当2008年全球金融危机对国际贸易产生巨大影响时，在全球国际贸易减少12%的萧条态势下，创意产品和服务的世界出口额仍在延续着自2002年以来形成的高增长率，实现了年均14.4%的增长[1]。贸发会议由此推断，文化创意产业是一个"对当前和未来投资具有相当潜力的行业"[2]。当下国际文化贸易的状况又与十多年前金融危机时不同，全球化的新变化，革命性技术的深入影响，黑天鹅事件的发生，使我们在面对和分析国际创意经济发展时，不得不打破陈规，重新审视进行中的巨大变化。

一、全球化的新变化势必影响全球创意经济的走向

全球化是一个过程，指全球层面不同的人、经济、文化、政府、环

---

[1] 埃德娜·多斯桑托斯：《2010创意经济报告》，张晓明、周建钢、意娜等译，三辰影库音像出版社，2011，第XI页。

[2] 联合国贸发会议：《创意经济展望和国家概况报告》，2019。

境和其他各种网络间日益增长的相互联系[1]。这一过程自20世纪60年代晚期开始,是一个由西方发端的全球化的世界体系的构建过程,也是一个由美欧主导的西方中心的全球格局。

2001年12月,中国正式加入世界贸易组织(WTO)。这是一个标志性节点,此后20年,中国多数行业正式进入全球同步轨道,纳入真正全球化的发展语境,利用新一轮全球化产业转移的机遇,进入前所未有的高速增长通道。但全球化对中国文化的影响也是巨大的,在"文化产业""文化资本"和"文化价值"方面冲击了中国文化[2]。2000年10月,党的十五届五中全会在"十五"计划中加入关于文化产业的内容,中国文化产业发展与中国进入全球化发展轨道基本同步。

20年前,学者们对中国文化产业发展的推动因素有四个判断:需求结构变化的刺激;科学技术革命的推动;新一轮全球化的拉动;改革的启动[3],其中三个推动因素都是指向内因的。经过20年中国文化产业的发展,这一判断仍旧没有过时。立足于上述两个对中国文化产业发展的基本描述,我们可以来观察全球化进程的变化对国际文化创意产业已经和可能发生的影响。

全球化的文化产品就是在"产品中嵌入独特的'故事'",并且加入全球竞争。由于经济基础薄弱,通过文化创意产业实现跨越式发展和弯道超车似乎成为发展中经济体的可靠选择。印度尼西亚总统佐科·维多多(Joko Widodo)在印度尼西亚创立了印度尼西亚创意经济所(BEKRAF),他就认为:"如果我们在高科技领域去跟德国或者中

---

[1] Brown, Garrett W, and Ronald Labonté,"Globalization and its methodological discontents: Contextualizing globalization through the study of HIV/AIDS." Globalization and health, 2011, p.1-12.

[2] 张晓明:《拓荒者的足迹:中国文化产业改革发展十年路径与政策回顾》,社会科学文献出版社,2013,第3页。

[3] 同上。

国竞争，我们肯定输；但在创意经济领域，我们还是有胜算的！"[1] 早在 2008 年，联合国贸发会议就发起了"创意非洲"项目，希望帮助非洲大陆人民通过创意经济实现经济跨越式发展[2]。"文化表现形式多样性"（简称文化多样性，详见第一章）就是发展中经济体发展创意经济的抓手，也具备了良好的基础：发展中经济体大多有丰富多样的文化遗产和特色。这些文化元素已经在全球市场的文化产品中找到痕迹了：音乐、图书、表演艺术、工艺品、游戏、建筑、时尚设计和视觉艺术等[3]。

全球化的变化在近年来悄悄出现：国际形势一直发生变化，保守主义抬头，传统的经济全球化受到极大挑战。国际层面，英国脱欧，美国第二次宣布退出它参与创建的联合国教科文组织，并且接连宣布退出了一系列国际组织。全球化的生产与供应链在主观政策影响外，被动地被黑天鹅事件或局部或整体地割断，恐在中长期都会经历调整。

文化创意产业的发展与这一全球化/反全球化的过程密切相关。文化创意产业既得益于全球化的发展，也与反全球化的危机丝丝相连。联合国机构致力于推动全球文化创意产业的发展，又特别表明它是立足于大多数发展中国家的文化多样性的基点的。这就带来了发展过程中的悖谬现象：全球化推动了发展中国家文化创意产业走向全球的历程，但全球化又抑制了发展中国家自身文化多样性的发展，致使联合国教科文 15 年规划沦于失败境地。

---

[1] Gu,Xin:*The new kid on the block – Indonesia is pushing for "creative economy" with a mission for social impact*,Monash University, 2018.

[2] 在笔者前往日内瓦参加的 2008 年"创意经济与产业发展高级别小组会议"上，"创意非洲"就作为要在联合国贸发会议第十二届大会上启动的重要议程进行了详细论证。笔者还在会上介绍了当时中国阶梯式文化产业发展模式和北京等主要大城市的发展经验，作为发展中国家的一个样本提供给与会各发展中经济体参考。

[3] 意娜：《论"文化多样性"理念的中国阐释》，载《同济大学学报（社会科学版）》，2018 年第 3 期。

2008年全球金融危机，就悖谬性地既成为全球化进程第一个分割点，也成为文化创意产业"逆势上扬"的标志性节点。而自此以后全球化进程不断受到前所未有的怀疑和冲击，各种令人震惊的事件密集发生，欧洲恐怖袭击、难民危机、欧洲选举中右翼政党的表现、乌克兰危机、英国"脱欧"、特朗普以反主流的政见当选为美国总统、日本执政联盟以多数优势在修改宪法这一议题上获胜、南海紧张局势、许多国家的民族主义抬头，2015年1—10月全球共出台了539个贸易保护政策，是2008年全球金融危机以来的最高值。2016年甚至被称为"超现实"（surreal）的一年，[1] 以表达这一年发生的各种事件给世界带来超出想象的震动。这一切在2020年达到了一个高潮，美国在正式退出联合国教科文组织几年后，又正式退出了世界卫生组织，还扬言要退出世界贸易组织。世事变化的无常，全球化受阻从趋势变成了完全无法回避的现实。

文化创意产业虽然部分进入了全球化，但它从本体上更是在地的，本土的，是文化多样性政策所支持的对象，是联合国推出的应对全球化侵蚀——逆全球化的策略。正是由于全球性文化贸易的迅猛发展，令世界各国政府开始高度重视文化的本土政策问题。但文化多样性的评估方式为国际文化产品与服务贸易，这又是高度依赖全球化的。

经济全球化并没有给所有国家和社群带来福祉，反而扩大了国家与国家、国家内部的分配不均。在传统全球化体系下，获得收益的始终是发达国家，而发展中国家则沦为廉价的代工厂和资源供应地。由此导致了发达国家担心发展中国家抢走就业机会，发展中国家经济发展空间被由发达国家制定的不公平国际规则挤压和褫夺。诺贝尔经济学奖获得者斯蒂格利茨（Joseph Stiglitz）认为，全球化本身没有问题，只是游戏规

---

[1] 来自韦氏词典2016年度词汇，（https://www.merriam-webster.com/words-at-play/word-of-the-year-2016）。

则错了，应该由各国根据自己的情况来管理经济[1]。正如很多人都认可的，全球化更多的是改变人们的预期而不是能力。

二、新技术的发展以各种方式影响全球文创的面貌

数字技术的发展，创建了新产品和服务，也通过提高生产率或降低与传统商品和服务流相关的成本，扫清障碍，间接上增加了传统行业的价值。目前谈论较多的数字技术包括互联网、人工智能（AI）、增强和虚拟现实技术（AR/VR）、数字平台和区块链技术。

华为的一项研究提出了"数字溢出"（digital spillovers），分析数字技术带来的经济价值，认为过去三十年中，数字技术投资每增加一美元，便可撬动GDP增加20美元；而1美元的非技术投资仅能推动GDP增加3美元，数字技术投资（ROI）的长期回报率是非数字投资的6.7倍[2]。另一项对中小型企业的研究估计，互联网是就业的净创造者，互联网技术每取代的一个人工岗位，会额外创造2.6个工作岗位，密集使用互联网的公司有效地使平均就业机会翻了一番[3]。尽管因为这项研究成果发布于2011年，以至于有人开始质疑，考虑到技术的发展速度，接近10年前的判断是否仍然适用于当下的互联网使用环境。在目前来看，对于互联网与就业在当下的关系还没有出现最新的研究成果。

在被人们广为谈论的几种技术中，对文化产业的影响都各不相同。比如人工智能改变着创意内容的价值链，通过学习和分类用户的偏好来帮助创作者更有效地将内容与受众匹配，从而使提供商能够推荐专门定

---

[1] 斯蒂格利茨曾经在2003年出版《全球化及其反对者》（Globalization and Its Discontents），2006年出版《让全球化运转》（Making Globalization Work），专门讨论全球化问题。

[2] 华为、牛津经济研究院：《数字溢出：衡量数字经济的真正影响力》，2017。

[3] McKinsey Global Institute："Internet matters: The Net's sweeping impact on growth, jobs, and prosperity", 2011.

制的内容。人工智能被用于创造创意产业的内容，包括音乐，艺术，时尚和电影，大幅降低专业门槛和成本，增强用户体验。同样热门的增强和虚拟现实在现阶段主要应用于改变故事讲述和体验内容的方式，在文创领域主要作为吸引用户的手段。真正从制度上影响创意者和创意生产的是平台经济和区块链技术。平台经济重新定义了创作者、发行者和技术公司之间的关系。头部内容提供者占据了大部分的流量，技术平台则很大程度上决定了用户发现内容的方式。平台不得不越来越多地参与内容创作的决策过程，承担起远超一家技术公司应该和能够承担的社会责任，针对这种新动力的治理框架至今仍在全球引起广泛讨论的问题。区块链技术对创意经济的影响也被看好，因为就目前所知，区块链具有改变艺术家对其作品的控制权的潜力，尤其是薪酬、生产权、第三方货币化和创意作品的数据传输等。

在应对新技术应用蜂拥而至的形势时，发达经济体与发展中经济体已经显示出了巨大的差距。发达经济体的文化创意部门发展主要面临着积极推动传统行业在数字时代的转型。比如欧盟推出多种计划努力赶超数字发展节奏，在本世纪初已经意识到数字时代来临将会带来的巨大变革，早在2000年就推出了eEurope行动计划，又在2005年推出了i2020计划。此后又推出了一系列政策：2010年的"欧洲数字议程"；2015年"欧洲数字单一市场战略"；2017年的"迈向数字贸易战略报告"；2018年连续推出了"数字经济公平税收"和"通用数据保护条例"。这些政策都指向严格隐私和竞争规则下的数字单一市场建设。2019年，欧盟还宣布出台一批诸如对通用数据或专有数据开放使用或限制收费的新规；制定对欧洲公民逐步开展数字技术使用和技能发展培训的规划；要求相关机构加强对企业和公民的数据服务[①]。

---

① 王蓓华：《欧洲大学联盟、数字化单一市场……欧洲一体化出现新希望》，载《文汇报》，2019。

过去几年主流观点认为，在价值迅速向先行者和勇敢者转移的时候，欧洲落后于其他地区，比如美国。美国看重积极推动数字贸易（digital trade）发展，对他们来说，任何产业的公司通过互联网来提供产品与服务，以及相关的产品，如智能手机和互联网传感器，都属于数字贸易。

而发展中经济体就很难总结出上述清晰的目标与脉络。因为发展中经济体看似铁板一块，但由于经济基础非常不平衡，各自关注的经济增长点，以及文化创意产业发展水平差距太大，很难总结出共同的特征。只能说，发展中经济体内部呈现多元特征，创意经济在政策层面受到高度重视。在这之中，新技术带来了很多跨域式发展的想象，但更多地区还只能按部就班逐步发展经济和创意经济。

2018年5月，大英百科全书增设了"第四次工业革命"（The Fourth Industrial Revolution）的条目，指出"第四次工业革命预示了将在21世纪发生的一系列社会，政治，文化和经济动荡。在第三次工业革命（即数字革命）的结果导致数字技术的广泛普及的基础上，第四次工业革命将主要由数字，生物和物理创新的融合所驱动"。[1]第四次工业革命已经改变了个人和社区的生活、工作和互动方式，网约车和网购就是其中的代表。随着人工智能和5G技术的发明和应用，带来了更快、更广、更深的改变。根据华为的预测，到2025年，产业互联网崛起，各行各业融入数字化、智能化进程，数字经济占比将高达24.3%[2]。从深层次来看，第四次工业革命改变了创意经济的三种范式[3]：

1. 商业准入门槛降低。传统的创意内容，如音乐、电影、电视与文

---

[1] Schwab, Klaus (b), "*The Fourth Industrial Revolution*", Chicago: Encycloaedia Britannica, 2018.

[2] 华为、牛津经济研究院：《数字溢出：衡量数字经济的真正影响力》，2017。

[3] World Economic Forum: "*Agile Governance for Creative Economy 4.0*", 2019.

学被数字化创作、分销与储存。数字格式使得创意内容产品的创作者成本降低，可以帮助他们更方便地扩大和投入。对于消费者的体验来说，商业介入程度更深，通过人工智能和基于数据分析的机器学习，更容易服务到特定的消费者。

2. 跨界发行。互联网无边界的本质使创意和商业可以不受过去地理或财务限制而接触到更广泛的顾客。商业跨国和跨地区变得更容易，基于云技术的应用允许企业在其他国家或地区获得商业机会。遍布全球的顾客能够以数字方式获得创意产品，也会反过来逐渐影响这些创意产品。

3. 消费者获利。消费者的选择变得更多、更便捷、更便宜。如今的消费者只要有了手机，就可以摆脱对收音机和电视的需要，直接在手机上听音乐或者看电影。技术也越来越好地回应了消费者的一些关注领域，比如评分、家长控制和欺诈提醒等。

尽管有许多积极的数字红利，但在整个人群中也可能产生负面和不平衡的结果，例如非熟练工人的流离失所，有无互联网访问的公司之间的不平衡以及某些人使用互联网建立垄断的可能性[1]。尽管新技术和新商业模式为提高效率和扩大收入，更快地创新，开拓新市场并获得其他收益提供了机遇，但随着供应链、劳动力市场和某些行业的中断，新挑战也随之出现。我们在发展过程中，也需要参考而不是照搬发达经济体与其他发展中经济体的经验，认识到我们的部分发展优势来自人口红利和制造业发展水平，对于发达经济体和部分成熟产业在数字化转型中遇到的问题，我们也要提前准备，积极引导，放大红利，规避风险，发挥文化创意产业推动社会实现包容性可持续增长的作用，实现快速、健康地发展。

---

[1] World Bank: "*World Development Report 2016: Digital Dividends*", 2016.

三、黑／白天鹅事件将随时更改全球文创的发展节奏

2020年，全球遭受了一连串出人意料的事件的发生，包括新冠肺炎的袭击，这是一系列典型的黑／白天鹅事件。

"黑天鹅"是舶来的比喻，提出者是纳西姆·尼古拉斯·塔勒布，一位美国企业家。塔勒布的"黑天鹅理论"仅指规模大、后果严重的突发事件及其在历史上的主导作用。

"黑天鹅"这个短语来源于拉丁语的表达方式；它最古老的出现是来自于2世纪罗马诗人尤维纳尔在他的《讽刺诗》第六篇中对某物的描述，即"rara avis in terris nigroque simillima cygno"（"土地上的珍稀鸟类，非常像黑天鹅"）这个比喻中，黑天鹅是默认并不存在的物种，所以如果观察到一只黑天鹅，就打破了这个判断，原有的一整套逻辑就不再成立了。这一用法在16世纪的伦敦非常流行。直到人们发现黑天鹅的确是真实存在的物种，这一比喻发生了转向，变成了对理论可能会被证伪的一种形容。

在塔勒布2007年的著作《黑天鹅》中，他认为几乎所有重大的科学发现、历史事件和艺术成就都是不受引导、无法预测的"黑天鹅"。他举出了互联网的兴起、个人电脑、第一次世界大战、苏联的解体以及"9·11"袭击事件作为黑天鹅事件的例子，人类历史上的重大转折几乎都是。

在塔勒布看来，黑天鹅事件的主要特征有三个：

首先，它是一个异数，因为它不在常规的预期范围之内，因为过去没有任何东西可以令人信服地指出它的可能性；

第二，它带有极端的"影响"；

第三，尽管它的发生难以预期，但人类的本性使我们在事后为它的发生编造解释，使它可以解释和预测。

而新冠肺炎的肆虐，在很多人看来是"黑天鹅"事件，对塔勒布来说则是一个白天鹅事件，他认为虽然新冠肺炎影响巨大，但总体上符合

统计学特征，不属于黑天鹅事件。这种判断也符合他本人对"黑天鹅"的定义范畴：是否是"黑天鹅"，是由观察者决定的。

仍然以新冠肺炎为例，全球 50 位经济学家对其经济影响进行了差异巨大的预测，最乐观的人认为全球经济仍然会获得 0.7% 的正向增长，最悲观则是 -6%，平均值为 -1.2%。ING Research 的全球宏观主管 Carsten Brzeski 将这种情况称为"病毒驱动的冰河时代"，指出这个过程中全球经济几乎停滞下来了，无法观察到可以被认为是趋势的变化，就很难作出准确的预测。这些经济学家对经济预测走势可以用几种字母来描述：V 型、U 型、W 型、L 型、耐克品牌标志的图形（SWOOSH）等，从这些字母和图形的形状就可以很形象地看出这些经济学家的判断[1]。

新冠肺炎对全球创意经济多个部门的影响是立竿见影的。截至 2020 年 5 月，随着全球 217 个国家发出了旅行限制，旅游业首当其冲受到严重冲击。国际航空运输协会估计，2020 年航空公司的客运收入总额将较 2019 年下降 55%，这种损失和下降可能需要数年才能恢复。世界旅游业理事会则认为 2020 年旅游业的失业人数可能超过 1 亿。

美国美术和表演艺术行业估计损失了近 140 万个工作岗位和 425 亿美元的销售额，这差不多是美国全国一半的工作岗位和四分之一的销售额。仅在 2020 年 4—7 月四个月之内，美国总共就损失了大约 270 万个创意工作岗位，平均每个月损失 740 亿美元，这些数字大约占到美国全国创意岗位的 30% 和月收入的 15%。由于创意经济多数集聚在城市，因此创意经济受绝对数冲击最大的是纽约和洛杉矶，而受经济比例冲击最大的则是原本创意经济占比就较高的稍小一些的都市区，如拉斯维加斯、田纳西州纳什维尔、新奥尔良、佛罗里达州奥兰多、田纳西州孟菲

---

[1] Dhara Ranasinghe, Ritvik Carvalho：《Coronavirus: "5 predictions for how the economy might recover》", 2020-4-14, The Word Economic Forum(https://www.weforum.org/agenda/2020/04/alphabet-soup-how-will-post-virus-economic-recovery-shape-up/).

斯、巴尔的摩、佛罗里达州杰克逊维尔、亚利桑那州图森和德克萨斯州奥斯汀等。不过美国学者们同时又认为，如此之多的创意人才同时失业，可能反而有机会开启一个新的窗口，可以试着是在全美孵化一个具有包容性、跨学科、跨部门的"创意经济2.0"的时候[①]。

近年来，全球的美术和表演艺术领域里一些较有实力的机构已经在广泛尝试数字化，并不是特别服务于2020年新冠疫情的社会隔离状况，因此能较快适应互联网传播的形式，甚至形成新的商业模式。遗憾的是，这样的机构占比仍不够高，大量小型机构无法承受黑天鹅事件带来的突然冲击。随着疫情的发展，一种双向的趋势正在这个行业内出现：一方面，由于大型活动和产品无法像过去一样覆盖所有地区，本地化的小型艺术创作和表演会得到复苏；另一方面，随着社会隔离带来的创意经济停滞，服务于这些行业的重要岗位，如推广者、音响工程师、场地、音乐家、舞者、导演等将消失的威胁就越大，如果两方面无法达成默契，对艺术和表演行业的损失将会更大。

以上仅是创意经济若干部门里较引人注目的两个部门面对2020年新冠肺炎全球疫情的部分情况，可想而知，在更大范围内，全球化问题、科技发展问题和黑天鹅事件问题犬牙交错的相互影响，对创意经济所有门类都有极大影响，除了少数行业（比如游戏行业的快速扩张），在大部分行业的影响都是破坏性的。正如部分美国学者的建议，小规模的权宜之计无法挽回损失；需要一个实质性的、持续的国家创意经济复苏战

[①] Natasha Gural,《Artists Clobbered By COVID-19, With 2.7 Million Creative Job Losses In The United States》, 2020-8-11, Forbes (https://www.forbes.com/sites/natashagural/2020/08/11/artists-clobbered-by-covid-19-with-27-million-creative-job-losses-in-the-united-states-study-finds/#1ead51e532d8).

略,这一战略需要所有相关人员的积极参与①。

　　这本书是我在过去 5 年里,对国际创意经济与中国文化创意产业发展比较研究过程中,思考和积累的呈现。在行文和内容上,读者并不难观察到多处思路叠加和进化的过程。许多内容已经以各种形式在演讲和论文中出现过了,尽管文字不一定完全相同。主要呼应的本人已发表文字如下:

　　第一章:《论"文化多样性"理念的中国阐释》,《同济大学学报(社会科学版)》,2018 年第 3 期;《"全球化危机"中国际创意经济发展的两难困境——联合国发展中国家创意经济政策再检视》,《同济大学学报(社会科学版)》,2017 年第 1 期;《发展与保护:重塑文化政策——联合国推动发展中国家文化创意产业发展之考辨》,《山东大学学报(哲学社会科学版)》,2016 年第 6 期;《"联合国 2030 可持续发展议程"下的国际文化创意产业发展趋势》,《广东社会科学》,2016 年第 4 期。

　　第二章:《数字经济影响下的国际文化创意产业发展研究》,《中国人民大学学报》,2020 年第 6 期;《文化创意产业的能力建设与政策可量化困境》,《产业创新研究》,2018 年第 1 期;《国际文化创意经济升级与发展中国家的崛起》,《学习与探索》,2014 年第 6 期;《城市依然是创意实践的主体》,《中国出版传媒商报》,2014 年 7 月 4 日。

　　第三章:《发达国家发展文化产业的经验与问题》,《人民日报》,2015 年 11 月 1 日;《宜居宜业宜游:粤港澳大湾区文化产业发展的国际视野》,《深圳大学学报(人文社会科学版)》,2019 年第 3 期。

　　第四章:《数字时代大平台的文化政策与伦理关切》,《清华大学

---

① Natasha Gural,《Artists Clobbered By COVID-19, With 2.7 Million Creative Job Losses In The United States》, 2020-8-11, Forbes (https://www.forbes.com/sites/natashagural/2020/08/11/artists-clobbered-by-covid-19-with-27-million-creative-job-losses-in-the-united-states-study-finds/#1ead51e532d8).

学报（哲学社会科学版）》，2019年第2期。

第五章：《创意经济、创意城市与城市可持续发展》，《中国文化报》，2019年12月21日；《国际化大都市的文化创意产业发展战略——以纽约市为例》，《中原文化研究》，2020年第2期；《加快吸引国际组织总部"落户"北京》，《国家治理》，2015年第39期；《北京离国家时尚创意中心有多远》，《文化月刊》，2016年第Z1期。

正如标题呈现的，在2020年，由于黑天鹅事件发生，进一步推动了全球化和数字化世界的转折。由于创意经济的特殊性，除了即刻被中断的行业（如文旅、演艺等），时事对创意经济各部门长远和显著的影响总需要更长的时间才会出现。在二者之间，恰好形成了一个时间差。而这本书选择在这个时间差进行出版，希望能在迎来国际创意经济新的发展方式之前，有一个沉淀和思考。

第一章 政策话语："文化多样性"理念

第一节 "文化多样性"理念的中国阐释

"文化多样性"（cultural diversity）与"生物多样性"等概念，近年已为国人熟知。文化多样性全称为"文化表现形式多样性"（the diversity of cultural expressions），经由联合国教科文《2005年保护与促进文化表现形式多样性公约》（Convention on the Protection and Promotion of the Diversity of Cultural Expressions，以下简称《多样性公约》）[①]的签署和推广成为全球通用官方概念。易与"文化多样性"在理解上产生混淆的是"文化遗产"（Cultural Heritage），尤其是"非物质文化遗产"（Intangible Cultural Heritage，简称非遗），且二者都曾签署有联合国教科文的国际公约。在时间上，《多样性公约》与《非遗公约》[②]颁布只差两年；在含义上，"文化多样性"与"非物质文化遗产"有重叠性，在教科文视野下本身也是互相呼应的。二者都是可持续发展

[①] 根据联合国教科文组织通过的有关文化多样性和行使文化权利的各种国际文书的条款，特别是2001年通过的《世界文化多样性宣言》，于2005年10月20日在教科文第三十三届会议上通过该公约。2007年1月30日，中国常驻联合国教科文组织代表团向联合国教科文组织递交了批准书，《公约》于2007年4月30日对中国生效。

[②] 《保护非物质文化遗产公约》（the Convention for the Safeguarding of Intangible Cultural Heritage）于2003年10月在联合国教科文组织第32届大会上通过，旨在保护以传统、口头表述、节庆礼仪、手工技能、音乐、舞蹈等为代表的非物质文化遗产。《公约》于2006年4月生效，中国于2004年8月加入该公约。

的重要保证，非遗也被称为文化多样性的"熔炉"与"鉴照"①。其根本差别简而言之可述为：非遗是一种内向观念，核心是尊重和保护实践；文化多样性是一种外向理念，核心是交流及政策制定。

文化多样性与非遗在中国的认知和保护实践落差极大。非遗理念"中国化"过程已经完成，在国内形成"抢救性保护、整体性保护、生产性保护"并举，社会公众参与意识高涨的态势②③。文化多样性理念则尚处认知启蒙阶段，还未在中国语境中对其概念、内涵及外延进行阐释，更没有在机构、立法、实施等管理及应用层面进行明确认定，与文化贸易、文化创意产业等其他概念更是含混不清。

近年来国际形势一直发生变化，保守主义抬头，传统的经济全球化受到极大挑战。国际层面，英国脱欧，美国第二次宣布退出它参与创建的联合国教科文组织，联合国教科文总干事改选，新任总干事来自文化多样性最早倡议国之一的法国。在国内，党的十九大报告中提出了"实行高水平的贸易和投资自由化便利化政策，全面实行准入前国民待遇加负面清单管理制度，大幅度放宽市场准入，扩大服务业对外开放，保护

---

① 关于文化多样性与非遗是可持续发展的重要保证，在两个公约及联合国"2030可持续发展议程"中均有提及，"熔炉"一说可见于"非遗公约"，"鉴照"一说来自2002年9月16—17日，联合国教科文组织在伊斯坦布尔举行了以"非物质文化遗产：文化多样性的鉴照"为题的文联合国教科文组织：综合《多样性公约》第十六条，载《重塑文化政策：为发展推动文化多样性的十年》，意娜译，社会科学文献出版社，2016，第123页。化部长圆桌会议，此次会议通过了《伊斯坦布尔公报》，由此确立了制定非遗保护公约的工作目标。参见巴莫曲布嫫，"非物质文化遗产：从概念到实践"，《民族艺术》，2008（1）：6-17。

② 文化部副部长项兆伦：项兆伦同志在全国非物质文化遗产保护工作会议上的讲话，2017年5月12日，文化部网站（http://www.mcprc.gov.cn/whzx/whyw/201706/t20170602_494760.html）。

③ 王连文：《文化部推动非遗保护事业可持续发展》，载《中国文化报》2015年11月23日第1版。

外商投资合法权益。"① 由于文化产品和服务贸易正是文化多样性理念的重要实施手段和评测指标，在进一步放宽市场准入，扩大文化开放的过程中，怎么开放，如何平衡文化市场开放和文化安全等传统理念的关系，产生出一系列的话题②。在这一背景下，更亟待对"文化多样性"理念进行中国化阐释。

一、"文化多样性"惠及全球化背景下的文化创意及文化贸易

剥去层层修辞，保护与促进文化表现形式多样性的本意是在政府层面"识别和追求自身的文化政策"③。由于文化类目具有复杂的意识形态和方法论特征，与地区具体文化现实直接对应，一地区的具体文化政策不可能完全复制至另一地区，仅能从案例角度为其他决策者提供参考。也正因如此，文化多样性难以获取具体抓手，在诸项部门中与全球通用经济数据直接相关的只有文化创意产业和文化贸易可以横向比较，产生全球意义④。其他面向旨在通过"制定和建立恰当的制度、管理和融资性政策"⑤推动当地自身文化发展。《多样性公约》评估从四个方面展开：

---

① "准入前国民待遇"指凡是在我国境内注册的企业，都要一视同仁、平等对待，投资审批等要给予外国投资不低于本国投资者的待遇。负面清单是一种国际上广泛采用的投资管理方式。政府以清单的方式明确列出禁止和限制企业投资经营的行业、领域和业务等，清单以外则充分开放。就是我们常说的"法无禁止即可为"。这与以前通行的"正面清单＋行政许可"的方式相比，大大减少了政府的自由裁量权。

② 祁述裕：《祁述裕 | 放宽市场准入、扩大文化开放（一）》，2017 年 11 月 2 日，微信公众号（https://mp.weixin.qq.com/s/R9kO-zs-jUELkPzER1DawA）。

③ 联合国教科文组织：《重塑文化政策：为发展推动文化多样性的十年》，意娜译，社会科学文献出版社，2016，第 26 页。

④ 尽管由于各地相关指标分类的不同，这种横向比较也仅具部分参考意义。

⑤ UNESCO 1970 年在威尼斯组织召开了"文化制度、管理和财务政策政府间会议"，在会议决议第 11 条提到了上述引文。

支持可持续的文化治理制度；实现文化产品和服务的平衡流动，提高艺术家和文化专业人员的流动性；将文化纳入可持续发展框架中；促进人权和基本自由。每一方面都设有诸多指标，但多数指标很难获取具体数据，部分只有描述性评价，可见实施及评估均属不易。

文化多样性理念基于促进全球贸易和文化利益的平衡，是由发达国家第二梯队提出的，他们坚称"世贸组织以用于猪肚销售的同样的商业视角来看待杂志"的做法十分错误，文化产品和服务包括了经济和文化两个维度，与其他经济部门不同，文化是可持续发展的基石，而并非单纯可交易商品[1]。"全球文化生产、分销、展示和推广逐渐垄断化；更少的所有人主导着文化市场。与此同时，消费者在许多艺术领域的选择也变得越来越少。当受众和艺术作品购买者可获得的艺术表现形式的多样性减少时，文化生活也将遭到削弱。"[2]

文化政策在国际发展层面逐渐被重视历经半世纪讨论。1967年联合国教科文组织召开的文化政策圆桌会议被视为文化政策讨论的先声。会议报告《文化政策——一项初步研究》（*Cultural Policy, a Preliminary Study*）由法国文化部官员主笔，并在1969年发布[3]。1990年，受到世界环境与发展委员会《我们共同的未来》（*Our Common Future*）报告的启发，北欧一些国家在挪威的带领下发起了编制"布伦特兰文化报

---

[1] 联合国教科文组织，加拿大前副总理Sheila Copps：《重塑文化政策：为发展推动文化多样性的十年》，意娜译，社会科学文献出版社，2016，第30页。

[2] Obuljen, N. and Smiers, J.(eds.), "*UNESCO Convention on the Protection and Promotion of the Diversity of Cultural Expression: Making it Work*", *Culturelink*, 2006, p3.

[3] Augustin Girard, "*Cultural Policy, a Preliminary Study*", UNESCO (Studies and documents on cultural policies, 1),1969。

告"①的提议，开始关注文化、社会、经济三者的关系②。2年后，时任联合国秘书长佩雷斯·德奎利亚尔（Javier Pérez de Cuéllar）建立了"佩雷斯·德奎利亚尔委员会"，也就是世界文化与发展委员会。委员会于1996年发布了《我们的创意多样性》（Our Creative Diversity）报告，深入分析了文化与发展之间的复杂关系，成为后来将文化纳入国际公共政策议程的依据。这一报告强调了文化多样性是创造力的来源，政府对文化的支持与其说是补贴，更准确地说应该是为人类发展投资。1998年《斯德哥尔摩行动计划》呼吁各国政府承认创造力对发展的重要贡献，文化产品与服务是具有重要经济价值的。如今文化与创意被写入2016年元旦生效的"联合国2030可持续发展议程"，"第一次在全球层面承认了文化、创意和文化多样性在应对可持续发展挑战中的关键角色"③。

"文化多样性"在中文字面可以被理解为三种立场：多元文化主义（multiculturalism）、文化多样性（cultural diversity）、文化表现形式多样性（diversity of cultural expression）。它们分别将这一理念带向不同的侧重方向，而《多样性公约》采用的用词是"文化表现形式多样性"，在中文语境中常被简称为"文化多样性"，表达的仍是第三种立场。

多元文化主义是社会学和政治哲学中的术语，其字面意义与文化多元主义（cultural pluralism）接近，指不同民族之间相互交流与合作的同时仍能保持各自文化身份。从社会学学科使用习惯看，多元文化主义规模有大小之分，大规模多元文化主义是一个由不同文化背景下合法

---

① 布伦特兰（Brundtland）是当时主持《我们共同的未来》报告的世界环境与发展委员会主席Gro Harlem Brundtland。她曾任挪威前总理，后来"布伦特兰文化报告"的建议也是挪威主导提出的。

② 联合国教科文组织：《重塑文化政策：为发展推动文化多样性的十年》，意娜译，社会科学文献出版社，2016，第28页。

③ 同上。

或者非法移民聚集国家；小规模多元文化主义则是指将两个不同文化背景的社区进行行政上的合并。在政治哲学领域，多元文化主义更明确为意识形态和政策概念，包括社会文化平等权利、种族和宗教的划分和管辖[1]，与之相对的概念包括社会融合、同化、种族隔离等。

一般意义上"文化多样性"与"文化表现形式多样性"差别不大。在教科文 2002 年《文化多样性宣言》（*Universal Declaration On the Cultural Diversity*）里，将"文化多样性"定义为："文化在不同的时代和不同的地方具有各种不同的表现形式。这种多样性的具体表现是构成人类的各群体和各社会的特性所具有的独特性和多样化，文化多样性是交流、革新和创作的源泉，对人类来讲就像生物多样性对维持生物平衡那样必不可少"[2]。如果追溯这一宣言产生的背景，是在 2001 年"911"事件后教科文组织大会召开的第一个部长级会议上一致通过的。由此可以理解"文化多样性"的提出，是强调文化间对话是促进和平的最佳保障信念，否定文化或文明间不可避免发生冲突的论调。

"表现形式"将文化这一包含若干抽象内容的理念在一定程度上具象化了。在《多样性公约》的第四条明确界定"文化表现形式"为"个人、群体和社会创造的具有文化内容的表现形式"，而此后教科文又在其评估报告中重申了"文化表现形式"在《多样性公约》中指的是文化产品、服务或者活动，而活动也可能是为文化产品或服务而举行的[3]。于是，"文化表现形式多样性"与我们熟悉的另一个概念"文化创意产业"联系起来了。进一步区分二者的区别已非必须，然而鉴于在《多样性公约》

---

[1] Thomas L. Harper. "*Dialogues in Urban and Regional Planning*", Taylor & Francis, 2011, p50.

[2] UNESCO (2002): "*UNESCO Universal Declaration On Cultural Diversity*", 2002, UNESCO (http://unesdoc.unesco.org/images/0012/001271/127160m.pdf.)

[3] 联合国教科文组织：《重塑文化政策：为发展推动文化多样性的十年》，意娜译，社会科学文献出版社，2016，第 33 页。

中只讲了如何保护这种多样性，要采取保存、维护和加强的措施，却并未对如何促进作出具体约定。但是《多样性公约》的第六条和第七条分别提到创作、生产、传播、分享和享有文化产品、服务与活动，据此我认为可以将文化创意产业视为促进文化表现形式多样性的重要手段。

二、文化多样性理念在文创实践中的矛盾

具体文化政策不可能放之四海而皆准。《多样性公约》站在联合国系统的高度，是以一种尽量宏观准确的方式，将所有缔约国不同主体（个人、组织、缔约方）、不同层面（个人、机构、国家、国际）、不同手段（政策、计划、项目）及不同方面（基础设施、环境、能力、创造力、市场、流动、数字化）等全部涵盖进来[①]。在实际发展中，文化多样性的保护与促进，尤其是在文化贸易和文化创意产业实践中，面临着比《多样性公约》所设想要复杂得多的局面。

在当今世界，随着全球化的"衰退"，保守主义抬头，在文化上体现出对本民族文化重要性和优越性的过度强调，并带有越来越明显的排他性。比如2017年7月，美国弗吉尼亚州是否保留南北战争中代表南方势力的李将军塑像产生的激烈冲突，更是典型一例。因为美国虽然没有加入《多样性公约》，但一直以文化包容为荣。这也从一定层面上说明了把握"文化开放"与"文化安全"之边界的重要性。有一种共识是，文化安全是动态概念，它与国家经济社会发展、文化产品接受者的素质成正比，随着国家实力的提升，国民素质的提升，"文化自信"会被更多提及，所谓"文化安全"的迫切性会退居其次。[②]

有《世遗公约》和《非遗公约》的丰富经验，《多样性公约》在"保

[①] 联合国教科文组织：《重塑文化政策：为发展推动文化多样性的十年》，意娜译，社会科学文献出版社，2016，第33页。

[②] 祁述裕：《祁述裕 | 放宽市场准入、扩大文化开放（二）》，2017年11月9日，微信公众号，（https://mp.weixin.qq.com/s/iBM4z0ZF_nLAzDg7Kggf4g）。

护"方面提出了切实的措施,而如何"促进",却并不明确。在《多样性公约》实施十二年来,我们体会到所谓"促进"措施包含两层:其一,推动发达国家建立适当的机构和法律框架,实施普惠政策帮助发展中国家的文化产品和服务贸易,同时帮助发展中国家建立自己的文化产业政策体系;其二,帮助发展中国家基于历史、语言和地理位置相关的独特文化影响力培育以视听产品、出版和视觉艺术为主的文化创意产业[①]。

这两种措施直面的第一个问题就是标准不明。

"发达国家"与"发展中国家"是《多样性公约》中的重要概念,为了让所有文化都享有各种表现形式和传播手段,实现方式之一包括发达国家应该为发展中国家提供优惠待遇,降低文化产品的关税,帮助发展中国家的文化创意产业从业者在全球自由流动。大卫·索罗斯比(David Throsby)在考察这一点时就注意到,发达国家与发展中国家的分类有单纯的国内生产总值(GDP)和世界银行的国民总收入(GNI)等不同标准。在不同标准下,个别转型国家会发生身份变化,比如中国是传统发展中国家,由于被世界银行纳入"中高收入"类别,便无法再享受欧盟的普惠制[②]。

文化创意产业分类的认定标准差异也现实存在。按照《2009年UNESCO文化统计框架》的界定,纳入文化多样性考量的文化产品和服务包括框架中六个领域的后五种:表演和庆典;视觉艺术和手工艺品;图书;视听和互动媒体;设计和创意服务。由于只统计视听产品、出版和视觉艺术,并且将物理介质的生产也纳入统计考量,十余年来

[①] 联合国教科文组织:综合《多样性公约》第十六条,载《重塑文化政策:为发展推动文化多样性的十年》,意娜译,社会科学文献出版社,2016,第124-125页。刘倩:《〈文化多样性公约〉的意义及其影响——访国家社科基金重大项目首席专家、中国社会科学院研究员李河》,载《中国社会科学报》,2014年9月30日。

[②] 联合国教科文组织:综合《多样性公约》第十六条,载《重塑文化政策:为发展推动文化多样性的十年》,意娜译,社会科学文献出版社,2016,第123页。

在 UIS 口径获得的统计数据显示出总体乐观但疑点重重的局面。比如，从 2004 年到 2013 年发展中国家文化产品出口总额占全球文化产品出口总额的占比从 25.6% 上升到 46.7%。尤其是受最近这次金融危机影响，2008—2009 年全球文化产品出口量下降了 13.5%，但主要源于发达国家出口量下降了 19%，发展中国家出口量仅下降了 1.6%，在《2010 年创意经济报告》中甚至得出文化创意产业逆势上扬的结论[1]。早在联合国贸发会议发布第一本创意经济报告《2008 创意经济报告》时，就得出中国的创意产品出口已经在 2005 年起居于世界之首的结论[2]。这一结论不难看出其统计指标涵盖了产品的工业生产部分，包括媒体介质的生产，器材、印刷加工等实际上仍然属于传统工业生产门类的部分。另一个典型的案例是印度，它是全球贵金属珠宝（金银）出口比重最高的国家，仅这一项 2013 年就占据全球文化产品出口总额的 14.2%，与中国情况类似，基本也是贵金属加工等环节[3]。

第二个需要直面的问题是是否真的促进发展中国家文化创意产业发展。

众所周知，文化多样性的前身是"文化例外"，这种对文化产品与服务的关注源自发达国家第二集团对抗美国的全球化[4]，而后推动成为发展中国家的发展推动力。从全球推动创意经济的十几年来，对发展中国家并没有实现预想效果。如上述 2004—2013 年文化产品出口数据中，

---

[1] 意娜：《"全球化危机"中国际创意经济发展的两难困境——联合国发展中国家创意经济政策再检视，载《同济大学学报》2017 第 28 期，第 37-42 页。

[2] 联合国贸发会议（UNCTAD）埃德娜·多斯桑托斯主编：《2008 创意经济报告》，张晓明、周建刚等译，三辰影库音像出版社，2008。

[3] 见联合国教科文组织：综合《多样性公约》第十六条，载《重塑文化政策：为发展推动文化多样性的十年》，意娜译，社会科学文献出版社，2016，第 125-126 页。

[4] 刘倩：《〈文化多样性公约〉的意义及其影响——访国家社科基金重大项目首席专家、中国社会科学院研究员李河》，载《中国社会科学报》，2014 年 9 月 30 日。

如果去掉中国和印度的数字，其他发展中国家的文化产品出口占比增加量不到5%，其中低收入经济体在全球文化产品出口中的比重从0.07%下降到0.04%[①]，具体金额几乎没有增长。

为什么经过十余年全球的共同努力，发展中国家的文化产品和服务并没有显著增长？回顾发达国家所实施促进发展中国家文化创意产业发展的政策，最常见的是技术援助（28%）[②]。这向我们提出疑问：创意能力是否可以通过技术援助的方式获得提升？

技术援助一般是有偿或无偿地派遣专家提供技术服务、培训受援国的技术人员和学生、提供咨询服务、提供技术资料和文献、提供物资和设备、帮助建立相关的机构和项目等[③]。然而创意本身的确是一种能力，却无法习得，创意能力与技术能力最大的差异在于技术可以从零学起，创意则是基于一个地区或民族全部社会结构和文明积淀，在社会教育普遍达到一定程度的基础上才有可能形成的。它一定程度上仍然依赖先进技术或者传统技艺，但它们只起到工具作用。创意人员的受教育水平、市场的普遍受教育程度和一定的经济基础，都比一般工业生产起到更关键作用。

三、文化多样性理念应该有中国阐释

尽管教科文为文化贸易殚精竭虑，但与文化贸易实际相关的主要机构并不是教科文，而是世界贸易组织（WTO）。在WTO中从未明确文化保护类约定，更多以学说而非法律条文存在。主要体现为：（1）在原来1994年关贸总协定（GATT）中要求本地制作的影片上映时间不少于全部影片上映时间的制定最小比重，以保护当地影视业，还将

---

① 联合国教科文组织：《重塑文化政策：为发展推动文化多样性的十年》，意娜译，社会科学文献出版社，2016，第124页。
② 其次是财政援助（21%），贸易便利（18%）和市场准入（15%）。
③ 崔日明、闫国庆：《国际经济合作》，机械工业出版社，2006。

保护具有艺术、历史和考古价值的国家财产规定为一般例外；（2）在原来1995年服贸总协定（GATs）中的最惠国豁免清单中，有五项属于视听领域。在WTO体系中，各国主要通过国内政策的制定来进行符合WTO规则的防御措施来进行自身文化的保护，如卫星电视在一些国家以高价格或禁止的方式被限制传播。

美国、以色列等国拒绝签署《多样性公约》也是WTO规则与公约无法同步的原因。尤其是《多样性公约》中存在的部分条款，如第8条规定缔约国在面对领土内文化表达方式灭绝危险、严重威胁或其他情况下，可以采取"所有适当的措施"来保护文化表现形式，这些用语本身就存在引起矛盾的隐患[1]。但为了避免冲突，《多样性公约》特别提出它可以被视为解释WTO规则时参考的文本资料而不能取代WTO的权利义务规则[2]。但是《多样性公约》本身没有解决争端的安排，WTO中也没有增加对文化多样性作为一般例外的规定，所以《多样性公约》一公布，相关国际法专家就指出公约的出台根本不可能避免文化多样性与WTO自由贸易体制的矛盾[3]。

这一预言很快变成了现实。2007年4月10日，美国将我国有关出版物和视听娱乐产品进口权和分销服务的措施诉诸WTO争端解决机构（DSB），后来又补充中国进口电影发行和网络音乐方面的措施也纳入

---

[1] 马冉:《浅议文化多样性在WTO中的发展》,载《上海对外经贸大学学报》2007年第7期,第29-34页。

[2] 《多样性公约》第20条第2款, "本公约任何内容均不得解释为改变缔约方对其缔约的其他条约享有的权利和承担的义务。"

[3] Pauwelyn, Joost: *The UNESCO Convention on Cultural Diversity, and the WTO: Diversity in International Law-Making?*, 2005-11-15, Researchgate（https://www.researchgate.net/profile/Joost_Pauwelyn/publication/265063799_The_UNESCO_Convention_on_Cultural_Diversity_and_the_WTO_Diversity_in_International_Law-Making/links/55ded2fb08ae45e825d3a76b/The-UNESCO-Convention-on-Cultural-Diversity-and-the-WTO-Diversity-in-International-Law-Making.pdf?origin=publication_detail）。

申诉中。其理由就是WTO规则所坚持的文化产品和普通商品应该享有相同的贸易权和分销权。中国依据《多样性公约》和国内有关法律法规对美方的指责进行了反驳。但是经过近3年审理，在2010年1月19日DSB通过了上诉机构报告和经过修改的专家组报告（具有最终裁定权），认定中国败诉，中国政府对被诉的四类产品的进口限制违反了《中国加入WTO议定书》的有关规定，在本国市场实施了歧视性措施[①]。后来，中国不得不在2012年答应提高进口分账电影数量和分账比例，以换取美方在2017年底之前不再对中国的电影进口权提出国际诉讼。

除这类直接贸易争端，中国文化创意产业发展现实也与《多样性公约》普适全球的规定有所不同。在中国，以移动互联网为介质的文化创意产业走出了前所未有的方式，形成了独特经验，超出一般意义上政策支持、财政措施和技术支撑三大传统手段[②]。抛开得天独厚占世界五分之一的人口市场这一不可复制的优势[③]，中国还形成了其他值得关注的经验。

第一，人才溢出效应。

中国文化创意产业早期所处的经济社会发展阶段，外资企业是大学生就业的优先选择，进入外企意味着光鲜的名头、丰厚的薪水、规范的管理、简单的人际关系，还能学习到很多先进的知识和技能。随着中国经济崛起，中国国内企业也逐渐壮大，他们逐步提高薪资，甚至最终超过了外企。而中国企业此时的生机勃勃与外企显露出一成不变、难被重用，文化差异等弊端形成了鲜明对比。经过新一轮高薪和高职位的引诱。

[①] 孙雯：《WTO框架下文化产品贸易自由化与文化多样性的冲突与协调——以中美出版物与视听产品案为背景》，南京大学法律评论，2011，第344-355页。

[②] 联合国教科文组织：《重塑文化政策：为发展推动文化多样性的十年》，意娜译，社会科学文献出版社，2016，第131页。

[③] 从印度和尼日利亚电影业的蓬勃发展中也能看出本地人口市场的潜力。

国内企业引进了大批经过国外学习和外企工作经验的人才，铸就了中间阶段 BAT（百度、阿里巴巴、腾讯）三大巨头的崛起。

近两年"大众创业、万众创新"成为社会热词，国务院印发了《关于大力推进大众创业万众创新若干政策措施的意见》等一系列相关文件，在政策、融资等方面为创业营造了良好环境。除了大学生、海归和科研人员，还带动了第二次人才溢出。国内大企业，尤其是互联网企业的技术骨干和管理层成为主流。他们既有创业能力，也有创业动力。他们熟悉行业，技术过硬，了解中国互联网运营管理模式，并曾切身感受到前雇主从无到有从小到大的传奇经历。同时，不甘心做"螺丝钉"，又厌倦了大企业流程和制度对个人效率的牵制或者升职"天花板"。

这些二次溢出的人才已经逐渐形成圈子，构成集群效应。比如腾讯的"南极圈""单飞企鹅"，百度的"百老汇"，阿里巴巴的"前橙会"，网易、金山、新浪等也有类似组织。其中"前橙会"登记在册的成员已有 2 万多人，其中做 CEO、联合创始人的目前超过 200 人[①]。

第二，二次创新。

当代中国在创意创新方面仍与其他发展中国家一样，虽然投入巨大，但更多以制造加工为主，核心技术始终在发达国家手里，媒体总比较中国与欧洲瑞士等小面积国家获得诺贝尔奖的数量差异，以证明中国创新能力仍与发达国家存在巨大差距。但中国近年来诞生了微信软件、"王者荣耀"游戏等由本国研发的互联网产品。以微信为例，到 2020 年第一季度，微信与 Wechat 合并计算的月活跃用户数量已超过了 12 亿。外媒称之为"万能 App"，这个原本仅仅是用于聊天的手机软件从电子商务到网络游戏再到视频分享，几乎无所不包；从网上叫车到支付水费，

---

① 张瑶：《国互联网巨头'人才溢出'搅动创业大潮》，2015 年 12 月 30 日，新华网（http://news.xinhuanet.com/fortune/2015-12/30/c_1117625040.htm）。

微信几乎深入到人们日常生活的方方面面①。微信的绝大部分功能都是模仿的国外应用，但在这些应用和产品的基础上进行的二次创新或者微创新，将其整合到稳定的应用平台上，并能及时修复和更新，是它占领中国市场的强大组合能力②。

站在中国角度审视文化表现形式多样性，其对象涵盖了三个方面：文化遗产/非物质文化遗产保护、公共文化服务和文化创意产业。文化遗产和非物质文化遗产已经有了专门的保护办法，出台了《中华人民共和国文物保护法》和《中国非物质文化遗产保护法》，中国的文化表现形式多样性主要指公共文化服务和文化创意产业两部分。按《多样性公约》本身的设定，它"并不意味着为全球各国制定统一的全球政策，而是鼓励政府出台可反映其保护和促进本国文化表现形式多样性的承诺的文化政策"③。中国在推动文化创意产业方面，已经在许多地方建立了跨部门的统筹领导小组和促进中心，这样从政府部门到具体商业企业的实施经验都是中国在实践《保护与促进文化表现形式多样性公约》中的中国阐释与中国经验，应该从文化表现形式多样性的角度予以研究和总结。

第二节　全球化危机中保护与促进"文化多样性"的两难困境

全球化是一个过程，指全球层面不同的人、经济、文化、政府、环

---

① C. Custer: "Opinion: WeChat is eating the Chinese internet, and that's not a good thing", 2017-05-30, Tech in China(https://www.techinasia.com/wechat-eating-chinese-internet-not-good).

② 《"微信，为什么成功？"》，载《网易财经》，2012年7月31日。(http://money.163.com/12/0731/16/87OLCVVB00253B0H.html）。

③ 联合国教科文组织：《重塑文化政策：为发展推动文化多样性的十年》，意娜译，社会科学文献出版社，2016，第19页。

境和其他各种网络间日益增长的相互联系[1]。这一过程自上世纪60年代晚期开始，是一个由西方发端的全球化的世界体系的构建过程，也是一个由美欧主导的西方中心的全球格局。但近年来，英国公投脱欧，特朗普上台，难民问题困厄欧洲，恐怖主义四处横行，引发了全球化的危机。贸易保护，民粹主义，文化本土主义等反全球化的浪潮此起彼伏，全球化似乎发生了逆转。

文化创意产业的发展与这一全球化/反全球化的过程密切相关。文化创意产业既得益于全球化的发展，也与反全球化的危机丝丝相连。联合国机构致力于推动全球文化创意产业的发展，又特别表明它是立足于大多数发展中国家的文化多样性的基点的。这就带来了发展过程中的悖谬现象：全球化推动了发展中国家文化创意产业走向全球的历程，但全球化又抑制了发展中国家自身文化多样性的发展，致使联合国教科文十年规划沦于失败境地。

2008年全球金融危机，就悖谬性地既成为全球化进程前后两个阶段的分割点[2]，也成为文化创意产业"逆势上扬"的标志性节点。2008年在全球国际贸易减少12%的萧条态势下，创意产品和服务的世界出口额仍在延续了自2002以来形成的年均14.4%的增长率[3]。而最近两年全球化发展进程受到前所未有的怀疑和冲击，各种令人震惊的事件密

---

[1] Brown, Garrett W, and Ronald Labonté. "Globalization and its methodological discontents: Contextualizing globalization through the study of HIV/AIDS." Globalization and health, 2011, p1-12.

[2] 高柏：《为什么全球化会发生逆转？——全球化现象的因果机制分析》，载《文化纵横》2016年第6期，第20-35页。

[3] 联合国贸发会议（UNCTAD）埃德娜·多斯桑托斯：《2010创意经济报告》，中国社会科学院文化研究中心、张晓明、周建钢、意娜等译，三辰影库音像出版社，2011，第XI页。

集发生①，2016年甚至被称为"超现实"（surreal）的一年，②以表达这一年发生的各种事件给世界带来超出想象的震动。由于全球公共政策的主流呈现出由高度信仰市场的新自由主义转向社会保护与孤立主义的趋势，从未停止过争论的全球化面临危机和逆转。在这一重要关口，文化创意产业发生的转向与变革，由于其不同于一般农业和传统工业的特征，要求我们对其发展态势进行深入地检视和分析。

一、文化创意产业的全球地方主义导向

联合国早先的两份全球报告《创意经济2008》与《创意经济2010》③是由贸发会议主导的，它的分析方法更关注在国际层面上对"发达国家""发展中国家""转型国家"做纵向切分和比较，而在以联合国教科文组织主导的《创意经济报告2013（专刊）》中，分析的重点从国家层面转向了地区、城市、社区层面。与前两本相比，它转向了"全球"与"地方"这一对基本逻辑的分析路线，在这一基础上按多元化发展路径对文化创意产业进行了具体分析④。这是一种典型的全球化思维——全球化的一个重要方面即为消弭国内和国际、内生性和外生性、内部和外部之间的区别。这就直接挑战了将国家、社会、政治团体以及经济作

---

① 比如ISIS的兴起、欧洲恐怖袭击、难民危机、欧洲选举中右翼政党的表现、乌克兰危机、英国"脱欧"、特朗普以反主流的政见当选为美国总统、日本执政联盟以多数优势在修改宪法这一议题上获胜、南海紧张局势、许多国家的民族主义抬头等。

② 来自韦氏词典2016年度词汇（https://www.merriam-webster.com/words-at-play/word-of-the-year-2016）。

③ 《创意经济报告》是联合国教科文组织（UNESCO）、联合国贸发会议（UNCTAD）、联合国开发计划署（UNDP）、世界知识产权组织（WIPO）、国际贸易中心（ITC）从2008年起发布的全球创意经济发展报告，目前共发布3次，其中前两次由联合国贸发会议主编，第三本由联合国教科文组织主编。

④ 意娜：《联合国〈创意经济报告2013〉与中国的文化产业》，载《福建论坛（人文社会科学版）》2014年第10期，第63-71页。

为主要的分析单元以及分析对象的现代社会科学组织原则[①],而那正是联合国贸发会议主持的两份报告选取的研究角度和分析框架。

但是全球化与文化创意产业都没有统一的标准定义,全球化在认识论与方法论的各种问题中仍然存在大量争议。在过去的研究中,更多地是关注文化创意产业宏观层面的定量分析来判断其发展状况,预测发展趋势。而联合国教科文组织主持的 2013 专题报告秉持的却是"全球地方主义"的观念。这一观念强调全球化和地方化(本土化)在发展过程中的相互交融互渗。其中起主体作用的是共同体、自治制度、可持续性和差异性,而全球化只是它们的结果而已[②]。在使用宏观层次方法进行研究的同时,该报告理解其中的构件是以何种方式联系,如何被文化、政治和社会背景范围内的不同个体和群体所认知[③]。这是一种折中主义的方法论:它既不同于"麦当劳"化的同质化全球主义,也反对极端化的民族主义或者种族主义。它承认全球本土化,也鼓励本土全球化。2015 年联合国教科文组织编写的《重塑文化政策——为发展推动文化多样性的十年》报告显示,全球文化产品出口总额从 2004 年的 1084 亿美元增长到 2013 年的 2128 亿美元,其中发展中国家的文化产品出口总额从 277 亿美元增长到 993 亿,发展中国家在这一领域的市场份额在同期也从 25.6% 提高到 46.7%。由此看来,发展中国家的文化创意产业获得了重大的发展,其成就无疑相当辉煌。

但是,如果只停留在上述宏观层面得出的结论,便认为发展中国家文化创意产业的发展欣欣向荣,并在此基础上制定继续进一步推动发展中国家文化创意产业发展的政策和实施,又是不符合具体的真实的发展现状的。因为经过细致的数据分析可见:在 2013 年,仅仅中国和印

[①] McGrew, Anthony, "*Globalization in hard times: Contention in the academy and beyond.*" The Blackwell companion to globalization, 2007, p29-53.

[②] 同上。

[③] Hopper P, *Living with Globalization*, Oxford, Berg, 2006, p1.

度就贡献了718亿美元的文化产品出口额。如果不考虑中国和印度，剩下的发展中国家加起来2013年的文化产品出口市场份额仅有8.8%，2004-2013年的增长速度只有5.2%。绝大部分发展中国家还没有成规模的文化产品生产和出口，其中西非国家经济共同体（ECOWAS）和南亚自由贸易协定（SAFTA）成员国之间几乎没有文化产品和服务往来[①]这就使得问题大大的复杂化了。作为新兴经济体的中国和印度在全球化中，借助于本土全球化走向世界创意经济，获得了相应的红利，而欠发达国家则很少获得所谓全球化的好处，反而在文化多样性上多有缺失。

考虑到联合国教科文组织一贯的政策导向，以及这种全球化分析方法的采用，表明全球化与文化创意产业发展之间的复悖谬关系：一方面文化创意产业植根于全球化，具有一定全球化特征；另一方面文化创意产业的特殊文化属性——本土的、在地的文化多样性，使其在根本发展上形成一种与全球化乖离的政策路径。

文化创意产业植根于全球化，也寻求一种全球市场的积极扩张，它以经济交易、贸易、对外投资、劳工流动的指数型增长以及跨国公司的增长为支撑，依靠市场的力量，追求经济收益，是一种进行时的经济的和新自由主义的发展形态，从客观上导致边界、市场、经济和文化间的差异的弱化和消解[②]。以传统的视听媒体为例，根据教科文的统计，这一类别的所有出口国家都是欧洲和北美的发达国家，其中美国占到全球总量的52.4%[③]。文化创意产业相关的资本、商品、技术和创意人才的跨国自由流动是全球化的重要表征。尤其是文化产品生产多为物质产品

[①] 联合国教科文组织：《重塑文化政策——为发展推动文化多样性的十年》，意娜译，社会科学文献出版社，2016年，第109页。

[②] McGrew, Anthony, "Globalization in hard times: Contention in the academy and beyond." The Blackwell companion to globalization, 2007, p29-53.

[③] 联合国教科文组织：《重塑文化政策：为发展推动文化多样性的十年》，意娜译，社会科学文献出版社，2016，第109-110页。

生产，经济全球化最核心的价值链生产和外包，以及外国直接投资也是文化创意产业全球化的表征，前面提到的中国与印度的文化产品出口中，很大部分是作为跨国公司的生产基地而实现的。

针对文化的国际交流，尤其是互联网上产品与服务的边界的消弭，国际文化产品交流统计并没有现成的指标。联合国教科文组织建议用全球化的标准作为替代措施，以"全球价值链等替代措施，来更好地评估各国附加值对全球文化产品交流的贡献"[1]。而采用外国附属机构服务贸易统计（FATS）和外国直接投资（FDI）的数据能够说明一部分文化产品生产模式的国际化程度。虽然两种数据没有专门的文化创意产业指标设定，但仍可从一般服务（商业服务）的统计结果进行推断。比如东盟国家，一般服务占GDP的50%，2011年东盟国家服务部门获得的FDI达到514亿美元，占东盟FDI总额的58%。在非洲，2010年，3.5%的外国投资出现在19个非洲国家的报纸、出版和印刷部门。而FATS数据尤其体现了文化创意产业核心部门（如电影）的国际化程度，欧洲视听部门到2012年拥有多达1019家外国附属机构[2]。

二、应对全球化挑战的文化创意产业

文化创意产业虽然部分进入了全球化，但它从本体上更是在地的、本土的，是文化多样性政策所支持的对象，是联合国推出的应对全球化侵蚀——逆全球化的策略。正是由于全球性文化贸易的迅猛发展，令世界各国政府开始高度重视文化的本土政策问题。世纪之交以来，为应对全球化的挑战，文化多样性逐渐成为世界各国主导性文化政策。2001年，联合国教科文组织发布《文化多样性宣言》，2005年，《保护和促进

---

[1] 联合国教科文组织：《重塑文化政策：为发展推动文化多样性的十年》，意娜译，社会科学文献出版社，2016，第114页。

[2] Dato Talib, F, "Regions Cooperation in Services Trade", International Trade Forum", *Trade in Services*, No.1, 2014, p28-29.

文化表现形式多样性公约》通过，2015年，联合国又出台并启动实施了"2030可持续发展议程"。

世界各国在应对全球文化贸易竞争过程中，逐步形成了文化多样性政策。20世纪90年代，由法国和加拿大政府提出的"文化例外"政策可以视为文化多样性政策的前身。在国际文化贸易方面，法国是美国自由贸易政策的坚决反对者。在乌拉圭回合谈判中，法国以"文化例外"为由，坚决反对文化市场的自由贸易，几乎为此退出整个GATT谈判。在WTO谈判中，法国进一步将"文化例外"演变为"文化多元化"原则，提出文化产业不同于一般产业，指责美国低俗化的文化产品和文化发展方面的商业倾向对于别国文化构成了毁灭性的威胁，全球的"美国化"趋势令人担忧。

于是有人提出改弦更张的主张。加拿大前副总理希拉·科普斯（Sheila Copps）曾说："当我在国家政府任职时，加拿大正请求世界贸易组织为国内杂志提供税收优惠。世贸组织以用于猪肚销售的同样的商业视角来看待杂志。面对这一不可撤销的错误决策，我认为有必要创建世贸组织以外的国际文化组织。事实表明，UNESCO是在国际法中承认的文化产品和服务特殊性质（包含经济和文化维度）的理想机构。随着国际贸易规则延伸到文化部门，通过文化多样公约的必要性在当前看来甚至更为紧迫。公约将文化视为可持续发展的基石，而不仅仅是可交易的产品。"[①]的确，全球各国共同建立一个国际文化的公约势在必行。

"文化例外"与"文化多样性"是应对全球文化生产、分销、展示和推广逐渐垄断化的不良趋势的两种文化政策，在面对"文化全球化"趋势时，两种政策具有共同的理念：文化具有商品的属性，但是更重要的是具有文化的属性。但是相比较而言，"文化例外"政策偏重于文化

---

① 联合国教科文组织：《重塑文化政策：为发展推动文化多样性的十年》，意娜译，社会科学文献出版社，2016，第14页。

保护，具有一定的消极倾向，"文化多样性"则旨在促进发展的、更为积极的政策。主要目标包括：支持可持续的文化治理制度，实现文化产品和服务的平衡流动，提高艺术家和文化专业人员的流动性，将文化纳入可持续发展框架中，以及促进人权和基本自由。文化创意产业是其中最重要的一部分，将成为维护文化多样性的重要力量。

要保护文化多样性，文化创意产业的发展政策和战略措施要促进地域的、民族的、本土的文化的可持续发展，为此，应该坚持三个原则。

一是代际公平原则，即当下的发展不能剥夺后代享有文化资源、文化需求的权利，指的是保护自己的物质和非物质文化遗产。

二是代内公平原则，即确保社会成员更公平进行文化生产、参与和享有。

三是多样性的原则，即在经济、社会和文化发展中要考虑文化和创意的多样性[1]。

如何解决和消弭全球化与本土化的悖谬？对话、沟通、融合是唯一的出路。一方面，大部分国家和地区都出于自身发展考虑出台了各种文化贸易保护和对外推广本地文化产品的政策[2]；另一方面，联合国教科文组织也有意识地通过《保护与促进文化表现形式多样性公约》推动发达国家和国家集团主动制定有助于发展中国家文化产品进入发达国家市场的举措。在《公约》第16条中规定："发达国家应通过适当的机构和法律框架，为发展中国家的艺术家和其他文化专业人员和从业人员，以及那里的文化产品和文化服务提供优惠待遇，促进与这些国家的文化

---

[1] Throsby, D. "*Linking cultural and ecological sustainability*", The International Journal of Diversity in Organizations, Communities & Nations, Vol. 8, 2008, p15-20.

[2] 意娜：《发达国家发展文化产业的经验与问题》，载《人民日报》，2015年11月1日；意娜：《发展与保护：重塑文化政策——联合国推动发展中国家文化创意产业发展之考辨》，载《山东大学学报（哲学社会科学版）》，2016，第74-81页。

交流。"其主要的措施包括技术援助、财政援助、简化和统一国际贸易流程、市场准入等。欧盟则支持建立了地中海分销网络（MEDIS）①，网罗了来自北非、中东和阿拉伯半岛的专业人员，促进地中海国家和地区电影进入国际市场。欧盟还于2011年与加勒比海国家签订了《欧盟—加勒比论坛国经济伙伴关系协定》（EPA），鼓励加勒比国家的艺术家和文化人才进入欧盟市场，还在影视等领域展开合作②。这些措施，与欧盟作为一个内部的"统一市场"的经济基础，促进人才、商品、服务和资本在其中的自由流动的思路是一脉相承的。

三、全球化危机：开启新的发展阶段

2007年到2008年的全球金融危机被认为是全球化的一次警报，文化创意产业也因此受到影响。2009年的全球产品贸易明显下滑，文化产品的出口量也在2008—2009年下降了13.5%。其中，发达国家的出口量下降了19%，其间又以欧洲的经济衰退带来的影响为主；而发展中国家仅下降了1.6%③。这一次金融危机，被认为是在新自由主义意识形态驱动下，释放市场力量的后果，是诸多发达国家和发展中国家财政金融扩张后国际金融秩序的失序和国内金融机构的失策共同作用的结果④。

跨太平洋合作伙伴关系协定（TPP）在美国受到抵制，欧洲难民问题、安全威胁、财政紧缩、民主倒退等多重危机，再加上英国脱欧，意大利

---

① Medisnetwork.net/index/en/.
② KEA European Affairs. "*How do They Benefit the Caribbean*? (*Discussion paper, 118.*)", Implementing Cultural Provisions of CARIFORUM-EU EPA. Maastricht, ECDPM.
③ 联合国教科文组织：《重塑文化政策——为发展推动文化多样性的十年》，意娜译，社会科学文献出版社，2016，第109页。
④ 高柏：《为什么全球化会发生逆转？——全球化现象的因果机制分析》，载《文化纵横》2016年第12期，第20-35页。

总理伦齐宣布宪法改革公投失利并黯然辞职,全球化面临重创。再加上在世界其他地区明显加强了的贸易保护意识和举措,更助推了对全球化的反拨。令人特别惊醒的事实是:2015 年 1—10 月全球共出台了 539 个贸易保护政策,是 2008 年全球金融危机以来的最高值[①]。全球化的"危机论""逆转论"此起彼伏,面临巨大质询。

经济全球化并没有给所有国家和社群带来福祉,反而扩大了国家与国家、国家内部的分配不均。在传统全球化体系下,获得收益的始终是发达国家,而发展中国家则沦为廉价的代工厂和资源供应地。由此导致了发达国家担心发展中国家抢走就业机会,发展中国家经济发展空间被由发达国家制定的不公平国际规则挤压和褫夺。诺贝尔经济学奖获得者斯蒂格利茨(Joseph Stiglitz)认为,全球化本身没有问题,只是游戏规则错了,应该由各国根据自己的情况来管理经济[②]。

这种依赖全球市场,但保持多样化发展路径的方式契合了文化创意产业自身的发展规律,欧盟的岌岌可危并没有让所有人忧心忡忡。英国脱欧以后,英国国内文化创意产业界并不悲观。他们认为,自上一轮经济危机以来,欧洲经济持续衰退,但是英国创意产业在此期间成功实现了增长,目前增长速度是其他经济部门的 3 倍,脱欧以后的英国会成为更安全和热门的旅游目的地。英国本身就是世界上第二大音乐出口国,随着互联网发展,游戏产业迎头而上,2014 年的游戏销售额超过了音乐,线上游戏销售额更是远超在线音乐和在线视频。最近几年,英国游戏产业增长尤其明显,在 2019/2020 财年收入达到 9.07 亿英镑,为英国

---

① 郑宇:《靠什么拯救全球化?》,载《文化纵横》,2016 年第 12 期。
② 郑宇:《靠什么拯救全球化?》,载《文化纵横》,2016 年第 12 期;斯蒂格利茨曾经在 2003 年出版《全球化及其反对者》(Globalization and Its Discontents),2006 年出版《让全球化运转》(Making Globalization Work),专门讨论全球化问题。

GDP贡献了22亿英镑[①]。英国创意产业发展的历程就证明了其在破坏性发展中的领先地位，互联网的兴起带来了无数的挑战，从版权到新的商业模式和用户生成内容的快速增长，这些挑战都已经一一应对并且变成了机会。所以英国人乐观地估计，以英国的语言、丰富的文化遗产、创意人才库、电影和电视业的发达、优厚的电影税收减免政策等，创意产业的成功基本面并没有改变。加之脱欧摆脱了欧盟国家援助规则的限制，英国可以在更大范围内进行创意产业的全球投资，"脱欧（Brexit）提醒我们，我们的机会在英国以及更广泛的世界中"。[②]

在发展中国家中，在成为全球化价值链中的世界工厂多年以后，中国迅速崛起。2008年全球金融危机的爆发和中国的回应，不仅见证了国际政治经济中权力和财富的深刻转移，而且还引发了一场热烈的辩论，甚至被期待取代美国在经济上的领导地位。高盛2007年预测中国的经济规模将在2030年超过美国，经合组织（OECD）2013年的报告则预测到2060年，中国和印度GDP的总和将超过所有现经合组织成员国的总和[③]。而英国智库经济与商业研究中心则于2020年发布报告，称中国GDP将在2028年超过美国，比以前的估计提前了5年。[④]

互联网对传统的全球贸易结构产生了巨大冲击，其中尤以中国最为瞩目，已经成为全球发展规模最大、发展最快的市场。根据麦肯锡的报告，2015年中国网络零售市场规模就接近了6300亿美元，比排名第二

[①] Marie dealessandri, "Growth in UK Games Industry Fastest Ever Recorded", Gameindustay. biz, October 19 th. 2020.

[②] Michael Grade, "Britain's creative industries have nothing to fear from Brexit", The Telegraph, Nov. 16, 2016.（http://www.telegraph.co.uk/news/2016/11/18/britains-creative-industries-have-nothing-to-fear-from-brexit/）访问日期：2016年12月21日。

[③] 高柏：《为什么全球化会发生逆转？——全球化现象的因果机制分析》，载《文化纵横》，2016年第12期，第20-35页。

[④] 《英智库报告预测"中国经济2028年超美"，专家：小心西方"捧杀"》，《环球时报》2020年12月28日。

的美国要多出80%，单就2016年双11单日的销售额就达到了1700亿人民币（天猫+京东）。在2016年上半年，中国跨境电子商务交易规模达到2.6万亿美元，在全球的货物流通中扮演着越来越重要的角色。未来中国势必成为全球信息的巨大结点，将借助互联网组织全球性大生产，利用全球化协作的力量重组全球产业链。所以未来不再有传统全球化的"剥削链条"，而更呈现横向扁平的分布，这就是中国提出的全球互利共赢的"一带一路的五通三同"[①]方案和杭州G20峰会的"构建创新、活力、联动、包容的世界经济"中国主题理念。

有论者提出：全球化更多的是改变人们的预期而不是能力[②]。传统意义上的全球化或许面临"危机"，但中国方案将引领一种新的发展模式——这就是全球化发展与文化多样性保护的融合创新。

第三节 "文化多样性"理念对文化政策的重塑

2016年元旦，"联合国2030可持续发展议程"（以下简称"2030议程"）正式启动实施。这项议程经由联合国193个会员国一致认可，是今后15年的全球发展议程。议程注重可持续发展的三个层面：人、环境和经济，承诺要采取大胆和变革的措施，将世界转向可持续和弹性发展的路径上，并且"绝不让任何一个人掉队"[③]。与2015年结束的"千

---

① 一带一路的五通三同。五通：政策沟通、设施联通、贸易畅通、资金融通、民心相通。这"五通"是统一体、缺一不可。"三同"就是利益共同体、命运共同体和责任共同体。

② Cohen D, *Globalization and Its Enemies London*, Massachusetts: MIT Press, 2005, p116.

③ 联合国首脑会议：《变革我们的世界——2030年可持续发展议程》（Transforming Our World: the 2030 Agenda for Sustainable Development; A/RES/10/1），2015年9月。

年发展目标"①相比，"2030议程"设置了17个目标，169个分解目标，还确认调动执行手段，包括财政资源、技术开发、转让能力建设以及建立伙伴关系等。除了继续推动减贫、健康、环境和国际合作以外，第一次在全球层面把"文化""创意"和"文化多样性"写进了议程，作为可持续发展的核心推动力量②③。按照联合国教科文组织总干事伊琳娜·博科娃（Irina Bokova）的说法，这种对于文化的重视，正是与2005年开始实施的《多样性公约》的立场相符合的，即强调了文化活动、产品和服务所具有的文化与经济的双重属性：在文化层面，包含了身份和价值观，促进了国际社会的包容感和人群的归属感；在经济层面，促进了就业和收入，推动了发展中国家的创新和可持续发展④。

2015年末，联合国教科文组织发布了进行了4年的"多样性公约"颁布10周年的评估报告（以下简称评估报告），这份报告将每两年发

---

① 2000年9月，189个国家的领导人在联合国千年峰会上通过《千年宣言》，承诺在2015年之前实现全球贫困人口减半、普及小学教育、促进男女平等、降低母婴死亡率、抗击艾滋病和疟疾、促进环境可持续发展和推动全球合作伙伴关系等8项目标，即千年发展目标。事实上，经过十五年的发展，千年发展目标实现了一部分，仍有一部分目标尚未实现。

② 2015年9月的联合国首脑会议上，通过了这份名为"变革我们的世界——2030年可持续发展议程"（Transforming our world: the 2030 Agenda for Sustainable Development; A/RES/70/1）的文件，联合国193个会员国一致认可的今后15年的全球发展议程。议程注重可持续发展的三个层面：人、环境和经济，承诺要采取大胆和变革的措施，将世界转向可持续和弹性发展的路径上，并且"一个人都不落下"。"2030议程"设置了17个目标，169个分解目标，还确认调动执行手段，包括财政资源、技术开发和转让以及能力建设，以及建立伙伴关系等。议程中多次提到文化多样性、文化与创意，并且在新议程中承诺"培养跨文化的理解和宽容，相互尊重，以及对全球公民的道德和共同责任。我们承认世界自然和文化的多样性，承认各种文化和文明不仅贡献于可持续发展，而且还是其重要推动者。"

③ 联合国文件（编号A/RES/70/1）"变革我们的世界——2030年可持续发展议程"（Transforming our world: the 2030 Agenda for Sustainable Development）

④ 联合国教科文组织：《重塑文化政策：为发展推动文化多样性的十年》，意娜译，社会科学文献出版社，2016，第1页。

布一次，建立了一种文化领域的综合监测指标体系，深入分析了当前的发展趋势，在4个方面推动所有相关的政策主体制定创新的政策和措施：跨国流动、艺术自由、进入国际市场、数字环境。联合国教科文组织认为，这份报告的重要性在于，长期监测、收集、分析和传播世界各国将文化纳入可持续发展的各种信息，实时支持"2030议程"的实施进程，以确保各国能够最有效地评估新议程的实施，及时修正和解决政策问题[1]。

"多样性公约"的实施，与中国文化创意产业发展进程不谋而合，然而，虽然中国一直是联合国进行"文化多样性"和"创意经济"评估发展成就中贡献最大的发展中国家，但中国的文化创意产业发展与联合国推动的"创意经济"在发展逻辑上是不同的，二者殊途同归地并行发展。

一、基于新增长理论的"文化多样性"

虽然"多样性公约"是旨在保护"人类所依赖的、以多样性方式存在的'文化生态'"[2]，以及鼓励各国将文化资源转化为文化产品，促进发展中国家增加对外文化贸易和服务的出口[3]，但"文化多样性"观念最早反映的却是发达国家第二集团的立场。他们在1993年面对强大美国文化产品的侵入，由欧盟、法国和加拿大牵头，提出了"文化例外论"，意思是电影和音像制品不能被纳入到一般性服务贸易中，此举在接下来的20多年中反复引起了国际社会的关注和争论，也得到了大部分国家

---

[1] 刘倩：《哲学所李河：〈文化多样性公约〉的意义及其影响》，载《中国社会科学报》2014年9月24日第650期。

[2] 刘倩：《哲学所李河：〈文化多样性公约〉的意义及其影响》，载《中国社会科学报》，2014年9月24日第650期。

[3] UNESCOPRESS, "First Global Report - Evaluating the Impact of the Convention on the Protection and Promotion of the Diversity of Cultural Expressions", 2015. (http://www.unesco.org/new/en/media-services/single-view/news/first_global_report_evaluating_the_impact_of_the_convention_on_the_protection_and_promotion_of_the_diversity_of_cultural_expressions/#.VrbsNOZHXEF).

公开或者默默地支持①。"文化例外论"代表了对于文化保护的一种立场，注重传统的、精英的文化，认为文化"关涉到国民素质、民族传统和凝聚力、国家形象与国家安全等"②，与其他产业有着巨大的区别，需要额外投入经费进行保护、扶持的部门。可以看出，这些国家的文化保护立场深深影响了除美国以外的大多数国家的文化政策和联合国教科文组织的立场，之后出台的几大公约，包括2001年通过的《文化多样性宣言》、2003年通过的《保护非物质文化遗产公约》、2005年通过的《保护和促进文化表现形式多样性公约》都是与这一思路一脉相承的。尤其是"文化多样性"，后来替代了"文化例外论"，成为各国在文化产品和服务贸易中制定保护措施的依据。

与单纯的文化保护不同，"文化多样性"是为了经济社会发展而制定的，"一是推动发展中国家制定有利于文化发展的政策；二是推动发展中国家培育由现代传媒和视听技术支撑的文化产业"③。在"多样性公约"中我们能够看到对于发展的推动，有几个主要的目标或者方式：认为文化是发展的主要推动力，是国家和国际发展政策、国际合作的战略要素，也是服务于旨在消除贫困的《联合国千年宣言》的；这些文化指的是作为非物质和物质财富来源的传统知识，特别是原住民知识体系；实现方式包括信息自由、个人流动和传媒多样性，培养发展中国家个体和机构创造、传播、销售及获取其传统文化表现形式的自由和能力，政府加大扶持力度；发达国家放宽对发展中国家的文化活动、产品和服务进入政策。在最近这本"评估报告"中，教科文重申了他们所细化的四

---

① 贝尔纳·古奈：《反思文化例外论》，李颖译，社会科学文献出版社，2010，第3-5页。

② 李宁：《"自由市场"还是"文化例外"——美国与法—加文化产业政策比较及其对中国的启示》，载《世界经济与政治论坛》2006年第5期。

③ 联合国教科文组织：《重塑文化政策：为发展推动文化多样性的十年》，意娜译，社会科学文献出版社，2016，第121页。

个"文化多样性"实施目标,分别是[①]:

首先,支持文化治理的可持续发展系统。目的是"执行国家政策和措施,促进对文化产品和服务的创造、生产、分配和实现,并且有助于文化治理系统的了解、透明度和参与性"。这一目标主要监测四个领域:文化政策、公共服务媒体、数字环境和与民间社会的合作。

第二,实现文化产品和服务的平衡流动,增加艺术家和文化专业人士的流动性。这一目标主要监测三个领域:艺术家和文化专业人才的流动性、文化产品和服务的流动,以及相关条约和协定。

第三,整合可持续发展框架中的文化。目标是"通过可持续发展政策和国际援助方案将文化整合为一个战略维度"。这一目的主要监测两个领域:国家可持续发展政策和计划,以及国际可持续发展项目。

第四,促进人类权利和基本自由。目的是"国际层面和国家层面从法律层面保障人类权利和基本自由,保障和促进艺术自由和艺术家的经济权利"。这一目标主要从两个领域进行监测:性别平等和艺术自由。

从上述公约框架,以及2015年"评估报告"中,可以清晰地看到其核心理念是在开放经济中的内生增长思路。第一是强调了市场力量并不足以使社会得到最好的发展,政府投入和政策制定具有十分重要的意义,第二是强调了文化积累和技术进步在增长中的决定性因素;另一个方面鼓励生产要素在各国自由流动,这样资本和人才可以从发展中国家流向发达国家,而同时可以利用国际上的先进技术促进发展中国家的技术进步和经济增长。显然,这种发展思路带有浓厚的"新增长理论"(New

---

① 联合国教育、科学及文化组织大会:《保护与促进文化表现形式多样性公约》,2007。序言第(六)、(八)、(十五)条,第二章、第四章第十四条。

Growth Theory）思路①②。这一理论催生的环境是上世纪70年代起西方发达国家经济的滞胀状态、经济发展增速减缓、通货膨胀率居高不下。

因此这种环境孕育出的应对策略，确实弥补了西方传统经济学理论中对于知识和技术在现代经济中至关重要作用的空白，也提醒各国实现经济增长方式转变的必要性和紧迫性，在一定程度上提醒了广大依靠资源出口和要素投入量增加获取经济增长的落后国家要把经济增长方式从粗放型转向集约型，也因此特别强调发展中国家对发达国家文化产品和服务出口的重要性。

但必须看到的是，不管是"文化多样性"理念本身，还是它所体现的"新增长理论"思路，都是由发达国家提出来的，都是基于发达国家、尤其是发达国家第二集团自身经济、文化和社会发展现实提出的。所以，虽然在过去的几十年里通过世界贸易组织（WTO）的主导，全球贸易自由化为对外开放寻求起飞的发展中国家提供了重要的发展契机，大量促进了它们的出口量，仅"新兴7国"（中国、俄罗斯、印度、巴西、南非、印度尼西亚和马来西亚）平均出口依存度就从1990年的9.8%上升到2010年的22.6%。普华永道在2019年初认为新兴七国的经济总量在2040年将是七国集团（美国、英国、法国、德国、日本、加拿大和意大利）的两倍。③但是在2008年金融危机以来，即使我们一直在说"文化创意产业逆势上扬"④，但仍然不得不承认经济全球化趋势悄悄发生

---

① "新增长理论"又称为内生增长理论，是产生于20世纪80年代中期的一个西方宏观理论分支，这一理论较为松散，主要的共同点在于认为内生的技术进步是经济实现持续增长的决定因素，因此对技术进步实现机制进行了着重考察。

② 朱勇、吴易风：《技术进步与经济的内生增长——新增长理论发展述评》，载《中国社会科学》1999年第1期。

③ 《新兴市场集体崛起，普华永道预测将成全球经济主导》，《参考消息》，2019年1月7日。

④ 意娜：《国际文化创意升级与发展中国家的崛起》，《学习与探索》2014年第6期。

了变化,世界贸易组织的规则收到了很大的挑战,跨太平洋经济伙伴关系协定(TPP)、跨大西洋贸易和投资伙伴关系协定(TTIP)和日欧经济伙伴关系协定(EJEPA)等以发达国家为主导的跨区域大型经济一体化谈判加快推进,即使发展中国家也在努力推进相关的双边自贸区或次自贸区建设,却可能仍然无力抗衡上述发达国家主导的协定带来的威胁。据数据显示,发达国家的贸易逆差幅度在国际金融危机之后逐年缩小,到2013年甚至实现顺差0.34%[①]。

正是因为如此,所以在"多样性公约"颁布十几年以后,人们发现支配文化产品与服务出口的仍然是发达国家。发展中国家在这十几年中所增长的文化产品和服务贸易的出口比重增加值,基本上都是中国和印度两个国家贡献的。比如,在2013年,共计2128亿美元的文化产品出口中,46.7%都来自发展中国家,这个比例貌似比2004年时候的25.6%提高了不少,但是如果不算中国和印度,发展中国家自2004年以来的文化产品出口额的年均增长值不到5%。而文化服务出口的数字更是惨不忍睹,在2012年全球1285亿美元的文化服务出口份额中,发展中国家只占了1.6%[②]。而中国和印度的文化产品和贸易出口,显然更多是精确按照增长理论所提示的,由制造业生产的相关"代工"文化产品。

二、文化多样性推行以来文化创意产业在全球的勃兴与瓶颈

新一轮全球化和数字技术与互联网有关,推动了经济一体化和全球文化贸易的发展。这是一场人类社会所有文明系统都要面对的"数字革命",促使人类重新审视创作、生产、分销、获取和享有文化产品和

[①] 赵晋平:《发达国家与发展中国家发展不平衡》,《人民日报》,2015年7月12日。

[②] 联合国教科文组织:《重塑文化政策:为发展推动文化多样性的十年》,意娜译,社会科学文献出版社,2016,第127页。

服务的渠道，转变在经济、社会、文化领域几乎每一件事上的行为方式。这场数字革命将文化与创意提升到可持续发展战略的枢纽位置，在2010年联合国大会关于千年发展目标的讨论中，文化被认为是可持续发展不可或缺的因素，2012年联合国可持续发展大会也强调了文化对于可持续发展的重要意义，2016年1月1日正式生效的《2030年联合国可持续发展议程》首次从全球层面上承认文化、创造力和文化多样性对解决可持续发展挑战的重要性。从"千年发展目标"到"2030议程"的15年，正是全球范围内文化创意创意产业的起步期，正是文化创意产业的迅猛发展态势，才引起联合国相关机构的高度重视，并最终在政策层面承认了这一关键作用。

首先，在一般性数字上看，文化创意产业已经成为全球经济的基石。2015年12月，联合国教科文组织推出了首个全球文化产业发展报告——《文化时代：第一张文化创意产业全球地图》，报告中提出，11个主要文化创意产业部门已经成为了全球经济的基石，在2013年，产值达到了2.25万亿美元，占全球GDP的3%，创造了2950万个就业岗位。这个产值超过了全球电信业的总产值，也超过了印度的国民生产总值。

特别值得指出的是，发展中国家的文化创意产业表现尤其亮眼。比如，报告显示亚太地区文化创意产业产值最高，2013年达到了7430亿美元，占地区GDP的3%。根据报告对亚太地区的预测，2030年全球三分之二的中产阶级都会在这里，而这一地区除了人口多以外，主要是因为拥有文化创意产业界的领头企业，比如腾讯、中国中央电视台和日本读卖新闻等。又比如，虽然非洲的文化创意产业最不发达，但却是值得被看好的潜力股。其中最典型的仍然是尼日利亚的"瑙莱坞"。在尼日利亚，单是电影产业就占到了GDP的2%，每年创造大约5-8亿美元的产值，创造了30万个就业岗位，从业人口仅次于农业成为全国第二大就业市场。在尼日利亚，每周都有40部电影被制作出来，这个数量也是全球第二多的。最多的还是印度的宝莱坞，2013年，印度出产电影3000部，尼日利亚生产2000部，而美国只有800部。

其次，新媒体领域意义更为重大，传统公共广播电视的覆盖缺口将迅速为数字媒体所弥补。

近年来，影响最大的就是由数字革命引起的社会经济发展的变化。尤其是文化领域，互联网巨头的出现，社交网络和用户贡献内容的不断膨胀，越来越多地接入多媒体设备，产生的数据量越来越大，都深刻地改变了文化的生产和消费方式，过去单打独斗的独立发展模式不再适用于当今的社会经济发展。而且这场数字革命影响的绝对不仅仅是发达国家，在发展中国家产生的影响甚至更大。比如在非洲，移动电话的普及率从2007年到2012年的五年间增加了三倍。2017年非洲大陆有4.44亿移动用户，预计在2025年仅撒哈拉以南非洲就会有6.9亿部智能手机，相当于人口数的66%。[①] 在不发达地区发展新媒体的意义在于，截止到"千年减贫计划"完成，全世界仍然有超过一半的人口生活在并没有覆盖公共广播电视服务的地方，而公共文化服务缺失的这部分可能可以直接通过互联网和新媒体的方式补上。

第三，具体分析发现，发展不平衡依然是阻碍文化创意产业发展的障碍。

根据联合国教科文组织报告的数据，全球文化创意产业发展极不平衡。首先是支配文化产品与服务出口的仍然是发达国家。在2013年，共计2128亿美元的文化产品出口中，46.7%都来自发展中国家，这个比例貌似比2004年时候的25.6%提高了不少，但是其中大部分都是由中国和印度这两个比较发达的发展中国家提供的。除这两个国家以外，发展中国家自2004年以来的文化产品出口额的年均增长值不到5%。其次是文化产品与服务贸易之间的不平衡，发展中国家文化服务出口的数

---

① JUMIA运营研习社，《2019非洲移动市场报告》，雨果网，cifnews.com，2019年10月22日。

字惨不忍睹,在2012年全球1285亿美元的文化服务出口份额中,发展中国家只占了1.6%,这个数字可以用"微不足道"来形容。

正如索罗斯比教授在《重塑文化政策》报告中所分析的,文化可持续发展的原则尤其适用于文化产业的政策,但是在2030年可持续发展目标中,尽管文化被多次提及,只有教育相关的目标4中专门提及了文化对可持续发展的贡献,另外在与可持续旅游相关的目标(目标8和目标12)中提及了文化产品生产和销售。换句话说,联合国2030年可持续发展目标对文化创意产业发展重视程度并不太高(参见第二章第一节)。通过以上分析《文化时代:第一张文化创意产业全球地图》中的数据,我们看到,尤其是发展中国家,除了中国和印度之外,无论是文化创意产品还是服务发展水平都很低,而在服务贸易方面,包括中国、印度在内,都不具备与西方发达国家竞争的可能性。结论很清楚,文化创意产业还没有在全球性的可持续发展中发挥应有的作用。文化创意和产业已经登上了历史舞台,但是还很弱小。

为什么"文化多样性"推行了十几年,其中重要的一项目标,推动发展中国家文化产品和贸易出口仍收效甚微?在教科文的评估报告中,安慰性地说到虽然发达国家仍然主导文化产品和服务的出口贸易,但是在发达国家所进口的文化产品中,来自发展中国家的产品比重明显增加了,在2013年发达国家进口来自发展中国家的音乐和视听产品比例达到了39.6%,图书和其他出版物也达到了32.3%。我们仍不得不进一步思考这种基于发达国家新增长经济理论的发展中国家促进政策问题在哪里发生了错位,是什么制约了发展中国家文化创意产业的发展?

一方面,这种现行的框架的确强调了技术和技能对于经济发展的决定性作用,也大量加强了对于发展中国家的技能培训,但它完全忽视了制度因素对技术进步和经济增长的影响。正如美国经济学家道格拉斯·诺斯(Douglass C. North)所评论的那样:"这些模型都取决于一个能驱动模型的暗含的激励结构的存在,如果不将制度中派生出来的激励结构作为这一研究的重要组成部分,这一研究对我来说将是一个无结果的试验"。① 所以即使在多样性的框架下一再强调政府政策的主导作用,却因为各种原因规避了对于制度的讨论,以至于造成了事实上的一刀切,在实际上没有针对发展中国家的各个特殊国情制定相应的发展策略。

而在另一方面,落实"多样性公约"的各种具体政策建议,也就是为发达国家经济体制"量身定做"的发展中国家文化创意产业推进方式暴露了新增长理论的一个缺陷,也就是对于"市场机制这只'看不见的手'的一种信赖,而不是对经济现实的合理近似"。相对于古典经济学理论而言,新增长理论虽然承认了经济的外部的因素或者垄断因素带来的市场缺陷,却又将希望完全寄托在政府的力量上。所以正如本文开头引述的教科文的序言:不管是"多样性公约"也好,评估报告也好,都是为了推动所有相关的政策主体制定创新的政策和措施,并且确保各国能够最有效地评估新议程的实施,及时修正和解决政策问题。

这些弊端带来的牵制发展中国家文化创意产业发展最后也是最主要的一个瓶颈,在于"多样性公约"和联合国及相关推动文化创意产业发展的机构和措施② 多年来将文化创意产业发展的核心——创意(创新)作为一种"技术"来对待,忽视了文化创意的特殊性。

作为"技术"的创意(创新)是一种可以学习、传授的能力,是"知识经济"思维的延续,跟"技术创新"没有什么不同。按照这种理想的发展模式,文化创意是投资产生的溢出效益,发达国家进行投资的创意者可以积累生产经验,发展中国家也可以向他们"学习"创意能力而发展自身的文化创意产业,他们只是把学到的同样的"技术"使用到不同

---

① 道格拉斯·C.诺斯:《制度、制度变迁与经济绩效》,刘守英译,上海三联书店,1994,第179-180页。

② 笔者自2005年以来,一直从事国际文化产业的发展研究,与包括联合国教科文组织在内的多个联合国及相关国际机构和行业协会建立了长期的联系,比如联合国贸发会议、联合国开发计划署、世界知识产权组织、联合国工业发展组织等。

的文化资源上而已。

虽然对于创新和需求之间的关系从来没有定论[①]，但是无法否认，创意和技术创新往往是由市场需求刺激起来的，而新的消费市场和需求又是被创意和科技创新培养起来的。因此在考虑创意和创新时，市场、需求与科技、创意本身都是需要考虑的促进因素。当"创意能力"与"技术能力"捆绑在一起，它们之间有相当的共同之处，却也显示出各自的差异，才带来了不同的结果。

三、中国与数字革命给发展中国家实现创新的契机

数字革命在一开始对发展中国家仍然是不公平的。根据世界银行统计，2014年，全球安全互联网服务器由2004年的32亿台增加到137亿台[②]。而在每百人中的互联网用户人数统计中，2014年发达国家大多处于每100人中超过80人使用互联网，中国居于中位，为49.3人，而在发展中国家，基本上都在50人以下，甚至近10个国家不到2人，有31个发展中国家的数字不到10人。

所以在评估报告中，教科文承认了发展中国家仍然需要很长一段时间才能达到发达国家现有的数字普及率。然而移动电话的使用率却好得多，在发展中国家普及率相对比较高，根据统计，在2016年，全球每百人拥有的移动蜂窝用户户数超过了100，并在2018年达到104户。中国澳门和中国香港在2019年达到345和289。在这方面并没有太明

[①] 其中具有代表性的是熊彼得（Schumpeter）的"创新诱导需求"理论、施穆克勒（Schmookler）的"需求引致创新"理论、莫威里和罗森堡（Movery, D. & Rosenberg）的"技术创新与需求互动"的理论等。

[②] 根据世界银行的解释，安全互联网服务器是指在互联网交易过程中使用加密技术的服务器。但其中的绝大多数集中在发达国家，仅美国就占了全球总数的36%。从每百万人拥有的安全服务器台数来看，在部分发展中国家，这个数字甚至还在逐年下降，在一些非洲国家这个数字甚至是0，中国也仅为7。而在经济发达的国家，像是美国、英国和欧盟国家，这个数字都超过了1000甚至数千世界银行数据库。

显的国家实力差距因素，全球只有 2 个经济体还没有达到每百人拥有 50 个移动蜂窝用户户数。①②

在"2030 议程"中，特别强调了要建立和加强全球伙伴关系，"私人经营活动、投资和创新是生产力、经济增长和创造就业的主要驱动力。我们承认私营部门的多样性，包括从小微企业到跨国公司的合作。我们呼吁所有的企业用他们的创新和创意能力，来解决可持续发展的挑战"③。

早在 2013 年，数字文化产品通过 B2C 的销售创造了 2000 亿美元的收入，在线流媒体的广告收入也达到了 220 亿美元。数字广告的规模在 2018 年就已超过 3600 亿美元，预计在 2026 年达到 6088 亿美元。④ 实体文化产品和门票在线销售额在 2013 年是 260 亿美元，而数字产品已经达到了 660 亿美元，其中一半多都是在线或者手机游戏⑤。

根据国外的统计，仅在 2015 年的前 6 个月，全球在线播放的歌曲数量就超过了 1 兆次，达到了 1032225905640 次之多⑥！当消费者结构和消费习惯发生变化，文化创意产业也会发生重构。相比较其他行业而言，文化创意产业对于互联网的反应是最快的。可兹参考的是，在线音乐的用户普及率即使在 2020 年也仅有 7.3%，预计到 2025 年提升至

---

① 世界银行统计的是每百人"移动蜂窝式无线通信系统的电话租用"数字，指的是"租用使用蜂窝技术的公共移动电话服务，后者提供使用公共交换电话网的权利。后付费和预付费租用都包括在内。"

② World Bank：《Mobile cellular subscriptions (per 100 people)》，World Bank (http://data.worldbank.org.cn/indicator/IT.CEL.SETS.P2?display=default).

③ UNESCO，*Cultural Times: The first global map of cultural and creative industries*，2015-12-1。

④ 2018 年数据参见第二章第一节。2026 年预测数据已根据新冠肺炎全球疫情下调，原来的预测数据为 6647 亿美元。数据来源为 GMD 市场研究公司。

⑤ Nathan McAlone，"People streamed over one trillion songs in the first half of this year — 1,032,225,905,640 to be exact"，Businessinsider.com，2015-8-12.

⑥ Nathan McAlone，"People streamed over one trillion songs in the first half of this year — 1,032,225,905,640 to be exact"，Businessinsider.com，2015-8-12。

11.6%。但 2020 年全球音乐收入为 197 亿美元，预计到 2025 年能实现 11.1% 的年增长，到达 334 亿美元。① 这一行业的市场潜力是巨大的。

教科文的报告曾经给出了互联网时代文化创意产业消费的六大特征：

1. 丰富性（Abundance），即如今的互联网消费者已经习惯于在多样化的丰富产品里挑选自己喜爱的商品了；

2. 个性化（Personalization），个人定制成为越来越平常的消费行为；

3. 聚合和推荐（Aggregation and recommendation），即如今我们处于时间和内容的十字路口，原有的市场被大数据重新分割，并且以新的方式建立了联系。而越来越成熟的"推荐引擎"根据用户的兴趣推荐商品实现"超选择"；

4. 社区（Community），指的是社交网络已经把人们用一种新的关系联系起来，这种网上社群的朋友在很多情况下比传统媒体更让人觉得可信；

5. 参与（Involvement），如今文化创意产品的制作已经越来越开放，通过社交网络吸引更多的人共同参与到作品的创作中，比如《纸牌屋》；

6. 非法内容（Illegal content），数字技术和互联网使得很多未经授权的服务和使用出现，剥夺了创作者和企业的利益，也打击了进一步创新的实现。

消费习惯的改变也改变了原有的模式，最为明显的是电视。虽然由于分类和指标的前期设定，至今，整个文化创意产业 11 个部门里电视业仍然是老大，但变化正悄然发生，电视台更注重跟观众的互动，由于 76% 的观众都更愿意选择用其他方式看电视剧，电视业兴起了一种新的吸引观众的方式，就是像 Twitch 这样的电子竞技视频平台。而普通的

---

① Shilpa Mete, "Amazon Peps UP Music-Streaming Game Against Spotify, Apple & Others", Nasdag, nasdag.com. Dec. 31, 2020.

电视台也越来越注重通过社交网站与观众互动并进行广告营销,网络舆论也会极大影响电视节目的收视率。

互联网时代文化产品的来源也更加多样了。自媒体的出现使得每个人都有可能在公共场域里发声,公民记者越来越多,业余电影制作也越来越多了,新闻的边界被重新定义。发展中国家故事电影的制作数量在全球的比重从2005年的3%大幅上升到了2013年的24%,而纪录片生产更是从1%暴增到25%。

但是在互联网文化产品井喷的同时,另一个问题也暴露出来,就是联合国发展文化创意产业的初衷:为了发展保护和促进文化表现形式多样性。在多样性最明显的表征语言方面,进入互联网时代以后,虽然出现了各种语言的数字输入和传播方法,但随着互联网巨头的产生,用户在语言选择上可能越来越少。根据世界银行的分析,目前互联网上80%的内容都是用英文、中文、西班牙文、日文、葡萄牙文、德文、阿拉伯文、法文、俄文和韩文写的,如果使用人数少的语言无法迅速实现数字化和网络生存方式,甚至可能加速它们的消失[1]。从另一个角度来说,由于网络消费的个性化特征,虽然各个网络平台提供的文化产品选择余地越来越大,但更可能会促使人们越来越分化为各自零散的身份认同,而不同的群体之间越来越隔阂,带来社会分裂问题[2]。

从权威数据看,在2004年到2018年,我国文化产业增加值从3440亿元增加到41171亿元,年均增长率为13.7%。另根据《创意经济展望:创意产业国际贸易趋势和国家概况》中的统计数字,从2002年到2015年,中国大陆创意产品出口年均增长14%,从320亿美元增长

---

[1] 世界银行:"Internet access, yes but in my mother language!",2014-7-3,世界银行网站(www.worldbank.org/en/news/feature/2014/07/03/internet-access-yes-but-in-my-mother-languag)。

[2] 联合国教科文组织:《重塑文化政策:为发展推动文化多样性的十年》,意娜译,社会科学文献出版社,2016,第67页。

到1685亿美元，是美国的4倍。正如"文化地图"报告中所说，如果没有中国的增长，发展中国家难以交出一张像样的、可以称得上是在可持续发展中起到了关键性作用的文化创意产业发展答卷。

中国显然在国际文化创意产业地图中占据了发达国家和发展中国家的"居间"的非常特殊的位置。再加上中国本身就是一个有着东西部差距，发展不平衡的大国：东部已经超越工业化，接近发达国家的水平，中西部尚处于工业化，甚至前工业化发展水平，国家治理强调统筹东西部发展，利用多级发展空间回旋余地大的优势，积累起了重要的管理经验，形成了独特的"中国式发展道路"，对这些经验善加总结利用，将极其有利于中国和世界的发展。

中国已经为文化多样性的发展作出了十多年的努力，也做好了准备为实施2030可持续发展议程作出较大贡献。中国政府在"落实2030可持续发展中方立场文件"中明确了文化建设的基本政策，落实政策的空间巨大。

2016年4月，中国政府发表了"落实2030可持续发展中方立场文件"，文件在"中国的政策"一节中提到："中国是世界上最大的发展中国家，始终坚持发展是第一要务。未来一段时间，中国将以创新、协调、绿色、开放、共享的发展理念为指导，统筹推进经济建设、政治建设、文化建设、社会建设和生态文明建设，确保如期全面建成小康社会。"

正如索罗斯比教授在《重塑文化政策》报告中所分析的，为实现可持续发展而落实文化多样性公约中对于发展文化创意产业的要求，还面临一系列重大的挑战，其中最重要的挑战或许是，将文化可持续发展模式的一般概念（如第十三条所指出）转化为可向规划者和决策者证明文化部门可为以下国家目标的实现作出贡献的实际条款中遇到的困难：经济增长、社会融合、文化满足、个人和集体福祉及环境可持续性。很显然，中国在将文化发展从一般概念转化为经济、社会、文化发展的具体举措方面还存在着巨大的空间。

第三，中国可以为2030可持续发展议程作出较大的贡献。

过去15年，中国全力落实千年发展目标，取得了举世瞩目的成就，已经实现或基本实现了13项千年发展目标指标，进入了高人类发展指数国家行列。按照中国政府提供的权威数字，中国实施千年发展目标所取得的主要成就有：在消除贫困方面，1990年到2011年间，贫困人口减少了4.39亿，为全球减贫事业作出了巨大贡献；在消除饥饿方面，2004年以来，粮食产量连续11年增长，用占世界不足10%的耕地，养活了占世界近20%的人口；在教育方面，男、女小学学龄儿童净入学率维持在99%以上，基本消除了教育中的性别不平等问题；在就业方面，近十年来全国城镇新增就业累计达1.37亿人，城镇登记失业率一直维持在4.3%以下；在健康领域，儿童与孕产妇死亡率及城乡差距大幅下降，疟疾、肺结核等传染性疾病控制取得积极进展；在环境领域，2000年以来累积解决了4.67亿农村居民的饮水安全问题，初步扭转了水土流失加剧的趋势；在对外发展合作方面，先后为120多个发展中国家落实千年发展目标提供了力所能及的帮助。

中国已经做好了准备为实施2030可持续发展议程作出较大贡献。这其中特别包括：继续向发展中国家提供支持和帮助，特别是在不断深化南南合作方面作出贡献。在中国政府提出的立场文件中包括：筹建南南合作援助基金，成立南南合作与发展学院，同联合国签署了"中国—联合国和平与发展基金"协议，为和平与发展领域的相关项目提供资金支持，等等。中国还将继续大力推进"一带一路"倡议，推动亚洲基础设施投资银行和金砖国家新开发银行发挥更大作用。

中国更重要的作用将是以自身成功的实践，为发展中国家作出示范，通过发展文化创意产业，实现经济、社会、文化的协调和可持续的发展，走出一条后发国家的新型发展道路。

第二章　发展中经济体文化创意产业发展

第一节　数字经济宏观环境的整体影响

十几年来，文化创意产业能够推动社会发展这一结论已基本在全球形成共识。联合国系统、许多地区和国家，以及众多的城市都积极推动其发展。联合国开发计划署（UNDP）[1]、联合国教科文组织（UNESCO）[2][3]、联合国贸发会议（UNCTAD）[4][5][6]都在各自的报告里，反复强调文化与创意产业能激发创新，推动包容性可持续增长。欧盟（EU）、东盟（ASEAN）[7]、非盟（African Union Commission）[8]等区域性联盟的中长期发展规划中都涵盖了文化创意产业：欧盟推出了2014—2020"创意欧洲"计划；东盟在其《2016—2025年东盟文化与艺术战略规划》中将创意产业列为其6项核心战略之一；非盟将创意产业列入其"2063议程"及其前10年实施规划。

尽管如此，数据获取和分析至今仍是国际文化创意产业发展研究的

---

[1] UNDP (2004). "*Human Development Report 2004*", 2004.

[2] 联合国教科文组织：《创意经济报告2013（专刊）》，意娜译，社会科学文献出版社，2013。

[3] 联合国教科文组织：《重塑文化政策：为发展推动文化多样性的十年》，意娜译，社会科学文献出版社，2016。

[4] 联合国贸发会议：《2008创意经济报告》，张晓明等译，三辰影库音像出版社，2008。

[5] 联合国贸发会议：《2010创意经济报告》，张晓明等译，三辰影库音像出版社，2010。

[6] 联合国贸发会议：《创意经济展望和国家概况报告》，2019。

[7] ASEAN. "*ASEAN Strategic Plan for Culture and Arts 2016-2025*", 2016.

[8] African Union Commission. "*Agenda 2063: First Ten-year Implementation Plan 2014-2023*".

瓶颈。以目前使用较多的国际创意产品与服务贸易数据为例：

首先，创意产品贸易的现有统计口径与文化创意产业实际发展水平在某些方面是相悖的。根据联合国贸发会议历次报告统计，中国自2005年起就一直在创意产品贸易中占据领头羊地位。2015年，中国创意产品出口量是美国的四倍，总计1685亿美元，创意产品贸易顺差1540亿美元，也居于世界之首。同一年，欧盟国家整体对外创意产品出口额为1710亿美元，并没有比中国高多少。发展中经济体创意产品出口居前十位的是中国大陆、中国香港、印度、新加坡、中国台湾、土耳其、泰国、马来西亚、墨西哥和菲律宾，其中多数都是亚洲国家和地区[1]。这一观察与许多读者的直观感受差距较大，因为这里的创意产品贸易统计口径中包含了物理介质生产和珠宝加工等制造业的数据[2]。

其次，数字和网络技术是未来文化创意产业发展的应有之义，但其与创意产品国际贸易之间的关系比较复杂。物流优化技术可以将运输和海关处理时间减少16%至28%，到2030年使整体贸易增加6%至11%，将极大地推动全球贸易发展。可与此同时，自动化、人工智能（AI）和3D打印将实现更多本地生产，从而到2030年将全球贸易减少10%[3]甚至有可能在2040年使全球贸易总额减少40%[4]。

第三，统计数据本身就具有滞后性，联合国系统的数据是由各国政府自行上报，再汇总研究，滞后性更为明显。尽管联合国贸发会议推出的创意经济报告涵盖的是创意产品与创意服务两类，由于经常性地缺乏重要发展中国家（包括中国和印度）的文化服务贸易数据，一直都难以

---

[1] 联合国贸发会议：创意经济展望和国家概况报告，2019。
[2] 意娜：《论"文化多样性"理念的中国阐释》，同济大学学报（社会科学版），2018，第37-44页.
[3] Lund, Susan et al: "Globalization in transition: The future of trade and value chains", 2019.
[4] ING: "3D printing: A threat to global trade", 2017.

展开这方面的比较研究和评估。联合国贸发会议在2019年1月发布的《创意经济展望：创意产业国际贸易趋势（2002—2015）》报告，是目前联合国系统在官方渠道公开的文化创意产业数据的最新结果。这一报告囊括了针对130个经济体的创意经济跟踪统计，但数据仅截至2015年，对于变化非常迅速的新兴行业而言，在4年的数据时间差里可能已经发生了很大的不同。

此外，各经济体对文化创意产业的界定与分类仍不相同，统计口径也差异颇大。创意经济具有动态性和多样性，而官方统计框架倾向于使用标准工业分类（SIC）编码或标准职业分类（SOC）编码，因此多国政府目前均采用非经济数据提供决策参考。

总的来说，如今我们获取的全球创意经济数据包括贸易、国内生产总值、就业、基础设施四类。如前所述，贸易数据有滞后性，并且联合国贸发会议提供的可比较数据不完整；国内生产总值和就业数据均依赖于其他研究人员基于不同的研究方法和基本定义的各种估算，并缺乏所有国家/地区的详细数据，其中就业数据需要ISIC级别4位数字的数据，只有少数国家/地区公开发布此数据。对一些缺乏国内生产总值和就业数据的经济体，基础设施和创意消费变量是主要的参考依据，如阿根廷，哥斯达黎加，厄瓜多尔，牙买加，墨西哥和秘鲁推出的文化地图集等，但提供持续的、可比较的文化地图集的国家并不多。前些年讨论较多的文化卫星账户也是类似的情况，以美洲国家为例，阿根廷、加拿大、智利和哥伦比亚已经建立了文化卫星账户；巴西、哥斯达黎加、美国和乌拉圭在发展其附属账户方面取得了长足进展；而玻利维亚、厄瓜多尔和秘鲁目前分别处于发展自己的附属账户的初期阶段[1]。

因此，本报告仅能在小区域或特定行业内展开横向比较，在全球和

---

[1] InterAmerican Development Bank. "The Economic Impact of the Creative Industries in the Americas", 2013.

大行业分类层面更多采用具体数据、案例分析和局部描述的方式，试图在有限又多样的数据资源中描摹全观的国际文化产业发展状况。

一、总体态势：后金融危机时期仍保持高速发展与活力。

根据贸发会议的报告，创意经济在2008年金融危机期间和之后的几年经济发展停滞时期都仍表现出活力，2002—2015年间全球创意产品市场从2080亿美元扩大到5090亿美元，年均增长率超过7%，因此是一个"对当前和未来投资具有相当潜力的行业"[1]。创意经济对国家GDP的促进，不管是发达国家如美国，还是发展中国家如巴西，贡献率都在10%以上。美国的创意经济占GDP的11%，相当于整个制造业的规模，世界制造业的1/5[2]。

在国际社会普遍关注的社会公平问题方面，创意经济显著地促进了青年人和妇女就业。欧洲青年人在创意部门的就业率远远高于其他行业。2014年，英国女性在青壮年人口中的占比是47%，而在音乐产业中女性雇员超过了一半[3]。非盟为了推动青年人的就业，在其"2063议程"下启动了"2021年100万倡议"，旨在通过就业（Employment）、创业（Entrepreneurship）、教育（Education）和参与（Engagement）的4个"E"措施，调动非洲大陆的数百万青年的创意力量来推动整个非洲大陆的经济社会发展[4]。在发展中国家，如非洲国家卢旺达和乌干达，妇女是手工艺产品如篮子、垫子等的制作主力；在土耳其和东南亚，手

---

[1] 联合国贸发会议：创意经济展望和国家概况报告，2019。

[2] InterAmerican Development Bank. "The Economic Impact of the Creative Industries in the Americas", 2013.

[3] EY & CISAC. *Cultural Times*: "*The first global map of cultural and creative industries*", 2015.

[4] African Union. "1 Million By 2021: the African Union Commission Chairperson Rallies Support for New Youth Initiative", 2019.

工地毯和其他手工艺品的主要制作者也均为妇女①。

联合国 2030 可持续发展议程中四个可持续发展关键词是"文化""社会""经济"与"环境",但实际上文化被提到的篇幅和重要性远远低于其他三个。据此,几家全球组织联合发起了"文化2030目标运动",他们对 2016—2019 年期间已经提交给联合国的 135 份针对"2030 议程"的整体履约报告(中国和美国均尚未提交报告)进行了词频分析,找出在报告中提到"文化"次数最多的 10 个国家,分别是:意大利、塞浦路斯、帕劳、希腊、新西兰、葡萄牙、塞尔维亚、拉脱维亚、土耳其和卡塔尔。研究团队同时发现,将他们所整理出的前 20 个国家和地区的名单与世界旅游组织和世界经济论坛发布的全球旅游业排名进行交叉对比,会发现这些国家在旅游业排名中也非常靠前,说明这些国家和地区把文化作为发展的优先事项与其旅游产业发展水平密不可分②。

（一）数字技术的发展对创意经济产生巨大影响

数字技术的发展,创建了新产品和服务,也通过提高生产率或降低与传统商品和服务流相关的成本,扫清障碍,间接上增加了传统行业的价值。目前谈论较多的数字技术包括互联网、人工智能（AI）、增强和虚拟现实技术（AR／VR）、数字平台和区块链技术。

目前全球大约有 12% 的实物商品通过国际电子商务交易。全球电子商务规模从 2012 年的 19.3 万亿美元增长到 2016 年的 27.7 万亿美元,其中 86% 是企业对企业（B2B）的业务。估计到 2020 年,跨境企业对消费者（B2C）电子商务销售额将达到约 1 万亿美元③。华为的一

---

① Kabanda, Patrick: "*Work as Art: Links between Creative Work and Human*", 2015.

② Culture 2030 Goal campaign: "*Culture in the Implementation of the 2030 Agenda*", 2019.

③ CRS (Congressional Research Service): "*Digital Trade and U.S. Trade Policy*", 2019.

项研究提出了"数字溢出"（digital spillovers），分析数字技术带来的经济价值，认为过去三十年中，数字技术投资每增加一美元，便可撬动 GDP 增加 20 美元；而 1 美元的非技术投资仅能推动 GDP 增加 3 美元，数字技术投资（ROI）的长期回报率是非数字投资的 6.7 倍。研究估算出全球数字经济在 2016 年产值为 11.5 万亿美元，占全球 GDP 的 15.5%。过去 15 年间，数字经济的增速是全球 GDP 增速的 2.5 倍，相比 2000 年，规模几乎翻了一番，其中美国占 35%；中国从 4% 增至 13%，翻了三番；日本占 8%，欧洲经济区约占 5%[1]。另一项对中小型企业的研究估计，互联网是就业的净创造者，互联网技术每取代的一个人工岗位，会额外创造 2.6 个工作岗位，密集使用互联网的公司有效地使平均就业机会翻了一番[2]。

人工智能改变着创意内容的价值链，通过学习和分类用户的偏好来帮助创作者更有效地将内容与受众匹配，从而使提供商能够推荐专门定制的内容。人工智能被用于创造创意产业的内容，包括音乐、艺术、时尚和电影，大幅降低专业门槛和成本，增强用户体验。比如中国的美颜软件改变了社交媒体上的审美观；Landr 之类的自动化母带软件以每年 50~300 美元的价格提供接近工作室质量的处理和渲染能力。在新闻行业，美联社利用人工智能释放了大约 20% 记者的时间，并将产出增加为 10 倍；《华盛顿邮报》自主研发的工具 Heliograf 用于报道体育和政治新闻，在第一年的产出就达到了每月 70 篇；中国的腾讯新闻使用的智能写作系统，一年写作字数 2.4 亿，输出稿件 107 万篇，该部门采用的全自动短视频生成算法引擎，每天可以生产 1000 条短视频。在创意与原创领域，人工智能已经可以谱写完整的音乐，学会了绘制动物和物

---

[1] 华为、牛津经济研究院：《数字溢出：衡量数字经济的真正影响力》，2017。

[2] McKinsey Global Institute: "Internet matters: The Net's sweeping impact on growth, jobs, and prosperity", 2011.

体的草图，从摄影中生成复杂的图像。人工智能甚至学会了新的时尚设计，开始撰写电影、舞台剧的剧本①。在旅游行业，人工智能的运用带给游客更好的体验，也帮助旅游目的地实时监测游客数据，更好地展开景点的游客流量管理②。不过，人工智能同时也将科幻小说中的伦理想象真实地摆在人们面前，鼓励病毒传播的算法使得谣言和虚假信息更肆无忌惮地传播而辟谣更加困难。对于人工智能开发者的道德和责任感的潜在要求更高更明确了。

同样热门的增强现实和虚拟现实现阶段主要应用于改变故事讲述和体验内容的方式，在文创领域主要作为吸引用户的手段。

真正从制度上影响创意者和创意生产的是平台经济和区块链技术。平台经济重新定义了创作者、发行者和技术公司之间的关系。头部内容提供者占据了大部分的流量，技术平台则很大程度上决定了用户发现内容的方式。谷歌2018年的广告收入达到1163亿美元，占全球数字广告收入总额的32%，超过了全球除美国外所有国家广告额的总和③。平台不得不越来越多地参与内容创作的决策过程，承担起远超一家技术公司应该和能够承担的社会责任，针对这种新动力的治理框架至今仍是在全球引起广泛讨论的问题。区块链技术对创意经济的影响也被看好，因为就目前所知，区块链具有改变艺术家对其作品的控制权的潜力，尤其是薪酬、生产权、第三方货币化和创意作品的数据传输等④。

---

① World Economic Forum & McKinsey. "Creative Disruption: The impact of emerging technologies on the creative economy", 2018.

② UNWTO: "International Tourism Highlights", 2019.

③ DSZHANG：《谷歌的广告收入比全中国的广告支出规模还大》，2019。

④ World Economic Forum & McKinsey. "Creative Disruption: The impact of emerging technologies on the creative economy", 2018.

（二）发达经济体的文化创意部门发展主要面临着积极推动传统行业在数字时代的转型

全球数据流的增长速度已经超过了贸易或者资金流的增长。数据流指的是数字数据的发送，包括流媒体、监控设备实时发送数据和实时通讯[1]。库恩的范式理论很早就论证过"科学革命"实质上是"范式转换"：范式的变革不可能是单纯的知识积累，而是量变到质变的创新和飞跃。这种变革是对原有秩序的突破与反叛，过去时代中在工业和技术领域处于下风的发展中和欠发达经济体在适应数字化方面更为灵活，因为数字化手段直接为他们填补了原本社会生活中缺乏的部分。在一项研究的50个国家的样本中，数字经济在发达经济体中的GDP占比为18.4%，而发展中经济体仅为10.0%。尽管如此，主要的发展中经济体（如中国、马来西亚和智利）对数字资产的积累和使用仍可比肩发达经济体，即便是数字化程度极低的国家，数字经济也是其GDP的重要组成部分，这意味着数字技术已成为全球经济的重要组成部分[2]。

1. 欧盟推出多种计划努力赶超数字发展节奏

欧盟在本世纪初已经意识到数字时代来临将会带来的巨大变革，早在2000年就推出了eEurope行动计划，又在2005年推出了i2020计划。此后又推出了一系列政策：2010年的"欧洲数字议程"；2015年"欧洲数字单一市场战略"；2017年的"迈向数字贸易战略报告"；2018年连续推出了"数字经济公平税收"和"通用数据保护条例"。这些政策都指向严格隐私和竞争规则下的数字单一市场建设。尤其"通用数据保护条例"不仅适用于欧盟企业，对在欧盟运营的第三国企业或机构也拥有域外法权。条例规定，对于滥用或不当处理个人数据的，将处以最

---

[1] CRS (Congressional Research Service). "Digital Trade and U.S. Trade Policy", 2019.

[2] 华为、牛津经济研究院：《数字溢出：衡量数字经济的真正影响力》，2017。

高2000万欧元或者企业上一年度全球营业收入4%的罚款。根据此条例，美国两大互联网巨头——脸书和谷歌立即受到投诉和调查，谷歌因此收到法国开出的5000万欧元罚单。2019年，欧盟还宣布出台一批诸如对通用数据或专有数据开放使用或限制收费的新规；制定对欧洲公民逐步开展数字技术使用和技能发展培训的规划；要求相关机构加强对企业和公民的数据服务[①]。

过去几年主流观点认为，在价值迅速向先行者和勇敢者转移的时候，欧洲落后于其他地区。欧洲目前仅捕获其数字潜力的12%，并且预期在对人工智能等关键技术的投资不到美国的五分之一。尽管如此，3年来，欧洲数字经济产业利润在GDP中所占比重逐年增长，预计通过全面实施数字单一市场，欧洲可以将其GDP增长4150亿欧元，每年还可为欧洲人节约110亿欧元开支，并可创造几十万个就业机会。

2. 美国看重积极推动数字贸易（digital trade）发展

根据"世界经济论坛全球竞争力指数4.0"，美国以85.6%的得分位居榜首，而全球平均得分为60%。该研究确定了生产力的主要驱动力是人力资本、创新、弹性和敏捷性，并指出未来的生产力不仅取决于技术投资，还取决于数字技能的投资，美国被认为是"超级创新者"[②]。

美国的数字经济主要包括：信息和通信技术（ICT）部门和基础设施、数字交易或电子商务和数字内容或媒体，其中并没有包括共享经济。2017年，美国的数字经济占GDP的6.9%，提供了510万个就业岗位，占美国总就业岗位的3.3%，其中三分之二是对数字技能有中高级要求的。数字经济的这些岗位平均工资约为美国整体经济年均薪酬的

[①] 王蓓华:《欧洲大学联盟、数字化单一市场……欧洲一体化出现新希望》，载《文汇报》，2019。

[②] Schwab, Klaus. "The Global Competitiveness Report 2018. World Economic Forum", 2018.

1.5 倍①。从 1997 年至 2017 年，数字经济的实际增加值每年超过经济的整体增长，2017 年数字经济的实际增加值增长占实际 GDP 总增长的 25%②。软件和软件行业对所有 50 个州的 GDP 都有贡献，爱达荷州和北卡罗来纳州的 GDP 因软件而增长了 40% 以上。

在数字经济发展基础上，美国开始重视数字贸易的发展。数字贸易并无全球共识的定义，美国国际贸易委员会（USITC）对数字贸易的定义是：任何产业的公司通过互联网来提供产品与服务，以及相关的产品，如智能手机和互联网传感器。数字贸易包括了电子商务平台和相关服务，但是不包括在平台上销售的实物产品，以及具有数字对应物的实物产品，比如书籍、电影、音乐、软件等③。但以提供在线流媒体服务的美国网飞公司（Netflix）为例，其国际收入从 2010 年的 400 万美元增加到 2017 年的 50 亿美元以上④。

（三）发展中经济体内部呈现多元特征，创意经济在政策层面受到高度重视。

发展中经济体常常作为一个整体进行描述，但其实内部差异相当大。除了巴西等少数国家和地区 GDP 能占到 10% 以上以外，多数发展中经济体创意经济对 GDP 的贡献介于 2%~7% 之间，不过也观察到呈逐年增长的趋势，如阿根廷、墨西哥、秘鲁等。在某些经济体中，该部门已经是重要的就业提供者，如占哥伦比亚，墨西哥，特立尼达和多巴哥的

---

① BEA (U.S. Bureau of Economic Analysis). "Measuring the Digital Economy: An Update Incorporating Data from the 2018 Comprehensive Update of the Industry Economic Accounts", 2018.

② CRS (Congressional Research Service). "*Digital Trade and U.S. Trade Policy*", 2019.

③ USITC: "*Global Digital Trade 1: Market Opportunities and Key Foreign Trade Restrictions*", 2017.

④ WTO: "*World Trade Report 2018: The future of world trade*", 2018.

就业的 5% 至 11%[1]。在南非，截至 2017 年，创意经济拥有近 50 万的员工，对 GDP 贡献约 2.9%[2]。

亚太地区部分发展中经济体已经达到与欧洲和北美的创意经济同步的增长速度。他们与欧洲和北美加起来占到了全球文化创意产业收入的 93% 和工作岗位的 85%。相比之下，非洲，中东以及拉丁美洲和加勒比尚未发挥其潜力。对于这些地区，创意经济代表了尚未开发的经济潜力，并且有机会通过供应链效应为创新经济和其他行业作出贡献[3]。在发展中经济体中，北非与中东地区（MENA）因为有阿拉伯国家联盟（League of Arab States，包括北非与中东的 21 个阿拉伯国家）的存在和文化、地缘的相似性被纳入同一区域考虑，都属于发展中国家，但其中相当多中东国家都属于收入很高的发展中国家。这些国家过去很少被专门关注，在 2015 年文化地图报告[4]记录该地区的文化与创意产业相关 11 个部门的总收入为 580 亿美元，占全球的 3%；创造工作岗位 280 万个，占全球的 8%。其文化创意部门的发展与一般发展中经济体不同，这些国家没有农业与工业基础，仅靠能源维持很高的收入和消费，在社会包容度高的地区比较发达，多以体验经济为特色。

以科威特为例，创意产业是其非石油产业部门中最大的一个，提供了大约 3.5 万个就业岗位，创造数十亿科威特第纳尔的产值，相当于 24% 的非石油制造业和 72% 的商业服务部门。根据统计，科威特创意产业的规模是当地食品和饮料制造业的 1.5 倍，机械制造业的 5 倍和塑

---

[1] Oxford Economics: "*The Economic Impact of the Creative Industries in the Americas*", 2013.

[2] Haines, Richard, Mangope, Rosemary: "*Creativity is potential currency in the fourth industrial revolution*", 2017.

[3] Palanivel, Thangavel: "*How cultural and creative industries can power human development in the 21st Century*", 2019.

[4] EY & CISAC: "*Cultural Times: The first global map of cultural and creative industries*", 2015.

料制造业的 8 倍。该国主要的创意产业门类为创意服务和媒体，此外基于设计和体验的创意产业项目也有巨大的发展潜力。而国家层面的创意产业扶持点主要集中在奢侈品产品和服务，以及创意能力建设①。

再以阿联酋为例，由于雄厚的财力，阿联酋已经建立了举世瞩目的文化体验产业设施，如阿布扎比的法国卢浮宫博物馆、法拉利世界主题公园、华纳兄弟工作室和赛车场等。2018 年 2 月，阿联酋设立了"阿联酋文化发展基金"，由该国文化与知识发展部监督，旨在调动阿联酋国内各阶层和私营部门的力量，为阿联酋境内的文化活动提供资金，鼓励阿联酋本国的文化产业发展。同时，阿联酋还启动了"创意产业贡献指数"，用以评估文化活动经济回报的明确结构和实际作用。尽管全球都十分关注这一基金的后续发展，阿联酋尚未公布该基金的具体投资金额和确定的支持项目。研究认为，在阿联酋的创意产业发展，并不仅仅是因为雄厚的资金，更主要的是阿联酋社会对新技术、创意和创意人才的包容。正是在宽松的创意产业发展政策和众多创意能力建设有关的私立教育机构的存在，才能使这些资金使用到创意与体验产业项目中②。根据全球创新指数（GII）的排名，阿联酋长期是阿拉伯国家中最有创造力的一个，2018 年在全球排名第 38 位，是全球创新投入排名的第 24 位，创新产出排名也逐年上升在 2018 年位列第 54 位③。

一般发展中经济体在发展创意经济时，多有相似的优势，也有相应的缺位。优势表现在：

1. 文化表现形式多样性。创意经济时代的文化产品就是在"产品中嵌入独特的'故事'"，并且加入全球竞争。发展中经济体多有丰富的文化底蕴，在有意识地发展各自的文化创意产业之前，他们的很多文化

---

① World Bank: "*Mentoring the Creative Industries Sector in Kuwait*", 2017.
② Grotenhuis, Frits : "*Creative Industries in the Middle East*", 2018.
③ WAM: "UAE leads Arab Countries in Global Innovation Index", 2018.

元素已经可以在全球化的文化产品中找到踪迹了：音乐、图书、表演艺术、工艺品、游戏、建筑、时尚设计和视觉艺术等。

2. 相似的创业生态系统和促进措施。如果翻阅联合国教科文组织文化多样性基金资助的项目库，不难发现多数发展中经济体都参照发达地区的经验建立了相似的推动发展措施，包括城市中的创业公司、创意产业孵化器和联合办公空间等。

3. 随着受教育程度的逐年提高，年轻一代越来越多接受高等教育，并且加入到跨国公司和文创类的创业企业接受进一步的实践培训，很多人自己也开始建立自己的创业公司。

与这些相似的正向发展特征[①]不同，这些发展中经济体往往伴随着另一些相似的缺位：

1. 管理滞后。公共部门对于培育新兴产业的准备不足，开放式创新和敏捷管理文化的能力不够，政策多为滞后性的模仿。

2. 经济基础和教育基础的不足。尽管多数发展中国家和地区都在大力发展教育事业，但毕竟基础薄弱，经济能力有限，发展STEAM（科学、技术、工程、艺术和数学）学科的道路仍旧非常漫长。

3. 创意能力不足。尽管有丰厚的文化底蕴，现实中的结果往往是没有足够的能力将文化故事讲好，最后只能在本文化范围内达成共鸣或者遭到批评，难以吸引跨文化的受众，更遑论走进跨文化市场盈利。

发展充满活力的创意经济在一定程度上取决于经济体的主动应对。许多领域都是机遇与挑战并存的，包括技术、教育、劳动力市场、宏观经济政策、性别问题、城市化、移民等。由于文化和创意活动的多样性，在创意经济领域并没有万能解决方案。东盟在其"2016—2025年文化与艺术战略规划"中开出的11条促进措施就具有代表性，包括鼓励对

---

① Avogadro; Enrique, "Is Latin America ready for a creative economy?", 2016.

当地文化的挖掘；将东盟作为一个整体进行文化生产、对外文化营销、协调文化资金等；扶持妇女、青年的创业；鼓励东盟内部以及对外在教育、电影、音乐、动画等领域的交流与合作；促进文化和遗产旅游，鼓励中小企业参与文化产业发展等[①]。而非盟在 2063 议程的框架下优先发展的文化创意产业门类也主要是视听与电影产业[②]。联合国开发计划署提出了五条建议供发展中经济体参考[③]，分别是：1. 根据"2030 年议程"和可持续发展目标，各国需要将与文化创意产业相关的机遇和挑战纳入其国家发展计划，战略和预算；2. 加大力度保护知识产权，建立保护创作者权利并确保创作者公平报酬的法律框架；3. 文化超越国界，改善国际、区域和南南合作至关重要；4. 培养人才，促进创意的相互转化；5. 深刻理解挑战和机遇，政策优先事项应是收集和分析文化创意产业数据。

二、行业发展状况评估

（一）行业划分依据

这里沿用联合国贸发会议对创意产业的分类，即 4 大类 9 子类（联合国贸发会议 2010，见下表），选择的依据是，贸发会议的分类，基于全球的产业发展状况，照顾到发展中经济体的实际，并兼顾了创意的上下游，将无形的服务与有形的产品结合起来，还持续有一定的跟踪的数据，便于我们进行分析研究。

[①] ASEAN: "*ASEAN Strategic Plan for Culture and Arts 2016-2025*", 2016.

[②] African Union: "*AU Ministers of Youth, Culture and Sport Call for greater Contribution of the Audio-visual and Cinema industry to the Development of the Continent*", 2017.

[③] UNDP: "*How cultural and creative industries can power human development in the 21st Century*", 2019.

表1 联合国贸发会议对创意产业的分类

四大组别	九个子群	子群内容
遗产	传统文化表现	手工艺品、节庆活动
	文化场所	考古遗址、博物馆、图书馆、展览
艺术	视觉艺术	绘画、雕塑、摄影、文物
	表演艺术	现场音乐表演、戏剧、舞蹈、歌剧、杂技、木偶戏
媒体	出版和印刷媒体	图书、新闻和其他出版物
	视听产业	电影、电视、广播和其他形式
功能创意	设计	室内设计、建筑设计、时尚用品、珠宝、玩具等
	新媒体	软件、游戏、数字化创意内容
	创意服务	建筑、广告、文化和娱乐活动、创意研发、数字及其他相关创意服务

（二）遗产类创意经济发展状况

全球手工艺品市场正在扩大，2015年，国际贸易总额达350亿美元。2003—2015年间年均出口增长率为4.42%，出口额从2002年的199亿美元增加到2015年的350亿美元。手工艺品仍然是发展中国家出口收入最重要的创意产业子部门。全球前十名出口国和地区包括中国大陆、土耳其、中国香港、印度、比利时、美国、中国台湾、德国、荷兰和意大利，中国大陆的数字（173.83亿美元）是第二名土耳其（27.54亿美元）的6.3倍。把中国大陆、中国香港和中国台湾的数据加在一起，市场份额占到全球的56.6%。在世界市场上占有率最高的产品包括地毯、庆典用品、纺织产品和柳编产品[①]。

在旅游行业，2018年国际游客人数增长了5%，达到14亿，提前两年达到世界旅游组织的预测数字。与此同时，旅游业产生的出口收入已增长到1.7万亿美元，占全球出口额的7%，全球服务出口的29%，是继化学制剂和燃料以外第三大出口类别。旅游业出口连续第七年比商品出口增长快，从而减少了许多国家的贸易赤字。在这1.7万亿美元中，

[①] 联合国贸发会议：《创意经济展望和国家概况报告》，2019。

1.5万亿美元都是目的地收入，交通只占了2560亿美元。从这个意义上来说，旅游业正在帮助数百万人改善生活，并改善社区的面貌。到达游客最多的还是欧洲，在2018—2019年度，欧洲吸引了超过7.1亿游客，获得了5700亿美元收入；其次是亚太地区，吸引了3.48亿游客，获得收入4350亿美元。国际游客人数的增长（5.4%）和收入的增长（4.4%）继续超过世界经济（3.6%），新兴和发达经济体都从旅游收入的增长中受益[1]。

游客前往中东地区主要出于探亲访友和健康、宗教原因，前往其他地区的旅游都是以休闲为主，休闲旅游的比例已经从2000年的50%上升到2018年的56%。旅游的交通工具也变成以航空为主，占比从2000年的46%上升到2018年的58%，同时期陆地交通旅游比例从49%下降到39%。全球前10的旅游目的地吸纳了40%的游客，最赚钱的10个旅游目的地赚走了旅游出口额的50%，80%的全球游客都没有走出自己的大洲[2]。世界经济论坛也从有利环境、政策和条件、基础设施、自然和文化资源四个大类中设定了14个指标，对全球经济体进行了旅游竞争力排名，中国在这个名单里仅列13位。

（三）艺术类创意经济发展状况

联合国贸发会议统计的视觉艺术包含古董、绘画、雕塑、摄影及版画、雕刻、装饰品等，视觉艺术全球出口的前十名包括法国、美国、英国、中国、瑞士、德国、中国香港、日本、意大利和新加坡，法国和美国的出口额加起来占到了发达国家份额的将近一半。发展中经济体的份额虽然不高，但是增长速度极快。巴西的视觉艺术出口年增长率达到了24.8%，中国大陆也达到了14.77%。这种增长率与富裕中产阶级出现，

---

[1] UNWTO.: "International Tourism Highlights 2019", 2019.
[2] UNWTO.: "International Tourism Highlights 2019", 2019.

以及原本基础薄弱都有关系①。

总部在英国,世界上最大的音乐节在线预订门户 Festicket 在 2018 年基于自身的 1000 个音乐节合作伙伴和 250 万用户数据推出了对全球音乐节的数据分析,不过考虑其合作伙伴和用户多数在欧洲,这一报告仅能视为欧洲音乐节消费者的观察。根据报告,2018 年出国参加音乐节的游客增加了 29%,音乐节消费者的消费水平逐年提高,住帐篷的乐迷如今更多只是为了在活动期间体验这种传统而非省钱②。

（四）媒体类创意经济发展状况

联合国贸发会议认定的出版和印刷媒体统计包括各种书籍形式的文学作品（小说、诗歌、教材、专业读物等）以及报纸、杂志等印刷类新闻媒体。中国以 31.86 亿美元的出口额占到全球第四,第一名是德国,2015 年的出口额为 41.31 亿美元。美国尽管以 39.54 亿美元居于第二,但进口额高达 65 亿美元③。

移动互联网重塑了整个媒体类的创意经济。截至 2018 年底,世界上有 51.1 亿移动用户,这个数字在 2018 年增长了 1 亿（2%）;2019 年有 43.9 亿互联网用户,比 2018 年 1 月增加了 3.66 亿（9%）;2019 年有 34.8 亿社交媒体用户,一年中增长了 2.88 亿（9%）;2019 年 1 月,有 32.6 亿人在移动设备上使用社交媒体,新用户增加了 2.97 亿,同比增长超过 10%。最引人注目的是印度,在 2018 年,印度的互联网用户增长了近 1 亿,年增长率超过 20%。截至 2018 年末,南亚国家/地区的互联网普及率约为 41%,比一年前的 31% 有了很大提高④。

尽管纸质书仍将是书籍消费的主要形式,但越来越多的人在旅途中

---

① 联合国贸发会议：《创意经济展望和国家概况报告》,2019。
② Festicket: "Festival Insights 2018: International Festival Experiences On the Up", 2018.
③ 联合国贸发会议：《创意经济展望和国家概况报告》,2019。
④ Kemp, Simon. "Digital 2019: Global Digital Overview", 2019.

或在家中使用智能扬声器收听有声读物。有声书权利对出版商而言与电子书权利一样重要。数字图书、独立出版商、自助出版平台、教科书租借和二手市场都在吞噬出版商的收入，出版商必须利用在线学习趋势并采用技术创新来最大化利润。在经济强劲，识字率不断提高以及越来越多的人加入中产阶级的印度，其增长意义重大。在东南亚，智能手机拥有率很高的人口代表了一个巨大的尚未开发的数字图书市场。欧洲、中东和非洲（EMEA）市场较为成熟，但增长速度较慢。2018年，全球图书总收入为1220亿美元，到2023年预计将达到1290亿美元，年增长率为1.2%[①]。

（五）功能创意经济发展状况

根据联合国贸发会议的统计，设计仍然是世界创意产业市场的最大部门，包括室内设计、时尚用品、珠宝、玻璃器皿、玩具和建筑材料。世界设计产品的出口从2002年的1180亿美元增长到2015年的3180亿美元，将近增加了两倍。设计产品在创意产品出口总额中的份额保持稳定。意大利和中国仍然是创意产品的主要出口国，这得益于它们在设计产品的生产和贸易方面的竞争地位。其中中国的数字达到了1223.57亿美元，独占了发展中国家65.86%的市场份额[②]。

以设计行业中的沉浸式设计为例。沉浸式设计是让参与者感觉"自己是故事中的一部分"的设计类型，更密切地与娱乐体验结合在一起。截至2018年，沉浸式娱乐产业在全球范围内拥有超过45亿美元的市值，这还没有包括452亿美元的主题公园产业，两者加起来则是近500亿美元的市场规模，已经远远超过了411亿美元的全球电影票房的市值。仅2018年，北美地区有700个新的沉浸式项目创作面世，这些数据都从

---

① PWC: "*2019-2023 Global Entertainment & Media Outlook*", 2019.
② 联合国贸发会议：《创意经济展望和国家概况报告》，2019。

侧面证明了这个行业未来发展的潜力①。

三、国际文化产业发展趋势分析

（一）第四次工业革命带来的创意经济 4.0 时代

2018 年 5 月，大英百科全书增设了"第四次工业革命"（The Fourth Industrial Revolution）的条目，指出"第四次工业革命预示了将在 21 世纪发生的一系列社会、政治、文化和经济动荡。在第三次工业革命（即数字革命）的结果导致数字技术的广泛普及的基础上，第四次工业革命将主要由数字、生物和物理创新的融合所驱动。"② 总的来说，第四次工业革命对企业有四个主要影响，即客户的期望，产品的增强，协作创新和组织形式③。第四次工业革命已经改变了个人和社区的生活、工作和互动方式，网约车和网购就是其中的代表。随着人工智能和 5G 技术的发明和应用，带来了更快、更广、更深的改变。根据华为的预测，到 2025 年，产业互联网崛起，各行各业融入数字化、智能化进程，数字经济占比将高达 24.3%④。

但与众多传统行业对职业被替代的担心不同，英国智库 Nesta 的报告认为，在美国和英国，各有 86% 和 87% 高创造性的工作并没有或很少有被自动化取代的风险⑤。在亚洲，第四次工业革命改变了创意经济的面貌。在全球经济众多的活力部门中，创意产业不仅在其端到端的价

---

① Next Scene: "2019 全球沉浸式设计产业发展报告", 2019.

② Schwab, Klaus: "The Fourth Industrial Revolution. Encyclopædia Britannica", 2018.

③ Schwab, Klaus: "The Fourth Industrial Revolution: what it means, how to respond", Foreign Affairs, 2015.

④ 华为、牛津经济研究院：《数字溢出：衡量数字经济的真正影响力》，2017。

⑤ Nesta: "Robots: The Creative Economy and the Future of Employment", 2015.

值链中创造了就业和经济机会，也为一个国家或地区在全球范围内树立和共享了其文化身份。从表面上，第四次工业革命的数字产品和服务使得内容的生产、发行和消费都改变了方式，新的市场出现，传统行业用新的方式获得振兴。而从深层次来看，第四次工业革命改变了创意经济的三种范式[①]：

1. 商业准入门槛降低。传统的创意内容，如音乐、电影、电视与文学被数字化创作、分销与储存。数字格式使得创意内容产品的创作者成本降低，可以帮助他们更方便地扩大和投入。对于消费者的体验来说，商业介入程度更深，通过人工智能和基于数据分析的机器学习，更容易服务到特定的消费者。

2. 跨界发行。互联网无边界的本质使创意和商业可以不受过去地理或财务限制接触到更广泛的顾客。商业跨国和跨地区变得更容易，基于云技术的应用允许企业在其他国家或地区获得商业机会。遍布全球的顾客能够以数字方式获得创意产品，也会反过来逐渐影响这些创意产品。

3. 消费者获利。消费者的选择变得更多、更便捷、更便宜。如今的消费者只要有了手机，就可以摆脱对收音机和电视的需要，直接在手机上听音乐或者看电影。技术也越来越好地回应了消费者的一些关注领域，比如评分、家长控制和欺诈提醒等。

对于发展中经济体来说，通过创意经济实现弯道超车仍然是值得期待的。印度尼西亚总统佐科·约多多（Joko Widodo）在印度尼西亚创立了印度尼西亚创意经济所（BEKRAF），他就认为："如果我们在高科技领域去跟德国或者中国竞争，我们肯定输；但在创意经济领域，我们还是有胜算的！"[②] 不过进入创意经济 4.0 时代，也面临着一些挑战：

---

① World Economic Forum: *Agile Governance for Creative Economy 4.0.*, 2019.

② Gu; Xin: The new kid on the block – Indonesia is pushing for "creative economy" with a mission for social impact, Monash University, 2018.

一方面，消费者的需求变化越来越快，创意生态需要疲于应付随时可能变化的消费者，也要承担更多伦理方面的考虑和挑战；另一方面，商业环境被破坏，不能适应数据时代商业灵活性的传统企业将难以生存，从成熟的行业，如金融行业的艰难转型中我们已经能够观察到这一点[①]。

（二）城市仍将是文化产业发展的主要推动场景

理查德·佛罗里达在其2017年出版的新书《新城市危机：城市如何增加不平等，加深种族隔离和中产阶级失败》中，着重强调了因为创意产业通常雇用技术工人，这导致受过高等教育的工人的相对工资上升。从普遍的社会意义上，城市的贫富差距会进一步拉大。同时也说明，创新与创造力与受教育程度相关，也与整体的经济发展水平有关，因此城市仍将是文化产业发展的主要推动场景。

总的来说，城市与创意经济之间呈现出紧密互助的开放关系，而不是单向的依赖。城市具有的物理上人、财、物的集聚能力为创意生产保障了最基本的要素；具有文化遗产基础的城市通过发展文化旅游增加收入、提升城市硬件环境；在各个城市和地区积极吸引外来投资的背景下，文化创意产业带来的城市品牌和推广效果，以及能够吸引人才留居的生活方式都有助于这一城市在竞争中获胜。此外，创意城市通常更能包容各种文化表现形式，营造更为和谐多彩的生活环境。在文化底蕴深厚的亚洲城市中，不管在北京、东京还是首尔都可以观察到，当我们谈及文化创意，已经不再是传统艺术、传统文学、传统音乐舞蹈的讨论，而是熟悉的当代文化产业和创造性活动，比如北京是以设计之都进入教科文创意城市网络，而首尔和东京也更容易让人联想到影视、游戏和互联网等产业形态。在发展中国家，由于工业基础的薄弱，创意经济可能无法像发达国家主要城市那样占据如此大的份额，但随着资本转移和产业结

---

① World Economic Forum: "Agile Governance for Creative Economy 4.0", 2019.

构调整，新文化经济占领发展中国家主要城市和区域经济更大份额的未来前景是可以预见的①。

不过，随着数字经济的兴起，纽约、伦敦和旧金山等过去以技术密集型网站和多媒体闻名的"新"发展方式已经被更新的新媒体、设计和新数字经济所取代②。尽管近年来经历了金融危机和广泛的经济衰退，创意经济的持续发展证明了它不光是经济繁荣时期的产物（"好时光的糖果"）③也需要未来持续展开创意经济与城市关系研究。遗憾的是，在这一领域，没有一种既成的研究结论能够成为"标准答案"，也没有政策"模板"可以参考，其他城市和地区的经验和案例永远不可能直接照搬而获得再次成功。推动创意经济和创意城市的政策理念，需要从"快政策"（fast policy）思维转变为"耐心政策"（patient policy）思维。正如我们期望创意经济促进城市和地区可持续发展，创意城市和创意经济本身，也需要我们长期持续进行观察和研究。

（三）新兴技术在红利的同时也带来一定挑战

根据普华永道最新的《2019—2023年娱乐及媒体行业展望》的预测，未来5年，全球娱乐及媒体行业仍将保持4.3%的增速，预计到2023年总价值将达到2.1万亿~2.6万亿美元，主要原因就是消费者在变化中重新塑造了整个行业。而随着互联网广告和数据消费的增长，（移动）数字收入在行业中的占比将会继续放大。其中中国的增速（预计7.7%）和绝对值840亿美元可能会超过美国（增速预计2.5%，绝对值710亿美元）。到2020年智能手机数据消耗将超过固定宽带。在许多发达市场，

---

① 意娜：《创意经济、创意城市与城市可持续发展.创意城市观察——联合国教科文组织创意城市网络的发展（2004—2019）》，联合国教科文组织国际创意与可持续发展中心，2019，第71-75页。

② Foord, J., & Evans, G. "The new boomtown? From creative city to tech city", Cities, 2010.

③ Pratt, & Hutton. "Reconceptualising the relationship between the creative economy and the city: Learning from the financial crisis", Cities, 2013, p86-p95。

普及率已经达到或接近饱和。同时，在印度，印度尼西亚和尼日利亚等某些人口众多但分布于广阔而充满挑战的地区的市场中，运营商已将精力投入到移动业务的增长中[1]。

尽管有许多积极的数字红利，但在整个人群中也可能产生负面和不平衡的结果，例如非熟练工人的流离失所，有无互联网访问的公司之间的不平衡以及某些人使用互联网建立垄断的可能性[2]。尽管新技术和新商业模式为提高效率和扩大收入，更快地创新，开拓新市场并获得其他收益提供了机遇，但随着供应链，劳动力市场和某些行业的中断，新挑战也随之出现。比如，人才和职位无法完全匹配，在美国田纳西州的纳什维尔，有大量的音乐制作和广播技能的人才，但缺乏IT基础设施，系统管理和网络编程技能的人才[3]。

通过对发达经济体、发展中经济体不同国情和地区发展水平基础上数字经济影响下国际文化创意产业发展状况的分析，以及4大类9小类国际文化创意产业行业的简要状况列析，本文力图描摹现有数据条件下国际文化创意产业在近几年的发展图景。不难看出，与前几年相比，国际文化创意产业受到第四次工业革命新技术影响程度日益加深，红利与弊端均在显现。各经济体都在根据自身的发展水平积极应对。我们在发展过程中，也需要参考而不是照搬发达经济体与其他发展中经济体的经验，认识到我们的部分发展优势来自人口红利和制造业发展水平，对于发达经济体和部分成熟产业在数字化转型中遇到的问题，我们也要提前准备，积极引导，放大红利，规避风险，发挥文化创意产业推动社会实现包容性可持续增长的作用，实现快速、健康地发展。

---

[1] PWC: "2019-2023 Global Entertainment & Media Outlook", 2019.
[2] World Bank: "World Development Report 2016: Digital Dividends", 2016.
[3] Alden, Edward; Taylor-Kale, Laura: "The Work Ahead: Machines", Skills and U.S, 2018.

第二节　文化创意产业的能力建设与政策可量化困境

2017年12月14日，联合国教科文组织（UNESCO）在巴黎发布了2018版《重塑文化政策——为发展升级创意》（Re|Shaping cultural policies 2018: Advancing creativity for development）报告。这是2005年"教科文组织保护和促进文化表现形式多样性公约"（The Convention on the Protection and Promotion of the Diversity of Cultural Expressions，以下简称"多样性公约"）的效果评估报告。在多样性公约生效十余年来，教科文一共发布了两次该公约的效果评估报告。此次报告是基于2015年以来各缔约方提交的62份履约报告，并从其他各种渠道获得了相关领域的最新数据，同时也吸取了多样性评估专家组10位国际专家各自的经验撰写而成[①]。

2015年12月，教科文发布了第一本《重塑文化政策——为发展而推动文化多样性的十年》（Reshaping cultural policies: a decade promoting the diversity of cultural expressions for development）报告，该报告的中文版经本人翻译，在2016年联合国教科文北京峰会和第四届太湖世界文化论坛澳门年会上两次发布，时任教科文总干事伊琳娜·博科娃女士与中共中央政治局委员、国务院副总理刘延东同志共同出席了中文版发布会。该报告成为近两年判断中国在国际文化创意产业发展位势的主要参考文献。

从2008年联合国贸发会议主导并与联合国开发计划署（UNDP）合作《创意经济报告》（Creative Economy Report）开始，文化产品贸易统计数据一直作为创意经济在全球发展状况的衡量指标。这个报告中呈现的发展中国家数据，尤其是中国数据一直非常亮眼。在2008年

[①] UNESCO: "Re|Shaping cultural policies 2018: Advancing creativity for development", 2018.

第一本《创意经济报告》中就指出，创意产业是国际贸易最有活力的新兴产业之一，全球创意产业的出口总额从1996年的2275亿美元升至2005年的4244亿美元，这种积极态势将要保持到下一个十年[①]。在2010年《创意经济报告》中，中国已荣升为全球文化产品出口第一大国，报告还提出一个非常振奋人心的消息，即虽然2008年全球金融和经济危机的爆发导致全球国际贸易减少12%，但创意产品与服务的世界出口额在这一年仍然保持增长态势，达到5920亿美元，比2002年增长一倍多，6年间平均增长率保持在14.4%这一高速[②]。之后《创意经济报告》由联合国教科文组织主导，在2013年与联合国开发计划署编写过一期特别版（special edition），其中沿用贸发会议的统计方式，其结论是2011年世界创意商品和服务贸易总额达到创纪录的6240亿美元，在2002年至2011年间增长了一倍有余。在这期间，创意经济的年均增长率为8.8%。发展中国家创意商品的出口增长势头则更为强劲，同期的年均增长率达到12.1%[③]。在2015年的《重塑文化政策》报告中，发展中国家的文化产品出口额已经占到了全球份额的46.7%。

但这个评价指标真的可以证明发展中国家通过创意产业实现了弯道超车、促进了其经济的跨越式发展吗？事实上，在2015报告中已经明确提示了这套标准存在的问题：在2013年，仅中国和印度就贡献了718亿美元的文化产品出口额。减去这个数字所代表的份额，其他发展中国家在2013年加起来的文化产品出口市场份额仅占全球8.8%，过

[①] 埃德娜·多斯桑托斯：《2008创意经济报告》，张晓明，周建钢等译，三辰影库音像出版社，2008。

[②] 联合国贸发会议：《2010创意经济报告》，张晓明等译，三辰影库音像出版社，2010。

[③] 联合国教科文组织：《创意经济报告（专刊）》，意娜等译，社科文献出版社，2014。

去十年（2004—2013年）的年均增长速度只有5.2%[①]。与之对应的参考数字，世界经济增长速度在2003—2007年的均值是4.76%，2013—2017年的均值是4.25%，发展中国家文化产品出口额的增长率甚至还没有超过许多发展中国家的经济增长速度。比如2000—2003年南亚国家的经济平均增长率为5.8%，2004年更是达到了6.7%。除此以外，2015年报告指出，绝大部分发展中国家还没有成规模的文化产品生产和出口，其中西非国家经济共同体（ECOWAS）和南亚自由贸易协定（SAFTA）成员国之间几乎没有文化产品和服务往来。换句话说，联合国层面十几年来促进发展中国家创意产业发展的措施只帮助了中国和印度，对于其他发展中国家并没有起到效果！

与2015报告一样，2018报告仍然将评估"多样性公约"的目标确定为四个：

- 支持可持续的文化治理体系
- 实现文化产品和服务的平衡流动，增加艺术家和文化专业人士的流动性
- 将文化纳入可持续发展的框架之中
- 促进人权和基本自由

鉴于前述推论，需要重新审视的问题有两个：第一，创意能力的提升是否可以像传统技术进步的方式进行国际援助？第二，发展中国家是真的没有发展好创意产业，还是评估指标出了问题？

带着如上问题再来阅读新推出的这本2018报告，发现与2015年版相比，新报告更密切地与联合国"2030年可持续发展议程"联系起来，加强了对全球数字环境作为前提的描述，更切近文化创意产业全球真实发展环境，并描绘了"全球报告"未来几年路线图的主要内容。不过纵

---

① 联合国教科文组织：《重塑文化政策：为发展推动文化多样性的十年》，社会科学文献出版社，2015。

观全报告，仍没有对文化政策的评估找到可量化的指标体系，也因此无法获取相关的有效数据。这种困难在报告的四个目标中都体现得十分明显，甚至使人对于四个基本目标的设定产生怀疑。

以第一个目标为例，即支持可持续的文化治理体系。报告认为，"多样性公约"显然为各国文化政策的实施和更新提供了更多的依据和启发，尤其体现在发展中国家创意经济和文化教育领域。全球在签署了"多样性公约"的国家和地区里，有90个国家（地区）推行了配额制，也就是在国际文化产品与服务贸易中，这些国家（地区）为了保护本国文化安全不因进口的文化产品和服务过量受损害，而主动制定控制文化产品进出口数量的政策。报告描述了全球范围内公共媒体和私有媒体的创造力和多样性都在得到提升，但数字环境的明显改变给公共服务政策提供了新的挑战。

技术革命对媒体治理和文化价值链的各个方面都产生了深远影响，文化价值链正在从过去纵向的管道模式转变为平面的网络模式，然而很少有国家及时制定应对这些变化的战略。报告注意到了移动互联网对填平数字鸿沟能够起到的作用，但仍然认为许多国家缺乏基础设施，无法为生产发行数字化的文化产品和服务提供统一的市场。报告同样认为大平台的崛起造成了市场集中，导致公众统计数据的缺失和对人工智能的垄断，由此使得国家公共文化部门可能会在创意领域完全失去主动性。但这些推测都只能用案例和论述来进行，尽管报告推测出政策配套资金与创意能力有一定的关系，但是没有办法建立政策实施结果的监测方式，所以无法实现相关的评估目标。因此，这一目标下的结论都仍停留在推测层面。

类似的问题同样出现在另外三个评估目标里。

报告认为，艺术家和其他文化专业人员的流动不仅有助于保持思想、价值和世界观的异质性，还能促进文化创意产业的活力，尤其是在发展中国家出现了新的区域网络，交流平台和创意中心。报告依然强调发展中国家（包括中国和印度）的总量在文化产品流通中所占比例越来越大，2014年占全球文化产品贸易的比例为45%，而2005年仅为25%。尽管有很大进步，但贸易壁垒、优惠待遇措施的缺乏、人力财力的不足仍然阻碍发展中国家对北方国家文化产品市场的渗透。报告仍然与上一本报告和更早之前的《创意经济报告》一样，对于文化产品的统计口径包含了制造业和珠宝加工等第二产业的内容，并且缺失了许多发展中国家文化服务贸易出口的数据，所以这一数字仍然只具有参考作用，无法作为衡量发展中国家文化创意产业发展水平的真实标准。

尤其是报告将发展中国家创意经济发展能力不足归结到传统的思路上，比如典型的政策不够优惠、人才缺乏、资金不足等。但发展中国家和国内欠发达地区很多经验已经证明了，相比具体的大量投入资金和人员，顶层设计可能更加重要。如果没有能够使人才和资金得到正确使用的机制和思路，即便投入大量的资金，调集各类人才，也不能产生充分的效果。试想一个对文化旅游本身思路不清但又固执己见的领导机制，即便花费数倍的价格请来若干最好的规划团队，也无法规划出真正会有效益的可行规划。但过去人们往往会将其全部归因到规划团队的水平不足上——尽管的确有大量鱼龙混杂的团队存在——而完全没有考虑过自己是不是已经提前预设了"提线木偶"的舞台，完全剥夺了上演任何别的演出的可能。

2015"多样性公约"评估报告确定的第三个实施目标，是推动将文化纳入可持续发展框架的长期努力。原则上，人们越来越认识到文化在可持续发展中的作用，这一点在"联合国2030可持续发展议程"（以下简称"2030议程"）中体现得尤为明显。2016年1月1日，2030议程正式生效。这是2015年"联合国千年发展目标" 到期之后，联合国193个会员国一致认可的今后15年的全球发展议程。议程注重可持续发展的三个层面：人、环境和经济，承诺要采取大胆和变革的措施，将世界转向可持续和弹性发展的路径上，并且"一个人都不落下"。与

"千年发展目标"的8项目标相比,"2030议程"设置了17个目标,169个分解目标,还确认调动执行手段,包括财政资源、技术开发和转让以及能力建设,以及建立伙伴关系等。但这项议程最值得关注的一点,用联合国教科文组织总干事伊琳娜·博科娃(Irina Bokova)的话来说,就是"第一次在全球层面承认了文化、创意和文化多样性在应对可持续发展挑战中的关键角色"。不过矛盾的是,虽然有多个国际可持续发展项目把文化事务作为国际援助的主要领域,但今天投入在文化领域的发展援助的资金占比是过去十多年来最低的。不过这正与笔者在分析2015年报告时的结论一致,也与目标二的不切实际相关:创意能力与技术能力不同,不能用传统技术援助的方式进行帮助提升创意能力,所以过去十多年间全球针对发展中国家的"创意援助"并没有在实际上帮助发展中国家创意产业的进步,至少从国际文化产品与服务贸易的统计口径上来看是这样。

于是报告仍然只能用叙述的方式介绍,在已经通过国家发展计划或战略的111个缔约方中,约96个包括了文化方面的条款。但这些国家只是将文化当做一种工具,作为经济或社会产出的驱动力;只有40%的国家在发展规划文件中制定了与"公约"目标相关的成果或行动。另一个问题是,在所有文件中,文化生产和艺术实践本身的环境影响还没有得到充分的考虑。教科文乐观指出了世界各地的城市正在探索通过文化创意产业促进可持续发展的创新方式,而据目前的国际文化创意产业发展现状可知,教科文主导的"创意城市网络"几乎是文化多样性领域唯一一个可以公平量化的可评估、可发展项目。但是联合国教科文系统的"创意城市网络"评价指标本身也有其独特性,进入网络的城市更多是在提高国际知名度方面受益。

报告仍然保留了第四个目标,即促进人权与基本自由,在2018报告中主要强调的性别平等。但是这更是一种延续了教科文基本理念的倡议而非真实的评估。因为现有的评估方式并不适合各种政体的国家,如果按照公约现有的评价逻辑，中国在保护非物质文化遗产和促进文化创意产业发展都领世界之先是不可能实现的。

尽管报告的目标是：如果在未来几年中各方能够达到本"全球报告"中规定的要求——即便无法全部实现，至少有足够的进步——那么实现"2005年公约"长期承诺的进程就一定会出现。这一目标由于先天的不足而未必会将各个发展中国家引向正确的路径，中国已经和正在探索的发展路径，或许可以帮助教科文回答创意能力建设的难题。至于文化政策的评估难题，不能否认的是，促进各个国家文化创意产业和文化表现形式多样性的发展，进而带动整个经济社会的发展，"重塑"世界各地的文化政策是重要的一步。

第三节　创意经济的升级与发展中经济体的崛起机遇

当前，国际文化创意经济依然快速发展，发达国家创意经济正处在越界、扩容与转型升级之中，蓄积和展开了更大的能量；发展中国家正在迅速走向国际文化创意经济的前台，正在形成与发达国家不一样的创意经济模式成为全球文化创意经济的一支成长中的新军。但在全球文化创意经济的发展中依然存在着不少问题、陷阱甚或困境，需要各国特别是发展中国家创意经济行业和政府部门政策制定者高度注意，因势利导，把握新的发展态势。

一、发达国家创意经济的越界扩容与转型升级

今天的世界，金融危机余威犹存，美债危机与欧债危机将整个世界的经济发展都拖向疲软，复苏放缓，传统产业的国际贸易和整个市场都出现许多不确定因素。在这个背景下，创意产业的确是一个经济增长点，

比如2011年全球娱乐与媒体支出增长了4.9%[1]。正如联合国《2010创意经济报告》曾经指出的，2008年的金融和经济危机的爆发使得全球贸易额减少了12%，但同时创意产品与服务的世界出口额却仍保持增长，达到5920亿美元。在这种背景之下，文化创意产业不仅仍然发展迅速，而且在全球范围内都显示出不同阶段的越界扩容与转型升级。

英国作为老牌创意产业国家，创意产业已经占了整个经济的十分之一（9.7%），它提供了超过250万个工作岗位，这在英国比金融服务业和高端制造业的就业岗位要多，从业人员人数增长速度是全部劳动力增速的四倍。英国的创意产业一直是其他国家研究和学习的主要对象，但在2013年4月，英国一家独立的创新基金会发布了《创意经济宣言》（A Manifesto for the Creative Economy）[2]，指出英国原有的创意产业的定义、相关政策和经营模式已经有些过时了，跟不上互联网时代的发展。报告建议英国政府重新定义创意产业，将定义简化为"专门使用创意才能实现商业目的的部门"[3]并且扩大分类；还建议开放互联网，并且在教育方面加强数字技术的普及，在税收等政策方面鼓励创新。

不只是英国，那些创意产业起步比较早的国家，比如澳大利亚、美国等都将更多的研究目光投入到数字化和社交媒体中，继续保持创意产业在本国的国民生产总值的增加值、对外贸易和高收入创意人才数量的领先地位。美国将创意产业称为版权产业，2010年占国民生产总值6.4%，提供510万个就业机会，并且比其他劳动人口的平均收入高27%，尤其是出口总值达到1340亿美元，远远高于航空业、汽车制造业和农业。普华永道的《2012—2016年全球娱乐及媒体行业展望》较之上一本报告，

---

[1] PWC: "*Global entertainment and media outlook 2012–2016*", 2012.

[2] Hasan Bakhshi, Ian Hargreaves and Juan Mateos-Garcia, "*A Manifesto for the Creative Economy*", NESTA, 2013.

[3] 原文是"those sectors which specialise in the use of creative talent for commercial purposes."

将数字化的音乐、电子杂志和互联网视频正式纳入到分类体系中。

而以文化产业为发展传统的国家，近几年一直致力于总结发展模式，力图增加出口。2009年意大利发布了《创意白皮书》，梳理了创意产业的"意大利模式"，而实际上只是梳理了包括时尚产业、"味道产业"等意大利特色产业在内的城镇化与传统文化产业的发展模式。欧盟2011年启动了"创意欧洲"计划，从2014年起支持欧盟的文化与创意产业发展，其目的也正是为了帮助文化与创意部门在"数字时代"和全球化背景下获得更多的机会，并且协助欧盟的"欧洲2020"十年发展计划，实现可持续的经济、就业和社会凝聚力的增长。

发达国家推动创意经济是将文化、科技和经济融为一体，而以其最为领先的数字化、网络化，特别是移动化技术领衔，打造高品质、高层次的文化科创产品。同时，创意经济是艺术、商业、关联性、创新驱动和新商业模式的交叉融合。数字时代打开了音乐、动漫、电影、新闻、广告业等的营销渠道，从而增加了创意经济的收益。

同时，创意经济相当分散，并包括社会因素。它通过相互联结而灵活的网络生产服务系统得以运行，并涵盖了整个价值链。如今，创意经济深受日益强大的社会网络的影响。新工具如博客、互联网论坛、维基百科等促进了创意人士、创意作品、创意场所之间的连接与合作。在创意经济中谁是利益相关者，他们之间的关系如何，创意产业与经济其他产业之间的关系如何，更好地了解这些问题对于制定实用性政策至关重要。政策的关键目标要具体而不能宽泛，最好不要自上而下或者自下而上，而是要考虑到涉及各利益相关者的所有权和合作伙伴关系，这些利益相关者来自公共部门和私营部门、艺术家群体和市民社会。更具包容性和灵活性的方案会促进有效和创新措施的形成，使创意经济具有新的活力。

二、发展中国家走向国际文化创意经济的前台

创意经济曾是发达国家与经济体的专属领域。创意经济展开初期，全球专家、分析人士都认为，大量的关于创意经济的词汇和分析方法都是基于发达国家后工业社会的经验而来的。主要是发达国家制定的很多政策法规——很多分析人士称之为"政策文本"——更多适用于制造业部门衰落后，发达国家后工业社会的文化创意产品和文化服务出口到现有文化、社会和经济条件不同的国家、地区，特别是发展中国家。但这一思路和被发展中国家文化创意产业迅速发展的现实所打破。

笔者 2008 年代表金元浦教授参加联合国贸发会议，发表《中国文化创意产业发展与政策》讲演。向世界介绍了中国文化创意产业发展的明显东部、中部和西部的三个阶梯、三个层次与三种模式的发展形态。介绍了中国文化创意产业的不平衡特色：东部发达地区、中部发展中地区和西部欠发达地区在发展方式，发展类别选择，和发展目标制定上的异同，提出发展中地区和欠发达地区同样可以因地制宜发展文化创意产业的主张。这一发言得到与会各国代表特别是发展中国家和欠发达国家代表的极大兴趣。

与之类似，国际文化创意产业也分化出处于不同发展阶段的几个梯队。但是我们在每一个梯队里，都看到了由于数字化、经济环境等因素带来的扩容与转型。这是一个全球文化创意产业正在从过去十几年形成的框架下转向一个崭新平台的大时代。

在过去几年里，发展中国家在全球创意经济中的比重迅速上升。发展中国家向包括发达国家在内的全球各国进行文化产品和文化服务的贸易额大幅增长；而发展中国家之间的文化创意产品和服务的南南贸易业创造了历史新高。《创意经济报告 2010》用各种数据证明了创意经济在全球经济疲软的条件下，成为一种强大的发展引擎。南南贸易的增长推动了世界经济的发展；机会存在于需求增长的地方。2008 年，发展中国家向世界出口的创意产品达到 1760 亿美元，占整个创意产业贸易

额的43%，2002—2008年间，年均增长13.5%。这表明发展中国家在世界创意产业市场上具有强大的活力，所占市场份额增长迅速。南南创意产品贸易总额将近600亿美元——该时期达到了20%的惊人增长率。在创意服务的案例中，这种趋势也得到确认，南南贸易额2002年仅78亿美元，而2008年飞速增长到210亿美元。在这种良好态势下，发展中国家受到强烈的鼓舞，积极发展创意产品，在全球贸易优惠制（GSTP）的框架内完成谈判，为南南贸易未来在这个充满希望的领域发展壮大注入更多动力。

2013年5月，联合国贸发会议发布了新的数字，2011年全球创意产品与服务的贸易总额是6240亿美元，与2002年相比这个数字翻了不止一番，年均增长率达到8.8%。报告显示，这一阶段，发展中国家创意产品的出口增长更快，平均每年12.1%。比起上一年度的报告虽有下降，但仍然显示了强劲的势头。

《2013年人类发展报告——南方的崛起：多样化世界的人类进程》（The 2013 Human Development Report – The Rise of the South: Human Progress in a Diverse World）报告说，"150年来第一次，发展中国家的三大领衔经济体的总产出——巴西、中国和印度——与北方国家长年工业力量的GDP总额相同——加拿大、法国、德国、意大利、英国和美国"。《麦肯锡季报》（McKinsey Quarterly）2011年3月报道，到2025年，根据GDP排序，全球前50个城市中有20个会在亚洲，这个数字在2007年还只有8个。在此期间，超过半数欧洲城市将跌出这个排名，北美同样。在这个城市经济力量的新风景中，上海和北京的排名将高于洛杉矶和伦敦，而孟买和多哈将超过慕尼黑和丹佛。

重要的是，"发展中国家"这个列表不是一个整体。因为世界的经济力量相当的变化，一些南方国家如今被划分为世界银行标准的"中等收入"或者"中上收入"国家。在接下来的几十年里，世界最大的经济体中会有三个非西方国家（中国、日本和印度）。

发展中的创意经济在各大洲的许多地区蓬勃发展。正如最近联合国贸发会议研究显示，发展中国家出口份额在近年里占全球创意产品和服务中的比重逐年增长，2011年总出口额达到了6310亿美元。这些出口中的大部分都生产于大中城市，包括艺术品、手工艺品和设计产品。

在2012年，大多数富裕经济体的真实GDP仍然低于2007年底，然而"新兴经济体"的输出暴增20%。后者占了2010年全球GDP总量的38%（市场交换估价），比1990年的份额翻了一倍。如果GDP能够反映购买力，新兴经济体已经在2008年代替发达国家，并被认为在2011年会达到全球GDP的一半。这些新兴经济体如今占据了超过一半的商品消费、世界出口和吸引外国直接投资。

新兴经济体同样占据了全球零售业的46%，52%的机动车销售和82%的手机消费。全球财富500强的四分之一从新兴经济体来——在1995年，这个数字只有4%。中国、印度、印尼、马来西亚、尼日利亚、沙特阿拉伯、南非和越南在接下来的40年的增长速度都会超过七国集团。

新兴国家的文化创意产业发展以中国为代表和标杆。在世界银行公布的文化类产品出口中，中国则占据第一梯队的重要位置，在联合国贸发会议《2010创意经济报告》中明确将中国作为全球最大的文化产品出口国，占到了全球文化贸易总额的21%。由于联合国贸发会议随后又帮助非洲和加勒比海地区其他国家制定创意经济的发展战略，所以这本报告中的指标体系成为许多包括巴西、莫桑比克、赞比亚等国家官方采用的统计口径。除了发展中国家也有很大的文化贸易量，其出口对象也包括其他发展中国家和欠发达国家，整体的文化贸易额增长速度领先于世界。但长期以来，文化创意产业一直被视为发达国家的领地，与文化、原创相关的产品（作品）主要来自于发达国家。在文化制造业产品如纸张、文具、玩具、甚至动漫制作（外包）等方面，中国等发展中国家的确承担了大量的"制造"工作，而核心创意和知识产权则始终掌握在美英等发达国家手中。《创意经济报告》的指标无法看出发达国家占有了的相当大比例的版权和品牌附加值，像中国这样出口贸易量大的发展中国家许多都是加工制造型的创意经济和代工生产。不过，这些新兴国家一方面向发达国家出口文化制造品，一方面也开始将自己的原创作品向欠发达国家或者其他发展中国家出售。

从2002年到2008年，拉丁美洲国家创意产品的出口增长迅速，尤其是墨西哥、巴西、哥伦比亚和多米尼加。从相对较差的阿根廷创意产业贸易的发展，也可以看出发展中国家的不断进步。

还有一类发展中国家，尤其是加勒比海地区国家，发展文化创意产业的主要方向还是以旅游为主的较为初级的门类。加勒比海地区的核心文化政策范围是非物质文化遗产、节庆和文化多样性，其中旅游是加勒比海地区的核心文化产业门类，尤其是各种影响很大的节庆活动，比如加勒比艺术节（CARIFESTA）或者特立尼达与多巴哥狂欢节。但是这些节日虽然影响很大，和全球其他类似活动一样，相关准确数据是缺失的，相关评价指标体系也是缺失的，我们无从知晓它们究竟在多大程度上带动了经济发展，创造了多少间接效益。

好莱坞的标杆意义输出到发展中国家，出现了印度的"宝莱坞"、中国的"东方好莱坞""华莱坞"等变体，如今在尼日利亚有了"尼莱坞"。"尼莱坞"的模式超出了传统意义上的电影融资、制作和发行方式。尼日利亚的低成本电影在上世纪90年代突然井喷，创造出了富有特色的电影文化，不光影响了尼日利亚全国，还影响到全非洲。尼日利亚每年出产大量的惊悚片和灵异片，数量虽然无法统计，但其在非洲大陆受欢迎的程度却是显而易见的。尼日利亚的电影总是短平快地完成，几周就拍好了，以VCD光盘的形式在小商店、集市和流动商贩那里出售；人们在家里，在临时的录像厅，在集市上，在酒吧里随意地观看。这种随意性既好也不好。这使得尼日利亚电影在本国之外没有官方的亮相渠道，而且在大部分国际电影有关的统计中都无法统计。由于它在国际电影节和院线中缺席,非洲之外很难有办法看到(即使YouTube这样的视频网站和付费在线点播网站正在蓬勃发展)。尼日利亚政府大力支持"尼莱坞",将其看作是国家文化产业的旗舰,并视作推动就业的引擎,以及潜在的出口创汇及税收的来源。国家电影与视频审查委员会(National Film and Video Censors Board)在产业发展中起到了非常积极的作用,并且将自己的身份从内容管理延伸到了产业促进。这是一种带来各种混合结果的尝试,调整发行,收集产业活动数据,尝试录像俱乐部的许可证制度。

三、发展中国家文化创意经济的未来及警示

城市持续成长或萎缩的现象并不能完全用经济分析来解释。《经济学人》2013年8月报道:"几乎所有的富裕国家的工业城市都在1950年至1980年之间跌入困难时期,包括波士顿、纽约和伦敦,之后又反弹。"为了理解将城市集聚在一起的属性,长期成功的预报器必须超越交通与通讯基础设施建设、消费者集聚,甚至竞争性的创新等贡献微乎其微的身份认同。在驱动当下增长模式的因素之间,是由生产符号性产品和服务的连锁因素建构的"新贵一族(new wealth of nations)"。发展轨道如今已经与从第一产业、第二产业和第三产业为主的增长这样的经济发展"模式"发生了彻底转变,从冶炼和农业部门等"低附加值"活动向价值链的高端开始升级。从农业经济到服务经济的跨越式发展,通过标志性的信息技术,以及信息技术相关产业,特别是在新兴金砖国家印度巴西,已经将文化与信息科技等结合起来,打通行业之间的壁垒,已实现创意产业的持续增长,并开始关注原创的极端重要性。

同时,改由联合国教科文组织和联合国开发计划署主导编制的《2013创意经济报告·特别版》,一改过去联合国贸发会议主持下突出关注创意经济发展诉求的做法,更强调创意经济发展对发展中国家带来的非货币化收益。这部特别版更看重创意产业对于社会结构的调

整,成为经济社会发展的可持续发展路径,带动教育、非遗保护等公共文化的发展,更尊重发展中国家按照自己的路数发展创意经济。联合国千年计划即将到期,新的"后2015"千年计划正在制定当中,这部对于千年计划有所修正的新计划势必对发展中国家未来国家间合作等方面带来重大影响。

发展中国家的公共政策与战略的正确选择对利用创意经济的社会经济潜力获取发展成果具有十分重要的作用。发展中国家首先要做的是通过一系列相互关联的政策,提高创意能力,确定有巨大潜力的创意部门。还要按照"创意纽带"的功能来调整努力方向,以便吸引投资者,培养创意创业能力,更好地获得信息与通信技术(ICT)及其基础设施,从而在全球化的数字整合中获益,并充分把握国内、国际创意产业市场的贸易商机。积极的溢出效应肯定会反映在更高的就业水平、更强的创新能力和国民享受更优质的文化社会生活上。

移动通信技术革命正在改变发展中国家亿万人民的生活方式。报告称,2009年,全球手机用户超过40亿,其中75%的用户在发展中国家。2008年,全球互联网用户超过世界人口的五分之一,发展中国家用户增长更快,是发达国家用户增长量的五倍。然而,发展中国家的宽带连接落后于发达国家。这会限制创意产业的发展,因为促进创意和电子商务发展的很多应用程序没有足够的宽带便无法运行。因此,需要与国际组织合作,引导国家和地方投资,使发展中国家能够建立更好的宽带基础设施。

对于发展中国家来说,正确选择和设计促进文化创意产业的政策,谋划富于远见又合乎各自国情的战略,对激发创意经济的发展潜力,并不断获得成章和进步,具有很重要的作用。要按照"创意纽带"的功能来调整发展方向,以便吸引投资者,培养创意创业的能力,更好地获得信息与通信技术(ICT)及其基础设施,从而在全球化的数字整合中获益。要充分把握国内、国际创意产业市场的贸易商机。并发挥越界带动的溢出效应，争取更广泛的就业，更强的创新能力，让消费者享用更丰富、质量更高的文化产品。

发展中国家的环境不同，因此需要按照当下实际情况、能力和需求来理解。政策同样应该考虑到这些多样化的问题。的确有这样的例子，发展中国家的文化活动和机构是如何促进了更好的城市管理，伪造了"一个新型的城市——21世纪的城市——是一种'好'的，以人为本的城市，能够整合繁盛的物质和更多非物质方面，摆脱这个城市上个世纪的低效率、不可持续形式和功能。"[1] 然而，对立同样在这里存在：文化创意产业能够扩大与阶级有关的划分，同时创造出越来越多令人不安的废弃电子产品垃圾，比如电脑、手机、电视等等。他们不是应对肮脏的蛮荒之地、污染泛滥的活动或者过重的交通压力的灵丹妙药。他们的共同特征是同为南方国家。因此，比较南—南之间，对于研究全球南方国家的状况比从别处来的现成经验要更有用。

前述"尼莱坞"在尼日利亚文化创意产业发展中发挥了开拓性的作用，这种非正式的电影运作方式保证了它制作的快速、低廉和不打官腔的民间色彩，不过，也带来了作品的不稳定，以及缺乏思想内涵。早期不完善的知识产权制度带来的是盗版泛滥，同时又培养了忠实的观众。研究显示，这种不正式的金融实践——一部电影的制作经费用于下一部电影，而不通过银行——对于小制作来说十分有效，但是对于那些有雄心的制作人，想要吸引移民甚至想要带来国际影响，这种方式就越来越不合适。同时，产业链的各个环节必须越来越规范。要建立复杂的专业协会系统，以伴随高度发展的明星系统和评论体系。由于产业地位的提升，这些电影实行了更多管理。政府对"尼莱坞"的一些数据和文化企

---

[1] "a new type of city – the city of the 21st century – that is a 'good', people-centred city, one that is capable of integrating the tangible and more intangible aspects of prosperity, and in the process shedding off the inefficient, unsustainable forms and functionalities of the city of the previous century."

业对于这些电影中多数产品的低劣质量感到不安；许多其他非洲国家的电影制作者和知识分子批评这些粗糙的影像"倾销"到本国市场，最终"污染"了非洲的文化空间。

在金融危机的余波中，创意产业市场的稳定性表明了世界各地很多人渴望了解文化、参加社会活动、进行娱乐休闲活动。人们把更多的收入拿来享受创意经济为他们带来的难忘经历。作为一种象征现代社会的生活方式，他们追求地位、风格、品牌和个性。有证据表明，在全球经济衰退期，人们依旧去电影院和博物馆、听音乐、观看视频电影和电视节目、玩电子游戏，等等。即使在金融危机时，创意产业仍作为我们生活的一部分继续繁荣发展。这就解释了为何一些创意部门似乎更能适应经济低迷，可以促进经济复苏更加持久和广泛。

所以，联合国《创意经济报告》郑重提出：制定创意经济政策不应只考虑经济需求，还要考虑到当地社会的教育、文化认同、社会不平等、环境因素等的特殊要求。世界各地越来越多的城市用"创意城市"的概念制定城市发展战略，通过关注文化创意活动为城市发展注入新的活力。为了实现联合国千年发展目标（MDGs），发展战略的主要原则应进行调整，以适合郊区和贫困地区发展，尤其给年轻人创造就业机会，赋予有创意的妇女以权力，提升社会包容程度。市级政府比国家政府行动更为迅速敏捷，因为国家政府的行动受到更多的权力和官僚的限制。理想情况下，创意经济的行动计划从社区、市级政府到国家政府都可以产生，并没有顺序的限制。重要的是使文化和社会目标与贸易、技术和旅游业的发展和谐一致。

第四节　推动全球变革的创意力量

联合国《创意经济报告 2013》于 2014 年 6 月 4 日在北京隆重发布，时任联合国教科文组织总干事伊琳娜·博科娃到会祝贺并发表讲演。此前，习近平主席访问联合国教科文总部时，博科娃曾以此报告的中文简本相赠。此次报告全文译本在中国发布，对推动全球特别是中国文化创意产业、创意经济的发展具有十分重要的意义。

联合国《创意经济报告 2013》的主题是"拓展本土发展路径"，这条路径是"鼓励创造和创新的发展新路径，力争实现包容、公平和可持续的增长与发展"。与前两本联合国贸发会议的叙述方式不同，这是一本带着浓厚教科文叙述色彩的创意经济研究报告。同时，它密切结合了教科文话语系统里的"文化多样性""创意城市"等理念，对于中国读者来说，与中国的文化创意产业的研究语境非常契合，读来人文气息浓厚。

《创意经济报告》是在国际、国家、地区以及地方政府的各个层面上影响政策制定的重要报告，是国际文化产业领域的重要文件。报告是联合国体制内多机构合作的结果，旨在为各国决策者勾画出创意经济的发展现状，评估创意产业面临的机遇与挑战，并提出政策建议。

报告援引联合国贸发会议 2013 年 5 月公布的数据：2011 年世界创意商品和服务贸易总额达到创纪录的 6240 亿美元，在 2002 年至 2011 年间增长了一倍有余。在这期间，创意经济的年均增长率为 8.8%。发展中国家创意商品的出口增长势头则更为强劲，同期的年均增长率达到 12.1%。

当前，发达国家创意经济正处在越界、扩容与转型升级之中，正在蓄积和展开更大的能量；发展中国家则在迅速走向国际文化创意经济的前台，正在形成与发达国家不一样的创意经济模式，成为全球文化创意经济的一支成长中的新军。但从全球文化创意经济的发展来看依然存在着不少问题、困境甚或陷阱，需要各国特别是发展中国家创意经济行业和政府部门政策制定者高度注意，因势利导，把握新的发展态势。

《创意经济报告》的研究对象主要是发展中国家，而其中中国作为这一群体创意经济发展的领头羊，在报告中占有相当的比重。今年以来，我国密集推出了一系列鼓励文化创意产业发展的政策文件，推动我国文化产业、创意经济更好更快地发展。这份报告对于中国文化创意产业各界认识中国在国际文创发展中的地位、问题、趋势都具有重要的参考价值。

一、"创意城市网络"推动全球竞争与合作

作为"创意城市"概念的推行者联合国教科文组织所主导的这一份《创意经济报告》，强调城市的重要性。

"创意城市网络"是在2004年10月，联合国教科文组织（UNESCO）的第170届执行理事会上，根据教科文组织的文化多样性全球联盟的倡议，决定设立的评选项目。教科文组织给创意城市网络确定的基本宗旨是为了在经济和技术全球化的时代语境下倡导和维护文化多样性，希望并鼓励教科文组织成员国家的城市自愿提出申请，将本国城市在社会、经济和文化发展中的成功经验、创意理念和创新实践，向世界各国城市的管理者和市民开放，从而使全球的城市之间能够建立起一种学习和交流的关系，推进发达国家和发展中国家城市的社会、经济和文化的发展。

截至2010年3月底，创意城市网络共分为文学之都、电影之都、音乐之都、民间手工艺之都、设计之都、媒体艺术之都、美食之都等七个类别。中国的很多城市都被纳入到这一网络，是该网络占比最高的国家。其中，深圳、上海和北京是设计之都，哈尔滨是音乐之都，杭州是民间手工艺之都，成都是美食之都。

文化创意产业当下发展的重大机遇来自全球大竞争时代的城市化浪潮，特别是中国的城市化、城镇化巨大变革。这是一个世界大城市之间全球竞争的时代。世界范围、亚洲范围的文化之间的竞争和较量，构成了一个新世纪发展的全球态势。可以说，当今成功的城市一定是文化的城市。

正是在这样一个文化城市、文化软实力发展的背景基础上，中国文化创意产业发展更需要按照中国现实需要去量体裁衣，发挥自己真正的

优势。我国当前几乎每一个省、市、自治区都在国家战略的总体布局中，提出了自身发展文化创意产业的战略目标和实施措施。但这一切首要的前提是，搞清楚这个城市和地区的发展阶段处在什么样的层次上，这个城市是否面临着紧迫的产业调整与转型的问题。

首先，如果城市的制造业现在还仍然很发达，或者正在承接东部产业的转移，那么是不是真的需要进行文化创意产业的大规模调整和转型？

第二，在发展层次上，文化在城市发展的架构中，占据什么样的地位，服务业占据什么样的地位，占据多少比例？

第三，在发展目标上，这个城市是否准备参与到全球、或亚洲国际化大都市的竞争中去，只是打算参与城市之间的竞争，或者是参与到中小城市的竞争，其发展目标是不是确定了？

第四，发展区域和环境是什么样的，它处在什么样的周边环境中，这个周边环境是不是提供了发展文化创意产业必要的条件？

只有回答了这些问题，才能真正制定符合自己城市现状和目标的文化产业发展规划。遗憾的是，拍脑袋、理想主义、面面俱到还是各地文化产业发展规划制定过程中普遍存在的问题。

二、从人文角度来审视创意经济

这本《创意经济报告》认为，有必要在更大范围内剖析地方创意经济带来的经济及非经济利益与促成变革的各项因素之间的关系。这也正是联合国系统"后2015联合国发展议程工作组"在2012年的报告《实现我们希望人人享有的未来》中提出的挑战。2012年的联合国报告提出了变革的需要，"迫切需要找到鼓励创造和创新的发展新途径，力争实现包容、公平和可持续的增长与发展。"

这本《创意经济报告》大力提倡从人文角度来审视创意经济，将创造力视为某种具象、灵动、能够影响多种产业和活动的特征。提出了大量从实地经验、技术援助和项目管理活动,以及非洲、阿拉伯国家、亚洲和太平洋、拉丁美洲和加勒比的学术研究和专家论文中获取的例证。

在这个报告中,还着重介绍了联合国教科文组织和知识产权组织依据测算文化活动对于国内生产总值和文化部门就业水平所做贡献的衡量指标,证实了文化在国家层面的经济影响力。例如,知识产权组织收集并分析了40个国家的数据,发现版权产业的贡献平均占国内生产总值的5.2%。教科文组织根据教科文组织统计框架制订的文化促进发展指标(CDIS)表明,厄瓜多尔有将近5%的国内生产总值来自私营部门和正规文化活动(与农业部门对国内生产总值的贡献大致相当);波斯尼亚和黑塞哥维那的这个比例为5.7%,哥伦比亚为3.4%,柬埔寨和加纳均为1.5%。有了文化促进发展指标,人们还能够根据文化生活参与程度、人际信任和宽容、以及自决自由等各项评估指标,了解文化对于社会发展的影响。从中可以看出,近年来各方为生成有意义的统计数据所做的协同努力如何让我们能够更深入地了解创意部门对于国家经济和社会发展进程的重要意义。

近些年我国发展文化创意产业,的确取得了前所未有的成绩,但也确实出现了一些"虚热"的情形。一些城市一哄而上,政府组织了大型论坛和展览会、博览会、演唱会等等,但相当一部分如焰火一般,只有瞬间的光彩,过后留下大量的残骸和垃圾。

中国是一个发展很不平衡的国家,各省市处于不同层次的发展阶段,有的地方还在依靠廉价的劳动力、土地、矿山资源这样的发展方式(要素驱动阶段),有的地方已经进入到了投资驱动的阶段,就是大规模的投资和生产驱动经济的发展阶段;还有城市已经进入到了以技术创新为经济发展的主要驱动力的阶段,或者是财富驱动阶段,追求个人的财富发展,追求艺术、体育、精神、心理需求这样的阶段。处在不同的阶段,各地的文化创意产业发展的目标、投资策略,都应该是不一样的。

第三章 发达地区创意经济发展经验

第一节 发达经济体发展文化产业的若干经验与问题

中国在大约十年前,形成过一股译介发达国家文化产业发展经验的热潮。进入"十三五"时期,中国的宏观经济进入"新常态",前一个阶段由政府投资拉动的文化产业井喷式发展又将在新的市场和互联网移动网下来到新的路口。由于整个发展环境的变化,此时重新审视发达国家发展文化产业十年来新的变化和经验再一次显得尤为必要了。环顾这些国家十年来的发展状况,不难发现几个值得我们借鉴和思考的基本特征:传统文化产业门类发展尊重市场选择;从教育到政策法规鼓励内容创造力;积极应对互联网时代的创意经济整体升级换代。

一、传统文化产业:尊重市场

从发达国家的经验来看,政府、社会力量与消费市场在制度建设与实践的过程中经过长时间的磨合,已经形成了良性的互动关系。比如美国,虽然不用"文化产业"而使用版权经济与娱乐产业的提法,但是近百年来它的文化创意经济一直无可否认地居于世界第一的位置。

在政府层面,美国形成了经典的"一臂之距"管理模式:即由政府设立公共基金投入公益性文化事业,并在公共资金以外探索出多种融资方式;出台优惠政策鼓励社会资金投入文化产业;健全法律监管制度,尤其是通过知识产权的强力保护,确保了美国文化产品在国际市场的利益,也形成了美国"版权产业"为名的文化产业体系。

在社会层面,美国主要发展非营利机构的力量。根据 2016 年公布的最后一次《美国艺术指数报告》①，截至2015年，美国非营利文化艺术机构有95000家，有230万艺术家。根据政策规定，艺术团体或者艺术家如果想要获得政府资金补助，需要经由社会途径筹集到政府资助3倍以上数额的资金。

在市场层面，美国营造出堪为样板的成熟市场环境，形成了好莱坞电影、百老汇戏剧、流行音乐、出版、广播电视和画廊等立体的文化娱乐业。以百老汇为例，仅仅统计由"百老汇联盟"管理的40家主要剧院，2018年6月至2019年5月，接待观众就超过1480万人次，为纽约市经济的贡献达147亿美元，为当地提供9.7万个工作岗位。前几年位居热门榜第一位的《摩门之书》仅仅开演两年就让它的制作公司市值达到3亿美元，到2019年至少已收入6.5亿美元。更不用说《剧院魅影》这样的"常青树"，已经上演数万场，连演了32年，它的全球总收入截至2017年就已经超过了60亿美元，全球有至少1.4亿人看过这部音乐剧。

二、创意为王：培育内容创造力的沃土

去年，一位专门研究中国文化产业的澳大利亚学者，通过对国内几家互联网企业的跟踪研究，在国外撰文提出，中国的文化产业发展开始进入从"山寨"到"原创"的转变过程。实际上，这并不算是"中国特色"。新兴发达国家在发展文化产业的初期，几乎都经历过同样的过程。当然，这个过程并不是自然而然发生的，也与政府政策引导和社会氛围营造密切相关。

日本早在1885年就制定并颁布了《专利法》，还从上世纪中叶开始将每年的4月18日确定为"发明日"，充分鼓励民众的创新意识，创办了各种鼓励原创发明的奖项。2009年，日本政府把动漫产业等定位为"软实力产业"，2012年，又提出"酷日本"理念，帮助日本内

---

① 该报告于2016年起由于政策原因停止更新。

容生产企业进行海外推广。日本尤其重视下一代的创意能力,媒体和学校都有意识地鼓励儿童和青少年创造发明,将各种发明和创意制作成喜闻乐见的电视综艺节目,深入民心。

韩国政府创办了"原创文化数码机构"和"故事银行"两个项目,系统开发韩国的历史和文化资源,为广播电视节目的编写、制作服务。韩剧从中受益颇多,最为有名的成果就是曾经远销世界60多个国家的《大长今》。

三、互联网时代:积极应对文化产业的整体升级换代

英国的文化产业发展在很长一段时间里都走在全世界的前面,到去年,创意产业已经占了整个经济的十分之一(9.7%)。人们所熟知的"创意产业"概念就是1998年由英国定义的,之后就成了其他国家、区域和城市的研究范本。英国的创意实力充分展现在2012年伦敦奥运会开幕式上,丹尼·博伊尔导演精彩演绎了"创意的英伦三岛"。

然而随着互联网的快速发展,英国这样的先驱反而陷入了"创新者困境",昔日的成功产生的惰性阻碍了对新环境的适应。英国本土的创意企业却纷纷开始表达他们的不满,连最初启蒙了很多国家的《创意英国》文件本身都被指责为华而不实、无法落实。

2014年4月,英国智库发布了《创意经济宣言》,指出英国原有的创意产业的定义、相关政策和经营模式已经有些过时了,跟不上互联网时代的发展。报告建议英国政府重新定义创意产业,将定义简化为"专门使用创意才能实现商业目的的部门",并且扩大分类,还建议开放互联网,并且在教育方面加强数字技术的普及,在税收等政策方面鼓励创新。

实际上,世界很多国家已经开始积极应对互联网时代文化产业的转型升级。比如韩国积极打造世界一流的数字基础设施;新加坡实行颇具野心的教育改革计划,并与以色列在知识产权领域进行合作;巴西支持

开放数字资源，拥戴知识共享；美国硅谷成为社交媒体大本营，而其他地区也在积极创建创意商业中心；而加拿大施行了一系列优惠税收举措，吸引国外企业对本地的视频游戏、音乐、电影和出版行业进行投资。

可见，发达国家的文化创意产业问题也很多。一是发达国家普遍站在自身利益角度向发展中国家倾销商品，鲜有对发展中国家发展文化创意产业的帮助支持，因此联合国贸发与教科文等多个组织特别倾向于发展中国家的文化资源如旅游资源的开发；二是有些国家随着领导人变更或政党轮替，文化产业、创意产业政策有较大起伏，如英国；三是由于近年经济危机，欧洲一些国家文化创意经济的发展势头遭到一定程度遏制，发展速度减缓；四是一些国家面对经济利益鼓吹娱乐至死，致青少年过度娱乐化态势频现，如此等等。这些问题都是我们值得注意的。

第二节　发达经济体湾区的"宜居宜业宜游"经验与中国

酝酿了数年的"粤港澳大湾区"建设，随着2019年《粤港澳大湾区发展规划纲要》（以下简称《规划纲要》）的公布正式启动。珠三角地区近亿人口，5.6万平方公里国土，将在这一规划统筹下，深化区域融合，面向2022年，对标2035年，旨在"形成以创新为主要支撑的经济体系和发展模式"，"大湾区内市场高水平互联互通"，"宜居宜业宜游的国际一流湾区"[①]。从《规划纲要》中不难看出，尽管文化产业并非总体目标的核心产业，但总体目标的实现，离不开文化及相关产业的配合，发达的文化产业也是粤港澳大湾区"宜居宜业宜游"的重要体现。

最近几年国内学界和媒体已经对国外主要湾区的情况进行了充分介

---

① 中共中央、国务院：《粤港澳大湾区发展规划纲要》，2019-2-10，中华人民共和国中央人民政府网站（http://www.gov.cn/zhengce/2019-02/18/content_5366593.htm#.2019-2-10.）

绍，尤其是世界三大湾区：东京湾区、旧金山湾区和纽约湾区各自的核心产业和产业链聚集被反复提及。从产业选择角度，东京湾区作为"世界上第一个主要依靠人工规划而缔造的湾区"，是以"产业湾区"为主打的地区，是日本最大的工业城市群和国际金融中心、交通中心、商贸中心和消费中心。纽约湾区由于华尔街的存在，是主打"金融"名片的湾区。而最有名的"湾区"（bay area）旧金山湾区则因硅谷成为"科技湾区"①。在英语世界中，"bay area"主要被用来称呼旧金山湾区。

不过在各具特色的产业之外，国外湾区在"宜居宜业宜游"方面也积累了颇多经验。如纽约湾区多次出台吸引创意人才居住的规划；旧金山湾区成为国际著名的创业圣地，近期还因涌现大批互联网企业"百万富翁"再一次引起全球关注；而东京湾区除了产业发展势头强劲，也是著名的"宜游城市"（playable city）。这些经验都是粤港澳大湾区建设中值得关注的"他山之石"。

一、"创造纽约"规划：打造宜居国际化城市的探索

近年发表的科学统计报告已经逐渐启发人们脱离"长寿村"等迷信，开始承认大都市虽弊端重重，不过医疗水平和物资供给等综合实力提供给当地居民更优质生活条件，讲得极端一些，"您的邮政编码比您的遗传密码更能预测您的预期寿命"②。尽管文化创意产业在城乡都得到提倡，其在城市的发展效果显然超过乡村，因其高度依赖城市以及产业和人才的集聚效益③，创意工作者生活所在地对其创意发挥影响至关

---

① 张文晖：《粤港澳大湾区能赶美超日成为全球第一吗？四大湾区有何不同？》，载《中国产经》2018（06），第48-51页。

② Adam Forma: "Creative New York 2015", 2015-6, Center for an UrbanFuture (https://nycfuture.org/research/creative-new-york-2015)。

③ 城市始终是文化创意产业发展的核心场所。即使是乡村小镇近年来的蓬勃发展，也需要依靠其周边一定规模城市的辐射效应。

重要。文化创意产业与城市发展不仅并行不悖，若措施得宜还可相互支撑互有裨益。宾夕法尼亚大学的研究报告[①]证明文化艺术对城市的健康、安全和幸福感都有影响。拥有较多文化资源的社区里，中低收入居民比文化资源较少社区类似收入水平的居民更健康，受教育程度更高，整体更安全[②]。课题组观察了4700个非营利性文化项目和17000多个营利性文化企业，认为它们构建起了一个宽广、多样性和富有活力的社区文化生态系统。

虽然不像其他国家、地区和城市政府一样明确界定"文化创意产业"，纽约市政府（文化事务部）及民间也采用"创意产业"（Creative sectors）的提法。在得到广泛认可的材料中，研究者将纽约市创意产业分为10类：广告、电影和电视、广播、出版、建筑、设计、音乐、视觉艺术、表演艺术和独立艺术家[③]。十几年来，纽约创意产业发展速度超过传统金融、保险、房地产和法律服务等产业，文化创意产业就业人数于2017年超过40万，比2005年增长率超过20%。创意产业就业数据在2005—2015年间变化相当明显：电影与电视业飙升53%，建筑（33%），表演艺术（26%），广告（24%），视觉艺术（24%）和应用设计（17%）都超过了该市总体就业增长率（12%）。创意企业和创意产业相关非营利组织数量则从2005年的11955家增长了18%，在2015年达到14145家。纽约创意产业就业人数占比远远高于纽约市全部就业人数占比，优势颇为明显。其中，全美国28%的时装设计师，

---

① Mark J. Stern, Susan C. Seifert:《Social Wellbeing of New York City's Neighborhoods: The contribution of culture and the arts)》, 2017-3, Penn Libraries (https://repository.upenn.edu/siap_culture_nyc/1/).

② 报告证实，文化资源的存在，会使这些街区虐待儿童和忽视儿童案件减少14%，肥胖减少5%，在英语和数学考试的最高层中，孩子的得分增加了18%，严重犯罪率下降18%。

③ New York Community Trust, Robert Sterling Clark Foundation, Laurie M. Tisch Illumination Fund, Rockefeller Brothers Fund 和 Edelman 资助研究：《创意纽约》（2015）报告，2015。

14%的制片人和导演，12%的印刷和媒体编辑以及12%的艺术总监都在纽约。纽约已经超过洛杉矶成为全美国最大音乐产业集聚地[1]。此外，纽约1/4创意人就职于"幕后"行业，包括出版、电视电影制作、策展等。这些人直接或间接创造了纽约市一半文化产值。纽约市在2016年财政预算投到文化部门1.65亿美元，最后直接或间接创造超过1000个就业岗位，赚取8500万美元利润，产值1.85亿美元[2][3]。

不过，城市缺乏创意的高度重复性，不断被推高的生活成本，持续被压缩的非营利物理空间都与文化创意产业现有的发展形态相抵触。在纽约，创意产业被认为是布鲁克林区复兴的关键，但同时矛盾丛生。布鲁克林、曼哈顿和皇后区进入本世纪以来的艺术发展又被视为"过于成功"。新画廊和工作室带来连锁店和豪华公寓，不仅大幅提高该区域生活成本，也可能彻底改变这一地区的文化特色。这一进程往往不仅不可逆，还会因为集聚效应发生加速[4]。一旦创意人才和机构离开城市中心进驻郊区，很难再形成鲜明的新文化特色。纽约著名跨界艺术家大卫·拜恩（David Byrne）[5]曾在2013年接受一次采访，后被广泛传播，被认为代表了多数人心声："在纽约，没有新的创意空间，中产阶级几乎不能再在这里（纽约）居住，就忘了新兴艺术家、音乐家、演员、舞者、

---

[1] 美国劳工统计部EMSI数据库，其中创意产业就业人数包含了独立艺术家等过去意义上的自由职业者。

[2] Adam Forma: "Creative New York 2015", 2015-6, Center for an UrbanFuture (https://nycfuture.org/research/creative-new-york-2015)。

[3] NYC Department of Cultural Affairs: 《Fiscal Year 2016 Adopted Budget》, 2019-02-04, NYCDCLA (http://www.nyc.gov/html/dcla/downloads/pdf/FY2016%20DCLA%20Adopted%20Budget%20Summary.pdf)。

[4] Adam Forma: "Creative New York 2015", 2015-6, Center for an UrbanFuture (https://nycfuture.org/research/creative-new-york-2015)。

[5] 大卫·拜恩出生于1952年，是苏格兰裔美国歌手、词曲作者、音乐家、唱片制作人、艺术家、作家、演员和电影制作人，得过奥斯卡奖（电影《末代皇帝》最佳作曲）、格莱美奖和金球奖。

作家、记者和小商人吧。"① 能否留住创意人才是城市和城市群宜居的重要标志。

针对留住创意人才，创造宜居环境方面，纽约一直在作出各种尝试。和此前国内学界熟悉的"美国没有文化部"观念不同，纽约市政府在1975年正式成立文化事务部（DCLA）协调市域五区公共文化与艺术发展②。

2017年7月，纽约市建立22人市民咨询委员会③，并通过各种渠道征求了18.8万纽约市民意见以后，颁布了十年期"创造纽约"（CreateNYC）规划④，旨在将纽约市构建成为一个更包容、平等、灵活的文化生态系统。

这是纽约市历史上第一个文化发展规划。这一规划宗旨是将艺术和文化项目推广到纽约行政区域内所有社区，改变过去只关注曼哈顿的发展现实，使纽约文化机构能更好服务于城市多民族多文化人口，并持续发生积极作用。2018年，纽约市将该市迄今为止最大一笔财政资源4030万美元分配划拨给纽约文化事务部下属文化发展基金，其中645万美元用于创造纽约2018倡议，大约400万美元用于文化事务部所谓的"小型组织的更大增长"，145万美元用于在被认定为服务不足的社

---

① Eric R Ranton：《DavidByrne: The Rich Are Destroying New York Culture》，2013-10-7, RollingStone (https://www.rollingstone.com/music/music-news/david-byrne-the-rich-are-destroying-new-york-culture-101798/).

② The City Of New York. New York Works: Creating Good Jobs[DB/OL]. https://newyorkworks.cityofnewyork.us.2019-2-02.

③ 该委员会为制定"创造纽约"规划而设立，在规划颁布前已成立并运营超过一年。成员包括博物馆大道（Museum Mile）资深员工，尖端表演艺术中心成员，社区组织领导人，个人艺术家的资助者和慈善家，他们的宗旨是提高艺术和文化的支持、创作、展示和可到达性。

④ Create NYC 是由2015年5月由市议会多数党领袖 Jimmy Van Bramer 和理事会成员 Steve Levin 赞助并由市长 Bill de Blasio 签署的2015年第46号地方法的结果。

区工作的 260 个团体①。而全市总的年度文化预算已被增至 1.88 亿美元，与之形成对比，在美国联邦政府层面的国家艺术基金会等全部联邦拨款也仅有 1.5 亿美元。值得注意的是，该计划的承诺是将艺术和文化活动带到昂贵的商业走廊（如百老汇剧院区和第五大道博物馆大道）之外，甚至到达边远的服务欠缺地区。

这份规划分为当前计划（12 个月以内）、短期计划（2 年内）、中期计划（4 年内）、长期计划（10 年）。规划内容涵盖 8 个领域，包括公平和包容；社会和经济影响；负担能力；社区发展；艺术、文化和科学教育；公共空间的艺术与文化；全市协调；文化部门的健康。具体而言：

"公平和包容"指纽约市将提供机会增加文化组织资金的公平性，为历史上投入不足的社区提供资源。基本思路是加大对低收入和低资源文化机构集团（CIG）成员的支持，支持就业政策，通过专业发展和来自代表性不足群体的文化工作者的就业增长来促进多样性、公平、可达性和包容性。打破社会经济和语言边界，促进沟通。通过科学的项目扶持，为市民提供负担得起的艺术和文化。

"社会和经济影响"指艺术和文化在公平经济和健康、繁荣的社区中的基本作用，基于前述"艺术的社会影响"报告展开。主要方式是促进学生就业，鼓励来自不同社区的文化工作者的专业发展，并支持文化工作者和艺术家的工资。

"负担能力"旨在保护受到威胁的文化空间，并创造新的空间，以确保跨学科的艺术家和文化组织能够负担得起的现场，工作和展示空间。

纽约市发起了一个负担得起的艺术家房地产倡议（AREA），合作开发新的经济型工作空间模型，并增加新旧现有空间（如图书馆，广

---

① Andy Battaglia: "*New York City Grants $40.3 M. to Arts Organizations in Largest-Ever Allotment for Cultural Development Fund*", 2017-12-21, Art News (http://www.artnews.com/2017/12/21/new-york-city-grants-40-3-m-arts-organizations-largest-ever-allotment-cultural-development-fund/)。

场，公园和学校）的工作，表演和展览空间。通过有针对性的外展活动，艺术家和文化工作者将能够更好地获得现有的和新开发的，可实际获得的，经济适用房。房地产准备培训和资源共享将支持文化组织的长期可持续性。

"社区发展"旨在以文化促进社区蓬勃发展。通过协助社区扩展和重新规划，鼓励私人慈善资金注入，增加对低收入、服务欠缺地区的艺术和文化扶持，从而帮助社区实现文化繁荣。通过将艺术和文化优先事项纳入社区规划和重新分区工作，纽约市将进一步保护和加强其文化基础设施。通过绘制文化参与数据，为公平的资源分配提供信息，可以将资源用于五个行政区内更多社区的艺术，文化和科学计划。地方艺术委员会将在更高层次提供资源，以支持更多样化的社区，文化组织和个人艺术家。营销活动和与当地社区利益相关者的互动将提高对邻里艺术和文化的认识。

"艺术、文化和科学教育"目的是提高公立学校孩子的艺术、文化和科学教育质量和机会，提供更实惠的课后计划和实践考察计划，并探索吸引学生家庭参与的机会。老年人参与艺术教学，并参与创意老龄化计划。扩大城市资源的使用范围。

"公共空间的艺术与文化"要增加艺术家在公共场所和公共机构工作的机会，支持公共艺术家驻留项目（PAIR），鼓励在街道、广场、公园和社区花园中进行各种节目，并为广场经理和社区成员提供技术支持。

"全市协调"目的是打通城市各个部门，将文化部门的需求纳入社区和经济发展规划流程。

"文化部门的健康"指艺术生态中，文化从业人员应该能获得成功完成工作所需的资源。纽约市计划采取的措施包括：增加文化从业人员就业机会；在财务上帮助从业人员开展财务管理、与商业部门衔接、并且通过各种渠道增加资助以及精简文化发展基金拨款申请程序。鼓励公私文化机构的合作，帮助社区扩大文化活动范围，为艺术创作提供更安全和开放的环境。

纽约市提出的 8 条解决方案也并不能一劳永逸解决问题，甚至在公布之初就遭到反对者的猛烈抨击。在宏观总体规划之外，纽约官方和民间推出或加强了诸多旨在服务于艺术家等创意人才在纽约定居的具体机构和策略。在 1982 年就开始实施的全市预算总额中必须有 1% 用在公共艺术的法案之外，纽约市还配合规划自 2015 年起启动了"驻地公共艺术家"（PAIR）项目，由纽约市和私人基金会赞助，每年甄选少量艺术家提供至少一年在纽约艺术机构的住宿和创作补助。而同时启动的另一个更重要的"负担得起的艺术家地产"（AREA）计划，在 2015—2025 年期间，将为艺术家提供 1500 套住房和 500 套工作室，纽约市为此将拨付总计 3000 万美元的融资预算。我们反复译介欧美国家文化管理"一臂之距"等各种经验的同时，我们自身根据中国国情多年来形成的文化管理经验也有其所长。新状况不断出现，唯有立足实际、集思广益，才能在城市化大潮中助力城市文化繁荣发展，营造良好文化生态环境，反推城市经济、社会、环境等各方面健康发展。

二、创业湾区："百万富翁生吞旧金山"？

粤港澳大湾区的《规划纲要》不仅在总体目标中提出了"宜业"，内文还提到 25 次"创业"，关键词包括创业生态、创业基金、创业空间、创业平台等。处于旧金山湾区的硅谷曾经在全球率先掀起的创业风潮已经被过度讨论，反映相关创业题材的《硅谷》等美剧和好莱坞电影也产生了巨大的国际影响。而在中国国内，深圳、北京中关村等地近年来已经生成了更适合中国国情的创业经验，部分园区还将业务拓展到了海外，服务于中国在海外的留学生回国创业。根据《哈佛商业评论》的报告，对全球 2005—2017 年间，60 个国家，300 多个全球都市区超过 10 万个风险投资交易进行分析，创业企业已经发生了四种转化：大扩张（Great Expansion，风险投资量大幅增加）、全球化（Globalization，美国以外全球创业企业和风险投资的增长）、城市化（Urbanization，创业企业和风险投资在城市中的集中程度）、赢家通吃（Winner-Take-All Pattern，领先的城市越来越将其他城市远远抛在身后）①。

随着优步（Uber）、来福车（Lyft）、Slack、邮伴（Postmates）、缤趣（Pinterest）和爱彼迎（Airbnb）等旧金山湾区企业近期提出或表达公开交易申请，他们曾经的估值将转化为巨量的真金白银。在现阶段，优步估值1200亿美元，爱彼迎接近310亿美元，来福车150亿美元，缤趣120亿美元。这又一次让全球的目光关注到旧金山湾区，只是视角从当初的创业转向了曾经的初创企业进入成长和转型，以及这一切对湾区带来的影响，用媒体耸人听闻的标题来形容，就是"百万富翁生吞旧金山"②。

自2011年起，旧金山时任市长推出了一项针对科技创业企业的减税计划，为每年薪酬支出在25万美元以上的企业免除6年的1.5%薪酬税，由于员工股票期权和分红也包含在内，吸引了大量硅谷科技创业企业将总部设立到邻近的旧金山市。当时受益的企业包括推特（Twitter）、优步、Slack、缤趣、爱彼迎、Square、Zendesk、多宝箱（Dropbox）、Yelp等，而其他著名的互联网科技企业，如谷歌（Google）、领英（LinkedIn）、雅虎（Yahoo）、思科（Cisco）等也因此于2011年先后在旧金山开设了规模可观的办公室。在2012年推特、Square和Zendesk也顺利上市，并继续从该税收减免计划中受益。从那时起，旧金山的房价就不断被推高，由于需求旺盛，旧金山还在2017年计划将

---

① HATHAWAY R F I: "*How the Geography of Startups and Innovation Is Changing*", 2018-11-27, Harvard Business Review (https://hbr.org/2018/11/how-the-geography-of-startups-and-innovation-is-changing).

② BOWLES N: "*When Uber and Airbnb Go Public, San Francisco Will Drown in Millionaires.*" 2019-3-7. The New York Times (https://www.nytimes.com/2019/03/07/style/uber-ipo-san-francisco-rich.html).

市场上的住房产品数量提升到 1.6 倍①。据估计在新一批科技与互联网企业上市以后，将会产生至少上万名百万富翁，推涨旧金山房价，甚至能高到五百万美元一套单卧室公寓，现如今百万美元上下的价格将不复存在，适应年轻人和年轻夫妇居住的高级公寓更是可能会涨价和畅销。这一推论不无道理，如今的旧金山房地产市场中，适合单身和小家庭居住的住宅中，一半以上都是被软件行业员工购买的。

公司上市未必代表着财富的一定增加，尤其是在 1995—2001 年全球已经经历过一次互联网泡沫，当时的投机热潮及其持续数年的直接或间接影响也可能会影响人们对互联网企业这一轮资本繁荣的反应，虽然该有的财富、狂热、挥霍、投机、谨慎也会如 20 年前一样存在，甚至可能更强烈②，并深深影响接下来一段时间内的旧金山湾区。不仅造就百万富翁，还带动周边的若干产业发展，除了个人消费的房地产、奢侈品、消费产品等，还有与公司运营相关的节庆产业、会议产业等文化产业相关部门。按照行规，这些互联网企业启动 IPO 的庆典本身预算就能轻松超过 1000 万美元③，因为这一代企业主在"个性化"方面需求强过过去的企业家，这与他们普遍年轻有关。

这一批科技与互联网创业上市企业的高级管理人员多数属于美国的"千禧一代"，即国内常说的"80后""90后"，指上世纪 80 年代初到 90 年代中期出生的一代人。与过去年代的中产阶级甚至更富裕阶层安家在郊区的习惯不同，"千禧一代"青年是伴随着互联网的发展而

---

① ROY A.: "San Francisco's mayor oversaw tax break that helped spark new tech boom in the city", 2017-12, CNBC (https://www.cnbc.com/2017/12/12/san-francisco-ed-lee-oversaw-tax-break-advocated-for-tech.html)。

② BOWLES N: "When Uber and Airbnb Go Public, San Francisco Will Drown in Millionaires", 2019-3-7, The New York Times (https://www.nytimes.com/2019/03/07/style/uber-ipo-san-francisco-rich.html)。

③ BOWLES N: "When Uber and Airbnb Go Public, San Francisco Will Drown in Millionaires", 2019-3-7, The New York Times (https://www.nytimes.com/2019/03/07/style/uber-ipo-san-francisco-rich.html)。

成长起来的。相对于前辈们对"人"的需求，他们更相信自己以及技术和网络。世界对于他们而言，就是鼠标轻点的距离。他们不知道或者不太记得没有电脑、手机、互联网的世界将会是什么样子，不能想象没有GPS只有纸质地图的情景。他们听前辈们说"从前书信很慢，车马很远"的时候，只会在脑海中幻想一个浪漫的童话故事。不难看出这一代高消费能力富人高度依赖城市所能提供的生活便利条件。在汽车和便利丰富的外卖选择之间，他们可能会选择后者；在带花园的郊区豪宅与城市夜店之间，他们也可能选择后者。他们生活在网络上，通过若干网络平台分享自己的生活点滴，甚至直播自己的生活，网络世界对于他们就像真实世界一样。作为数字时代的原住民，他们需要在现实、网络平台和移动端实现无缝对接，网络检索和网络社交是他们获取信息的主要渠道。加之高端科技产业收入普遍较高，所以消费意愿和能力都较强。他们虽然都声称张扬自我，但由于价值观和审美观的接近，在生活和实际消费上也会产生羊群效应。因此，网络购物虽然十分常见，但是升级后的商业综合体还是能够令他们走出家门，参与实体经济的消费和娱乐。

旧金山湾区的例证很好地反映了以互联网和科技为主要创业内容的地区，在成功孵化出若干上市公司以后将会产生的影响，这种影响是传统城市按部就班发展所不能及的，与资本运作方式及年轻人消费习惯等诸多议题相关。富豪的增多将在体验上加剧甚至夸大社会本身的贫富分化现实，带来更强烈的社会反弹，这些也是需要执政者做好预案的。

三、好玩的东京湾：湾区的宜游探索

旅游业是日本经济发展的支柱产业之一。世界经济论坛《2017年旅游业竞争力报告》显示，在旅游产业规模最大的6个国家和地区中，日本排名第四，旅游业对GDP的贡献在2.6%左右。日本国家旅游局数据显示，2017年，日本接待的外国游客数量为2869万人次，比上年增长19.3%，入境游客消费总额超过4万亿日元。安倍政府计划在2020

年东京奥运会前每年吸引4000万外国游客，以刺激经济增长[1]。

东京湾区包括东京、埼玉县、千叶县、神奈川县等，近年来均在旅游和文创方面探索颇多，如今国内媒体对东京湾区仍主要关注航运和产业发展及产业转型，反而忽略其在"宜游"方面的卓越探索了。

英国文化教育协会自2014年起，支持了一项公益活动"可玩城市（Playable City）"。活动认为如今世界各地的政府和科技公司都在为城市投资智能系统，利用网络和传感器加入服务和收集数据，以提高效率。可玩城市则希望科技能与艺术结合，让这个城市更宜居，开放和人性化，让人们以新的方式与城市互动。这个项目在巴西启动，2015年到达东京。因为东京将在2020年迎来夏季奥运会和残奥会，在筹备、建设和比赛期间，成千上万的人将会到访东京，由七名日本籍和四名英国参与者组成的创意团队以"欢乐、欢迎"为主题，合作开发一些有趣的想法，将游客和当地人的日常生活相互联系起来。这项活动是小众实验性的，也并不是日本方面自己主导的项目，但传递的思路非常明确：宜居、开放、人性化的城市也就是可玩的城市，宜游的城市。

东京地区本身就有非常强的科研和文创研发能力，其建筑、工艺设计和制造是将传统美学与国际市场结合的典范，高科技在文创产业的运用也是走在国际前沿。日本举国推动的文创振兴主要针对内容产业，内容产业的发达显然辐射了其他相关产业的发展，比如动漫就从漫画、电视、电影、电玩、玩具等可以直接通过衍生品获得大量收益的产业链，进一步扩展到其他衍生品产业、旅游业、节庆产业等多种文化产业部门。使日本，包括东京湾地区变成一个好玩的旅游目的地。

东京湾区与我们的文化基础有相似之处，都是现代产业与传统文化积淀交相辉映。以宗教旅游为例，东京湾区并不是神社、寺庙等最发达

---

[1] 潘寅茹：《外国游客数量近6年首降！日本旅游业拉响警报》，2018-10-17，第一财经（https://www.yicai.com/news/100041099.html）。

的地区，仍然以多种形式发展出了发达的宗教旅游方式，尤其是神道教的神社。东京神田神社的神田祭是日本三大宗教节庆活动之一，每年都有，单奇数年隔年的五月中旬的规模更大，为期六天，有盛大的巡游和市集，吸引众多游客，是传统节庆产业的典范。日本发达的动漫产业孕育了一种与旅游互生的方式：圣地巡礼。在次文化中，ACGN[①]爱好者们去作品中呈现场景的原址探访，逐渐变成一种旅游推广方式。2013年，在以东京都为背景的动画《LoveLive!》中，多次出现神田神社相关场景。播出后不少观众深入神田神社之内，开展了圣地巡礼的发掘与考证。到2015年，神田神社和有关企业合作，推出了神田神社与该动画的合作商品。东京湾区的埼玉县也是如此。当地因此举办面向动漫迷们的大型午餐会和鹫宫神社正式参拜会。神社的参拜人数从之前的每年元旦9万人左右，到2010年已经达到45万人，给小镇带来了22亿日元的经济收益。近年来最有名的圣地巡礼出于2018年初上映的《你的名字》，在影片制作之初就有意植入了东京的多处街景和景点，加之社交媒体的进一步发达，达到了更好的"圣地巡礼"衍生效果。

除了宗教场所和次文化圣地，东京湾区还有经典旅游景点迪士尼乐园和迪士尼海洋，针对动漫产业的次元文化旅游线路，神奈川的文创集散地（横滨红砖仓库），其他主题酒店（如千叶县保田小学随着日本社会老龄化后被废弃，如今变成校园主题酒店）等。

东京在英国著名生活杂志《Monocle》评选的全球最宜居的25座城市排名里，2015—2017年都是第一名，2018年居于第二位。2015年东京得到的评语是：虽然城市庞大节奏快速，但城市气氛平缓宁静舒适。东京对于当地人或外来游客，都能给予高生活素质，而且非常环保，胜过其他国家，一顿丰盛的午餐在东京需花费约人民币70元。2016年的

---

① 指ACGN为英文Animation（动画）、Comic（漫画）、Game（游戏）、Novel（轻小说等网络文学）的合并缩写，是从ACG扩展而来的新词汇，主要流行于华语文化圈。

评语是：东京排名第一，不仅仅是因为如此丰富多彩的夜生活，更重要的原因是东京的交通和治安，这些保证了不夜城的运作，电车、地铁、巴士便捷又准点，东京国际机场更是24小时开放，保证了高素质的生活。2017年的评语是：第三次名列榜首的东京，拥有非常高的城市生活水平，它是一座被艺术包围的城市。东京的强大魅力来自于密集的建筑、丰富的美食、迷人的街景以及守时的新干线，正是因此，你才能够在本该是无比拥堵的城市中轻松穿行。而2018年的评语则是：东京把城市生活变成了艺术，丰富的美食、守时的地铁、低犯罪率，小小的社区，24小时在线的繁荣城市生活，但随着类似奥运会这样大型国际活动的到来，大量游客将涌入东京，需要对东京的社区精神和设施进行守护。

四、国际湾区经验对粤港澳大湾区的启示

从文化创意产业的角度，我们可以观察到熟悉的国际三大湾区在宜居、宜业、宜游方面的经验，对此存在一个主要问题：宜居、宜业与宜游是否可以兼顾，如何兼顾？

从表面上看，三者相对矛盾：游客暴增可能会破坏东京湾区原有小型社区的形态，旧金山湾区那样大量青年创业成功，迅速推高城市生活成本，也会导致艺术创意人才像在纽约湾区那样逃离城市。不过，三者并非不可在粤港澳大湾区并存。

首先，粤港澳大湾区"以创新为主要支撑的经济体系和发展模式"对主要的产业选择进行了界定。以这一代年轻人为创意和创业主体的居住模式，高度依赖城市，不是传统意义上以离群索居为特征的传统艺术家和郊区中产家庭生活轨迹。城市宜居标准和体验与传统已经发生不同。从如今媒体频繁讨论的从"逃离北上广"到"回到北上广"的转变也在一定程度上证明了这一种现象。

其次，随着城市发展，生活成本提高是不可避免的现象，而一个健康的城市和城市群需要有让各种经济能力的人在城市安居的能力。粤港

澳大湾区如何因时因势而变,及时推出纾解贫富分化带来消费矛盾的保障性政策,让为城市和各种产业提供基础服务的人群也能在城市稳定居住。

再次,当代文化创意产业的特殊属性,使得城市经济发达与成为游客心目中理想旅游目的地之间并无矛盾,反而可以相互促进。不过,从传统行业标准来看,旅游目的地与宜居城市之间差别很大。粤港澳大湾区需要通过划分功能区、设计专门线路等主动的方式来规避旅游业发展与城市居民正常休闲娱乐、工业生产等各部门正常运转之间的矛盾。

最后,粤港澳大湾区所包含的11个城市和特别行政区,是改革开放以来珠三角地区与港澳地区的强强联合。珠三角地区的深厚粤文化积淀,粤港澳地区的文化表现形式多样性的文化融合经验,澳门联合国创意城市网络美食之都的经验,都为未来大湾区的文化繁荣、旅游发展、创业兴旺奠定了优质基础。文化创意产业发展不同于其他产业,不会一成不变。粤港澳大湾区如何化优势为强劲动力,吸取前述几大湾区的经验和教训,是未来发展中需要长期思考和解决的问题。

第三节　发达经济体的"乡村振兴"经验与中国

我国的乡村振兴是一场事关国家长远发展并影响全球的伟大革命。中国的乡村振兴与七千万贫困人口脱贫的伟大事业相互关联,成为全球历史上前无古人的伟大壮举。其历史意义和现实意义十分重大,其影响十分深远。我国的改革开放是从农村开始的。改革开放初期"振兴乡村经济"就成为中国城市化、市场化和工业发展进程中的重要议题[①]。在走向现代化、工业化的进程中,在城市化为主体的经济高速发展之后,

---

① 根据对学术论文数据库的检索,在我国经济相对发达的江浙地区,在上世纪80年代中期就专门针对"振兴乡村/山区经济"产生了一些学术性的经验总结和讨论。

如何解决我国乡村发展中遇到的一系列问题,就成为时代提出的重大课题。乡村振兴不仅为中国所重视,而且在以农业为主导产业、农村人口占比高、农民生活水平和知识水平普遍较低的发展中国家[①]也得到高度重视。甚至在欧盟、北美、日韩等经济较发达的国家,都将乡村发展作为一个十分重要的问题来解决,并获得了一些成功的经验以及教训。借鉴发达国家乡村振兴的经验,进行适应中国特色——特别是适应我国广大民族地区的改造和创新,是一条我国乡村走向未来幸福和繁荣的必由之路。

十九大以来,习近平从国家长治久安和中华民族伟大复兴的历史角度,全面布局,提出了乡村振兴的伟大战略,将之作为新时代中国特色社会主义思想的重要组成部分。这一战略具有全方位的顶层设计,具有面对中国现实的本土性特征和综合解决城乡差距的深刻诉求。2017年党的十九大对实施乡村振兴战略作出重大部署,2018年2月中共中央国务院发布《关于实施乡村振兴战略的意见》,为我国的乡村振兴战略明确了方向和路径。乡村振兴不再以经济发展为唯一指标,而是更加关注乡村特别是民族地区发展中的思想道德、优秀传统文化、公共文化和群众性精神文明四大内容的建设。文化的复兴是乡村振兴的先导战略。

一、文化在乡村振兴事业中的独有价值

现代化的发展方式注定了城乡之间无法完全同步,尤其是在财力有限时,决策层总需要在不同时期有所侧重。在改革开放之初,中国百废待兴,用40年时间赶超发达国家经过漫长积累才达到的经济发展水平,必然无法在同一时间兼顾方方面面,于是从1987年到2003年的17年间,中央将主要的关注点都放在城市发展上,表现在政策领域,是这17年

[①] 陈野,王平:《历史站位与全局关切:习近平关于乡村振兴战略的重要论述》,载《浙江学刊》2018年6月,第22-32页。

间都没有专门出台过与"三农"问题有关的"中央一号文件"。中国不是孤例。邻国日本在战后重建初期，致力于城市重建，资本集中在东京、大阪等大都市，农村人口大量外流，在1955—1971年的16年间，农业劳动力下降了一半，农村甚至面临瓦解危机。日本才在20世纪70年代发起造村运动，试图振兴乡村[1]。

在现代化进程中，随着经济差距的加大，世界各地的城市与乡村之间逐渐成为发展状态对立的两极。城市代表文明、发达和全球化，乡村则成为传统、封闭和地方化的象征。文化创意产业从十几年前起就成为全球经济发展的"新引擎"，但从我们熟悉的几个核心概念，如"创意阶层""创意城市"，以及"创意"主要发力的设计、传媒、艺术等行业，都明显将文化创意产业指向基于城市物理空间的发展方向。而处于另一极的乡村物理空间却愈加成为"非创意之地'沉默的大多数'"[2]。城乡之间经济基础的不同是造成这一现象的主要原因，而文化创意产业发展初期，又事实上进一步拉大了城乡之间的差距。

改善生活条件、增加就业并丰富文化生活，是国际上对发展乡村的普遍共识[3]。"文化"成为乡村发展中的应有之义，但其实却从未成为社会发展最重要的面向。上世纪80年代开始的逐步影响全部人文社会学科的文化转向学术运动，涉及过去来自社会科学边缘领域的各种新的理论流派，成为"这一代"以来影响最大的学术潮流[4]。但人们还是习

---

[1] 陈磊，曲文俏：《解读日本的造村运动》，载《当代亚太》2006年6月，第29-35页。

[2] M Rantisi N, Leslie D, Christopherson S. "*Placing the creative economy: scale, politics, and the material*" *Environment & Planning A*, 2006, 38(10), p1789-1797.

[3] ALLABY C P A M. rural development., *A Dictionary of Environment and Conservation*. Oxford University Press. 2017.

[4] Mark D. Jacobs, "Cultural sociology at the crossroads of the discipline", Poetics, 2005, 33(1), p1-14.

惯性地将文化放在可有可无的位置，将经济发展 GDP 与科技进步视为乡村发展的第一要素。因此在改革开放的这一阶段，不仅我国没有系统发布过关于农村文化发展的政策，而且国际乡村发展经验也大多基于人居环境维护与改善，极少专门关注文化。

不过，在观察国外经验时，我们需要看到国内外不同的发展模式。国内经常提到的欧盟或加拿大等发达国家，农业人口都极少，农村地区面积占比又极大，工业化程度高，与我国相比很早就出现了"逆城市化"的潮流。虽然一半多人都住在农村地区，但并不参与农业和相关产业的生产活动。同时，由欧盟文化战略、欧盟文化政策和成员国文化政策三者综合建构的欧盟文化政策，与多数发达国家和地区一样，从未针对乡村文化进行专门界分。还处在脱欧过程中的英国，在国内也一直存在批评国家不重视乡村文化建设的声音，认为虽然英国85%的人口都在伦敦以外生活，但伦敦平均每人获得的全国公共文化经费（68.99 英镑）是伦敦以外的居民（4.58 英镑）的 15 倍[①]。而且尽管从未出台过乡村艺术政策，英国乡村地区居民参与艺术的比例近年来都高于城市人[②]。欧盟中经济较不发达的中东欧国家更重视乡村文化发展问题，他们实施了一些乡村传统文化保护与传承发展的项目[③]。

我们从国外一些比较成功也较有特色的乡村振兴经验中可以看到，尽管国家政策层面并没有特别关注，但在具体实践中，文化起到了相当重要的作用。日本曾经发起造村运动，采取的措施中最主要的一条是"一

[①] Peter Stark, Christopher Gordon David Powell. Rebalancing Our Cultural Capital: a Contribution to the Debate on National Policy for the Arts and Culture in England. [J/OL] 2013, Jan. 1 2019]. http://www.artsprofessional.co.uk/sites/artsprofessional.co.uk/files/rebalancing_our_cultural_capital.pdf.

[②] Scott K, Rowe F, Pollock V, "*Creating the good life? A wellbeing perspective on cultural value in rural development*", Journal of Rural Studies, 2018, 59, p173-182.

[③] Gorlach K , Klekotko M, Nowak P, "*Culture and Rural Development: Voices from Poland*", Eastern European Countryside, 2014, 20.

村一品",在政府的引导和扶持下,以行政区域和地方特色产品为基础,振兴"1.5次产业"①。这些特色产品并不限于农特产品,还包括特色旅游项目、文化产业项目、文化设施、地方庆典活动等。比如三岛町②在1981年就提出"生活工艺运动",积极学习当地传统文化,并将之使用在现代生活中。他们还在农闲时节自己制作大量传统技艺的生活器物,举办展销和评比活动。1983年他们成立了乡村的"生活工艺研究所",后来还建立了生活工艺馆,发行简报,在东京等地举办展览③。今天在中国享有盛名的"熊本熊"④,可以算是这一模式在创意产业时代的新版"一村一品"。熊本熊被任命为熊本县的营业部长和幸福部长,其工作内容之一,就是宣传熊本县的红色农产品特产和黑色文化遗产。熊本熊的出现,代表着文化可以带给传统农业生产一种互联网时代的新模式,给地方赋予鲜明的特色印记,并生成更丰富传播方式——现代互联网,给予地方旅游和特色产品一种过去难以想象的影响力。

瑞士则走出了一条生态+休闲的特色乡村发展路径。瑞士现代乡村发展具有一些天然优势:一是自然环境优美;二是远离战乱,从18世纪起瑞士的乡村就积淀了一些在消费市场上代表品质、精致和高超技艺的特色产业,如钟表制造,为瑞士乡村形象的塑造起到了关键作用。在历史优势的基础上,瑞士政府着力改造农村环境,完善交通、燃气、医疗、教育等农村公共服务体系,在生活质量上缩小城乡差距,将乡村建成为

---

① 即以农、林、牧、渔产品及加工品位原料进行的工业生产活动,提高附加值。

② 日本的"町"为行政等级,类似中国的"乡镇"。

③ 陈磊,曲文俏:《解读日本的造村运动》,载《当代亚太》2006年6月,第29-35页。

④ 熊本熊(日语:くまモン,英语:Kumamon,官方中文名:酷MA萌)是日本熊本县营业部长兼幸福部长、熊本县地方吉祥物。熊本熊是中国的粉丝们给くまモン起的别名和昵称,并不是正式的名称。

优质的休闲旅游目的地[1]。近年来他们又通过互联网传播和高质量的创意营销等方式,继续扩大乡村影响力。如瑞士格劳宾登州齐林村(Tschlin)近年采用的创意营销手段就堪称样板,全村仅有166人,相当安静,当地旅游局聘请创意机构先后策划了三个宣传活动,都引起了强烈反响。三个措施简单、务实:给村里打电话、在社交网站点赞、在苏黎世街头广告牌直播。仅"在社交网站点赞"一个活动,当地付出1万瑞士法郎的成本,获得了6000万人的关注,达到了几百万瑞士法郎才能达到的宣传效果[2][3]。

二、文化资源保护开发的中国策略与联合国路径

从文化角度看,文化对乡村生活的多种影响显而易见。文化可以承担社会引擎的作用,这已经为多个成功的案例所证明,成功的景点营造和节庆活动可以成为地区发展的引擎。然而文化资源能否产生文化价值,是在当地政府文化政策的引导下实现的。"文化政策是当地各种经济政策的重要组成部分,能够帮助削弱从工业化到后工业经济转化过程中的负面效应"[4]。文化政策的实施能产生社会与经济效应,如提高就业率、提升当地知名度和包容度,帮助这一地区对外更宽容,更友好,更有吸引力。前英国文化部长就曾指出:"综合性的文化活动并不仅仅是公众

---

[1] 沈费伟,刘祖云:《发达国家乡村治理的典型模式与经验借鉴》,载《农业经济问题》2016,第93-102页。

[2] 该创意机构名称为 Jung von Matt/Limmat,参见该机构官网 https://www.jvm.ch/de/。

[3] 杨琳:《为了吸引游客,瑞士这个小山村的166个村民当了6天话务员》,2016-7-13,好奇心日报(http://www.qdaily.com/articles/30315.html)。乡村旅游怎么搞:《脑洞清奇的瑞士乡村营销模式,让你死心塌地的想去旅个游!》,2017-8-10,搜狐网(http://www.sohu.com/a/163790532_753478)。

[4] T. B A H. The Festival Phenomenon. Festivals, Events and the Promotion of Small Urban Areas [M]//BELL D A J M. Small Cities: Urban Experience beyond the Metropolis. Oxon; Routledge. 2006.(79)

的愉悦腹地,是重要的事情:工作和纳税完成之后的放松。它更意味着人的充分发展。"①

那么,我们要问,文化究竟是什么?尽管文化有几百种不同的解释,被称为"英语中两到三个最复杂的词汇之一"②,但我们也必须明确我们对文化的所指是什么。联合国教科文组织认为,"文化就是我们是谁,它塑造我们的身份,没有文化就没有可持续的发展"。文化经济学家索罗斯比将可以产生价值的"文化"定义为:有创意,并且能够产生和传播符号意义③。但政策制定时对文化外延选择的差异,能够产生巨大的政策内容的不同。政策侧重面不同,必将产生迥异的效果。

在常用的文化外延中,与社会发展有关的主要有两类:作为遗产的文化和作为现代性的文化,其中现代性带有价值观的含义,并且可以细分为作为发展机制的文化,作为产业的文化,作为权利的文化等④。这两类文化的界分在现代化发展进程中形成对峙,后一种通常被直接默认替换为"西方的"文化,以西方发展的模式固化出一套现代化发展策略。然而将符号和商品这类炫目的标记抛开,探究这种现代性的文化,这种西方模式也可以说与西方文化传统密切相关,比如现代资本主义⑤就在新教的传统中诞生。这些概念在乡村层面又可以进一步被细分为:教育基础设施、就业结构、民族语与方言、一定社区内的同质性与异质性、价值观与社区基础设施的制度化、社会结构和流动性、民俗及其社会维

---

① Jowell, T. "Government and the value of culture", *Leisure Manager*, 2004.
② Williams R. Keywords. "*a Vocabulary of Culture and Society*", *New York*: Oxford University, 1976, p76.
③ Throsby D. "Economics and Culture", *Cambridge Books*, 2001.
④ Gorlach K, Klekotko M, Nowak P. "Culture and Rural Development: Voices from Poland", *Eastern European Countryside*, 2014, 20.
⑤ Weber M. "The Protestant ethic and the spirit of capitalism", *New York*: Oxford University Press, 2011.

度、文化变革与创新维度①。因此，尽管看上去每一方面差别都很大，深究起来都有内在的逻辑相关性。文化遗产和传统，即便不直接作为开发对象，对当下语境中的乡村发展也有直接或间接的关联。因而在下文中，笔者主要从乡村文化资源保护开发的角度提供国际和本土视角，评价中国民族地区以文化振兴乡村的可能性与优劣势。

近年来全社会对文化创意产业投入了越来越多的关注，尤其是创意与城市，给中国城镇居民提供了关于文化引导城市或街区复兴的全面普及。以文化引导复兴（culture-led regeneration）是将多种社会现象与文化的重要性融合的尝试，这种文化的重要性全面体现于社区发展政策与城市复兴理念中②。而在中央《关于实施乡村振兴战略的意见》对"乡村振兴"设立的目标中，除了农业本身综合生产能力提升，农业供给体系质量提高，农村基础设施建设深入推进等基础性建设外，还有可以通过文化参与实现的诸多目标。这些目标主要是：第一，通过文化旅游等文化产业方式帮助农民以多种方式富裕起来；第二，通过文化的提升来提高农民的生活水平，减小城乡居民生活水平的差距；第三，通过生态文化让农村变成环境宜居、人才聚集，富于吸引力的地方。前文已经提到，中央自2006年起就开始鼓励农民自办文化产业，并且在此次《意见》中明确提出乡村振兴的措施之一就是发展特色文化产业。

特色文化产业是基于民族和区域文化传统文化遗产资源，从民间自发产生发展，产品与服务在风格、品相、品种和工艺等方面都具有鲜明民族和区域特点，拥有一定产业规模、市场占有率和影响力的文化产业

---

① Gorlach K, Klekotko M, Nowak P. "Culture and Rural Development: Voices from Poland". Eastern European Countryside, 2014, 20, p5-26.

② VICKERY J. The Emergence of Culture-led Regeneration: a Policy Concept and its Discontents. [J/OL] 2007, Dec. 31 2018]. http://www2.warwick.ac.uk/fac/arts/theatre_s/cp/research/publications/centrepubs/ccps.paper9.pdf.

形态①。

　　民族地区一直十分关注物质的和非物质的文化遗产的理念和实践。文化遗产理念是由联合国教科文组织创立的。联合国教科文组织是联合国在国际教育、科学和文化领域成员最多的专门机构。自成立以来，一直通过教育、科学和文化促进各国合作。为了保护和弘扬传统文化，教科文组织创立了文化遗产的理念，主张世界各国通过保护遗产和支持文化多样性来实现跨文化理解。尤其是当前，"联合国教科文组织的信息尤其重要。我们必须制订全面的政策处理社会、环境和经济层面的可持续发展问题。这种新的关于可持续发展的想法再次肯定了组织成立时确立的基本原则，并提升了组织角色的重要性：在一个由相互联系的社会组成的全球化世界上，如果我们要共同生活，同时承认我们的不同和多样性，跨文化对话则非常重要。"②在教科文组织现阶段的8大主题中，"遗产保护与创造力培养"就是其中一项重要内容。文化促进可持续发展、世界遗产、非物质文化遗产、文化多样性和文化创意产业都是这一主题下的重要议题。

　　为了保证文化在发展战略与发展过程中的合理地位，联合国教科文组织采用了一套三管齐下的措施：在世界范围内率先倡导文化与发展；协同国际社会制定明确的政策与法律框架；同时脚踏实地的支持政府与当地利益相关方保护遗产、促进创意产业的发展，鼓励多元文化。他们通过8个著名的文化公约，构建了最大的国际合作平台和共同标准，创建了一套完整的文化治理体系。"这些国际条约力图保护和维护世界文化与自然遗产，其中包括久远的考古遗址、非物质遗产、水下遗产、博物馆藏品、口头传统，以及其他形式的遗产，此外，条约旨在支持创造、

---

① 齐勇锋，吴莉：《特色文化产业发展研究》载《中国特色社会主义研究》2013年5月。

② 联合国教科文组织简介：https://zh.unesco.org/about-us/introducing-unesco。

创新，以及催生充满活力的文化产业"①。

联合国教科文组织推动文化多样性的工作及相关的文化公约，是实现2030可持续发展议程的关键。尽管在其原有的框架下，非物质文化遗产保护与文化表现形式多样性一直"各司其职"——非遗保护明确反对"商品化"，于2015年又专门推出了《保护非物质文化遗产伦理原则》，共12条，旨在防止对非物质文化遗产的不尊重和滥用，涉及道德、立法和商业利用。其第十条提出，"社区、群体和个人在确定对其非物质文化遗产构成威胁，包括对非物质文化遗产的去语境化、商品化及歪曲，并决定怎样防止和减缓这样的威胁时应发挥重要作用。"②然而在非遗实践过程中，非遗"产品"与"商品"在非学术视野中界限相当模糊，公众、媒体、企业，包括部分传承人群体自身，也并没有意识到或者没有渠道去了解某一个非遗项目的核心保护内容。所以尽管近年来学者们声嘶力竭地振臂高呼非遗项目"不能产业化"，反对非遗"滥用"，却难以被社会和市场所理解，甚至很多人将这种理念误解为是要人为中断生产技艺的正常历史发展进程，将生产过程维持在低效率阶段，甚至是要使用"故事营销"的手段维持商品的高溢价。加之市场乱象频生，更加深了这种误解。

在我看来，非遗保护与部分非遗衍生品进入市场在本质上并不冲突，要警惕的是滥用而不是全盘否定，而滥用问题并不专门针对非遗，各行

---

① 这8种公约包括：《保护和促进文化表达形式多样性公约》（2005）、《保护非物质文化遗产公约》（2003）、《国际文化多样性宣言》（2001，教科文官网译为"公约"）、《保护水下文化遗产公约》（2001）、《保护世界文化和自然遗产公约》（1972）、《世界版权与邻接权公约》（1952，1971）、《关于采取措施禁止并防止文化财产非法进出口和所有权非法转让公约》（1970）、《关于武装冲突情况下保护文化财产的海牙公约》（1954）。参见联合国教科文组织官方网站相关页面，网址是：https://zh.unesco.org/themes/protecting-our-heritage-and-fostering-creativity。

② 联合国教科文组织：《保护非物质文化遗产伦理原则》，张玲译，载《民族文学研究》2016，34（3），第5-6页。

各业都需要警惕。这里需要明确的是,非物质遗产本身的保护与借助非遗元素进行创意再造,其成果已经是文化创意产品。比如故宫1.5万余种的衍生品已不是故宫非遗本身,而是创新创意的成果。中国非遗保护的广泛传播,也将促进当地的旅游业的发展。联合国教科文组织因此也通过社会机构积极推动这方面的工作。

《保护与促进文化表现性形式多样性公约》(简称2005公约)提出了相应的促进文化表现形式的措施①。其内容主要包含两点:一,推动发达国家建立适当的机构和法律框架,实施普惠政策,帮助发展中国家的文化产品和服务贸易,同时帮助发展中国家建立自己的文化产业政策体系;二,帮助发展中国家基于历史、语言和地理位置相关的独特文化影响力,培育以视听产品、出版和视觉艺术为主的文化创意产业②。

三、我国民族地区乡村振兴具有的本土、区域与全球语境

那么,什么是中国特色的乡村振兴呢?什么是民族地区乡村振兴的特色和必然要求呢?

我认为,首先,我国乡村振兴战略是一种全方位的顶层设计,即将乡村以产业振兴为基础,首先解决生存问题和经济基础问题,在脱贫奔小康的基础上,全面解决广大乡村精神文明的提升,和对美好生活的新追求带来的新需求。

---

① 公约第七条:1.缔约方应努力在其境内创造环境,鼓励个人和社会群体:a)创作、生产、传播、销售和获取他们自己的文化表现形式,同时对妇女及不同社会群体,包括少数民族和原住民的特殊情况和需求给予应有的重视;b)获取本国境内及世界其他国家的各种不同的文化表现形式。2.缔约方还应努力承认艺术家、参与创作活动的其他人员、文化界以及支持他们工作的有关组织的重要贡献,以及他们在培育文化表现形式多样性方面的核心作用。

② 意娜:《论"文化多样性"理念的中国阐释》,载《同济大学学报(社会科学版)》2018,29(3),第37-44页。

回顾改革开放以来的40年，中央对"三农"问题一直高度重视，其中或明或暗地提到农村文化发展的思路。将这四十年的政策集中进行简要梳理，大致可以分为三个阶段[①]：

第一阶段为1978—1995年，中央提出并强调了农村社会主义精神文明建设，主要着力于用社会主义价值观占领农村阵地；

第二阶段为1996—2005年，仍然强调农村社会主义精神文明建设，并且将着力点置于具体的农村文化建设实践，包括从外部推动包括文化在内的"三下乡"等，从内部充分发挥农民主体性作用，以农村生产力为基础，农村环境条件为依托，促使农村传统文化向现代文化转型。在这一阶段，第一次比较系统地针对农村文化建设推出了专门文件[②]；

第三阶段为2006年至今，统筹城乡一体化发展被提上日程，农村文化政策转向共享改革成果和新农村建设，尤其是以《关于实施乡村振兴战略的意见》的发布为总结，承上启下地开启了中国农村文化发展的新阶段。

在改革开放40年来中央颁布的20个"一号文件"中，可以看到中央选择关注的农村文化的侧重点[③]：（1）乡风文明，即用社会主义价值观占领农村阵地，从2015年起还提出培育新乡贤文化[④]。（2）农村公共文化服务，包括硬件设施建设和"四有"，即有标准、有网络、有内容、有人才，目的是实现城乡文化统筹发展。（3）农村文化建设投

[①] 王盛开，孙华雨：《改革开放以来中国共产党农村文化政策的历史考察》，载《新视野》2012（04），第35-39页。

[②] 1998年11月，文化部出台《关于进一步加强农村文化建设的意见》，随后文化部、教育部、建设部、共青团中央、全国妇联等单位联合或单独发布了多个与农村文化建设相关的各种专门文件；2005年11月，中共中央办公厅、国务院办公厅发布了《关于进一步加强农村文化建设的意见》。

[③] 刘彦武：《乡村文化振兴的顶层设计：政策演变及展望——基于"中央一号文件"的研究》，载《科学社会主义》2018，No.183（03），第125-130页。

[④] 乡贤指传统上乡村社会建设、风习教化、乡里公共事务中贡献力量的乡绅，而"新乡贤"指官员、知识分子和工商界人士退职后返乡发挥作用。

入问题。包括鼓励"以乡情乡愁为纽带和凝聚各方人士支持家乡建设，传承乡村文明"（2015年），以及规定各级财政新增事业经费和固定资产投资增量的70%要用于农村。（4）农村优秀传统文化传承。具体内容包括古村落、古民宅、农耕文化遗产、好家风好家训、悠久的风俗习惯、传统戏剧曲艺等乡村记忆。（5）文化产业。在2006年就鼓励农民兴办文化产业，而且在2016年指出了重点门类为"休闲度假、旅游观光、养生养老、创意农业、农耕体验、乡村手工艺等"。

2018年出台的《关于实施乡村振兴战略的意见》进一步明确了我国实现乡村文明和文化建设的四大目标：提高思想道德，弘扬优秀传统文化，发展公共文化，推进群众性精神文明。这四大方面直接影响到农村经济和社会转型，也将大大助力乡村特色文化产业的发展。未来在通过文化实现/助力乡村振兴方面，中央势必还将出台一系列针对文化法律、文化金融等具体内容的文件，来全面实现乡村振兴的宏伟目标。

中国式的乡村振兴是一个多种方式交错综合运用的结果。这包括美丽乡村建设，乡村文化旅游发展，特色小镇建设，民宿新设计及运营，乡村文化大集，传统文化如仁义礼智信教化的复兴等多种方式的交错融汇。在实施方法上，采用了县乡干部下村、结对帮扶、委派第一书记、招募大学生村官、社会热心人士捐款、高校组织大学生支教团队、文化医疗三下乡、建设希望小学、发挥乡贤作用等等。因此我国的乡村振兴远远超出联合国所推动的一般倡导，而具有综合实践、创新融汇的中国特色。特别是各级党组织，统观全局，精心规划，精准施策，成为乡村振兴的坚强保证。

我国乡村振兴的难点和突破点在民族地区。民族地区多数集中在西部，其特殊性之一，在于除了城乡差别以外，还有中国东西部的经济发展不平衡差异和民族间发展水平差异，在国家加大力度提出精准扶贫政策以后，许多地方摘掉了贫困的帽子，但至今仍有不少地区尚未脱贫，这些地区的广阔地域仍以乡村为主，并且大都集中在西部民族地区。

尽管我国民族地区相对贫困、落后，但我国民族地区拥有极为丰富美丽的自然山水奇景和生态环境，拥有极具特色的民族民间音乐舞蹈戏剧等民俗文化艺术，拥有独特的各民族自身的历史脉络和文化遗存，这些宝贵的财富已经形成具有符号意义的全球文化品牌和辨识度：比如云南丽江、大理，西藏的拉萨、林芝，新疆的天山和喀什。有学者曾将民族地区特色产业的具体内容分为14类：节庆、茶、酒、花、香料、珠宝玉石、陶瓷、木雕艺术、金属制品工艺、染织刺绣布艺、彩扎工艺、文物艺术品拍卖、大型实景旅游演艺和民族民间工艺等[1]，其丰富多样令世人惊叹。从某种意义上讲，我国民族地区乡村就是"藏品"无数的大地博物馆和山川美术馆。在乡村的田野、山川、社区活动空间和民族餐饮饭店甚至食品摊，都可以变成展现、分享和体验当地民众的生命活动、宗教信仰、传统习俗、价值追求、日常审美活动的场所。这些场所通过商店招牌、各种民族符号运用，传统图案织造、各种民间工艺品的空间设置体现出来[2][3]。

　　然而我们在历数民族地区的优秀资源时，也不讳言其在经济基础和生产力发展方面的相对落后与人才不足，西部地区自然条件的严酷和文创发展和市场运行的滞后。而其最大短板是高科技的落后。高科技是乡村振兴特别是民族地区发展的重要基础。一方面，新技术手段的出现已经被投入到乡村精准扶贫的事业中。如阿里巴巴集团下的淘宝网站，建立了农村淘宝团队，通过为贫困县打造网红农产品的方式，在2018年为国家级贫困县助销630亿人民币，其打造的10个电商脱贫样板县中，

---

[1] 范建华：《中国特色文化与特色文化产业论纲》，载《学术探索》2017，12，第114-124页。

[2] Scott K, Rowe F, Pollock V. "Creating the good life? A wellbeing perspective on cultural value in rural development". Journal of Rural Studies, 2018, 59, p173-182.

[3] Throsby D. "Economics and Culture", Cambridge Books, 2001.

助力 2 个省级贫困县"摘帽"[①]。另一方面，更新的 5G 的到来在精神文化交流等方面也将发挥不可或缺的作用。我国截至 2020 年 6 月的网民总数达到 9.6 亿，其中 98% 使用智能手机。一个十分经典的文化案例是，许多民众都开始把山歌对歌地点转移到网络聊天群中，不管同在一村还是天各一方，都可以通过语音聊天来对歌。比如贵州山区年近 70 的一位苗族大妈，带领一大群男女村民，熟练使用手机进行互联网"远程对歌"，与远在各个村寨的歌友微信群对歌，现场十分热烈欢快。海南儋州的聊天群里也有六七对男女各自对唱，一天下来微信群里能有上万条信息，其情境也颇为生动有趣。

结论

对于中国乡村振兴特别是民族地区乡村振兴的决策者们来说，文化并非乡村发展的点缀。它是经济发展的助推器，是科技创新的催化炉，是民族团结的黏合剂，更是乡村振兴的新引擎。文化推动乡村不断开展创意创新创业的实践，实施全方位的顶层设计，以开阔的视野融汇中外理论与经验，成为实施新时代乡村振兴伟大事业的精神引领。文化不仅可以使乡村在外观上更美丽更有视觉吸引力，而且文化可以起到比装饰外观更重大的作用和功能。它将引领国家、引领时代、引领我国全体农民顺利跨进小康社会，并向更高质量更远目标的未来迈进。

[①] 已经公告摘帽的为新疆吉木乃县和福建长汀县，其被打造的"网红"农产品为吉木乃面粉和长汀百香果。根据新华社报道，2018 年，全国 600 多个贫困村通过电商脱贫成为了淘宝村，国家级贫困县在阿里平台的销售额超过 630 亿元，其中，超过 100 个贫困县网络销售额超过 1 亿元。此外，蚂蚁森林在沙漠植树 76 万亩，创造了 18 万人次的绿色就业岗位。参见"技术脱贫，阿里助力贫困县一年电商销售额超 630 亿元"，新华社，2019 年 1 月 11 日。

第四节　国际旅游岛发展比较评估

按照2010年1月4日国务院发布的《国务院关于推进海南国际旅游岛建设发展的若干意见》，海南的"国际旅游岛"发展目标指的是成为"世界一流海岛休闲度假旅游胜地"。众所周知，海岛旅游是指在海岛①及周围水域中开展的观光、休闲、娱乐、游览和度假等活动。根据《意见》，建设国际旅游岛，要"充分发挥海南的区位和资源优势，按照国际通行的旅游服务标准，推进旅游要素转型升级，进一步完善旅游基础设施和服务设施，开发特色旅游产品，规范旅游市场秩序，全面提升海南旅游管理和服务水平"。

作为中国众多的旅游目的地之一，海南省的游客接待人数和旅游总收入并不是国内最醒目的。仅以2019年的统计数据为例，云南省共接待海内外游客8.07亿人次，完成旅游业总收入12291.69亿元。而成都仅仅一个省会城市，2019年实现旅游总收入4663.5亿元人民币，较2015年同期增长12.9%。接待游客总数2.6亿人次，较2015年同期增长约36.12%。

相较而言，2019年海南接待游客只有8314万人次，同比增长9%；旅游总收入1050亿元，同比增长11%。海南岛景点主要集中在海口、三亚等地。海南省作为一个岛屿，过去受制于交通和基础设施的限制，跟上述省区相比，的确基础比较薄弱。海南与我国其他一些旅游资源比较丰富的海岛开发的旅游项目一样，被专业人士评价为："粗放型开发、盲目性较大、开发层次不高、经济效益低下。"②也正是因为如此，海

---

① 《联合国海洋法公约》规定：海岛是指海岛是指四面环水并在高潮时高于水面的自然形成的陆地区域。海岛是海陆兼备的重要海上国土，是海洋生态系统的重要组成部分，是特殊的海洋资源和环境的复合体。按照海岛是否作为常住户口居住地，将其分为有居民海岛和无居民海岛。

② 黄沛、丰爱平、吴桑云：《浅析国际著名海岛旅游开发与管理对我国海岛的借鉴作用》，载《海洋开发与管理》，2011年第5期。

南唯有抓住特色异军突起,才有可能成为后来居上,真正成为旅游强省。

国际旅游岛的定位正是给了海南这样一个清晰的身份。海南是我国唯一的热带岛屿省份,毫无疑问,作为国内一枝独秀的海岛旅游目的地,海南在国内没有同样体量可以参考、比较的对象,因此海南的视野一定是需要国际化的。环顾国际上已经成为全球热门旅游目的地的海岛旅游目的地,本节将从功能层次、经营形式和政策环境等方面将海南置于比国内旅游环境更大的横向序列来陈列,以评估海南的地位和发展空间,并提出相应的政策建议。

一、功能层次比较评估

据统计,中国游客在选择出境游的时候,四分之一的游客会选择海岛游。其中马尔代夫、巴厘岛、普吉岛等成熟线路持续热销,毛里求斯、留尼汪等小众海岛目的地关注度日益提升。"70后""80后"是海岛游市场的主力军,"80后"尤其青睐免签或落地签的热门海岛。我国游客出境海岛游费用从 3000 多元到两三万元不等,人均消费最高的前十大海岛目的地依次是:夏威夷、大溪地、圣托里尼、大堡礁、塞舌尔、斐济、冰岛、马尔代夫、毛里求斯、塞班岛[①]。

在 70% 的面积都是海洋的这个星球,已经开发成为旅游目的地的海岛和滨海地区城市难以尽数,仅就海岛而言,发展较为突出的岛屿旅游目的地大部分集中于热带和亚热带的海洋区域,尤其是像澳大利亚、新西兰和日本这样的国家,本身就是岛国和旅游目的地。而澳大利亚本土和其南部的袋鼠岛、塔斯马尼亚等岛屿的功能层次又各不相同,不能相提并论。可见,由于景观资源条件、地理地貌、人文风情和文化历史条件的不同,各个海岛的旅游发展路径、形式和功能会有很大的差别,

---

① 郑彬:《途牛旅游网发布报告称消费者对海岛游热情持续走高》,载《经济日报》2015 年 10 月 26 日。

大致可以分为高端旅游和中端旅游两个层次。不同的层次适合开发的主题侧重点并不会相同，总的来说，主要有这样一些主题：自然安静休闲度假型开发、历史文化游览型开发、独特景观游览型开发、健康休闲度假型开发、时尚旅游度假型开发、运动休闲度假型开发等[①]。

（一）海岛旅游的高中端层次

海岛旅游由于交通、物流等成本限制，以及资源承载的有限性，并不适合开发为低端旅游目的地。根据国内某互联网旅游平台的客户统计，在游客中，"70后""80后"是海岛游主要人群，占比接近55%，他们出国旅行主要目的是休闲度假，不想走马观花赶行程和购物，情侣蜜月游和亲子游是热门海岛出游主题[②]。这一统计结果虽然没有包括像在海南很重要的旅游地产置业、长期疗养、养老等形式，但也在一定程度上显示出：以我国消费者为主要群体的游客旅游消费方式，正在从传统的观光游向度假游转型，而公认的最典型休闲度假方式之一的中高端海岛旅游正在，并且会具有更大的发展空间。

（二）高端海岛旅游

高端的海岛旅游主要适合于远离大陆的海岛，或者大型岛屿上远离城市和人流密集区的偏远区域，主要营造自然安静，世外桃源一般的氛围。环境主要保持完全的自然状态，依靠高品质的景观资源、便利的生活设施和高端的住宿、餐饮、服务条件。高端海岛往往并不会呈现熙熙攘攘的大量人流或者过度开发的人工痕迹，消费价格也会高于中端海岛旅游。在世界各地，发达国家和地区管理和开发的很多岛屿，比如地中

---

① 曲凌雁：《世界滨海海岛地区开发经验借鉴》，载《世界地理研究》，2005年第14卷第3期。这篇论文采用了更为严谨的叙述，即"滨海海岛"，既包括了独立的小岛，也包括滨海城市和地区。对于像海南岛这样大型的岛屿，使用"滨海海岛"的确更为全面，但本文为了使案例选取更为集中，与整个课题联系更为清晰，将论述对象限制为"海岛"。

② 郑彬：《途牛旅游网发布报告称消费者对海岛游热情持续走高》，载《经济日报》2015年10月26日。

海、爱琴海海域的部分岛屿，欧洲、大洋洲、美洲的许多岛屿都属于此列。此外，在亚洲和非洲的部分新开发岛屿，由于直接与有经验的高端海岛旅游开发者对接，也逐渐培育为自然安静的高端休闲度假目的地，比如坦桑尼亚的桑给巴尔岛、斯里兰卡的西部海滩等[①]。

（三）中端海岛旅游

中端旅游的海岛相当一部分是开发得很早，名气很大，游客蜂拥而至的传统海岛。除了成熟的环境，这些海岛大多已经形成了非常鲜明的特色。比如北美洲居民多年来作为冬季避寒度假、养老疗养的传统目的地夏威夷，也将蜜月旅游度假作为其重点开发的旅游产业类别，配备了极其完备和选择多样的婚庆、纪念日、浪漫度假设施和服务，因此每年有数万对来自世界各地的新婚夫妇和情侣前往度假。而希腊桑托林岛则因为其标志性的蓝白童话世界而闻名于世。在其清澈透亮的蔚蓝海洋畔300多米高的峭壁上，密密麻麻修建了众多的白色墙壁和蓝色屋顶的房屋，吸引了全世界的游客。与之相似的，意大利五渔村、法国尼斯、摩纳哥海岸线、澳大利亚大洋路等，都已经形成了全球闻名的特色，成为中端旅游目的地中得以脱颖而出的关键。

启示：有着3.54万平方公里面积的琼州海南，虽然已经有了同时容纳高端海岛旅游和中端海岛旅游的能力，但特色尚不鲜明，大量的中端旅游设置拉低了高端旅游者的期待，高端旅游设施和服务不够到位；而中端虽然已经借助大陆的人口红利吸纳了大量游客，但作为"国际旅游岛"的海南尚未形成足以名誉全球的岛屿特色，这些都需要在明确发展定位基础上予以有意识地大力挖掘与培育。

（四）海岛旅游的多种主题理念

如上文提到的，总的来说，海岛旅游主要有这样一些开发主题：自

---

① 曲凌雁：《世界滨海海岛地区开发经验借鉴》，载《世界地理研究》，2005年第14卷第3期。

然安静休闲度假型开发、历史文化游览型开发、独特景观游览型开发、健康休闲度假型开发、时尚旅游度假型开发、运动休闲度假型开发等。这些主题主要来自三种开发理念：生态型、养生型、特色型。

（五）生态型主题理念

这一类的海岛主要以良好的自然生态闻名。根据美国城市土地利用学会（ULI）的说法，在海岛的度假方式已经从"3S"转向了"3N"，也就是从"温暖阳光（Sun）、蔚蓝大海（Sea）和舒适沙滩（Sand）"转向了"自然（Nature）、怀旧（Nostolgia）和（融入）天堂（Nirvana）"[①]。

澳大利亚的塔斯马尼亚就是这样的一个岛屿。塔斯马尼亚岛也是塔斯马尼亚州所在地，它是澳大利亚联邦唯一的岛州，在维多利亚州以南240公里处，中间隔着巴斯海峡，主要包括主岛塔斯马尼亚岛以及布鲁尼岛、金岛、弗林德斯岛、麦夸里岛和许多沿海小岛，号称"天然之州"，亦被誉为"苹果之岛"，亦有"假日之州""澳大利亚版的新西兰"之称，以秀丽风光和朴素人文为特色，主要景色是大山、连绵的丘陵、山谷、高原、火山和陡峭的海岸，岛上约40%被正式列为国家公园、自然保护区或世界自然遗产。

中美洲的哥斯达黎加则是另一个例子，《侏罗纪公园》虽然在夏威夷拍摄，但是假借了哥斯达黎加的名义。哥斯达黎加在西班牙语中意为"富庶的海洋"。旅游收入是哥外汇收入主要来源之一。自20世纪90年代以来，旅游业已成为哥最有活力的产业。旅游胜地有伊拉苏、波阿斯火山和西班牙殖民文化遗址等。当地人说哥斯达黎加的来历：上帝花了七天的时间创世，但是完成以后总觉得缺了点什么，于是日思夜想不得其解。直到有一天上帝才恍然大悟，他扯下天堂的一角扔到地球上，于是形成了哥斯达黎加，像天堂一样的地方。

[①] 美国城市土地利用学会：《度假区开发设计手册》，吴骥良、岳昌年、张怡译，知识产权出版社，2004。

（六）养生型主题理念

海岛之所以成为中高端的旅游目的地，很大程度上是因为它温暖的阳光、沙滩、海洋和新鲜的空气，是人们健康疗养，逃离都市生活和繁重压力的首选之地。美国的夏威夷、汉普顿、迈阿密都是北美都市人养老、养生的处所；东南亚多国的海岛现在多用"健康岛"的名义吸引游客，除了传统的休闲健身和娱乐，还推出了各种具有当地特色的按摩、美容、修心等服务。

（七）文化特色型主题理念

海岛旅游也需要挖掘特色才能在众多同样优质的旅游目的地中脱颖而出。多年来已经形成品牌的众多海岛旅游目的地，比如夏威夷、巴厘岛、马尔代夫、希腊群岛等，都是依据当地的自然景观，将自然地理、人文景观、民风民俗和大型活动有机融为一体，形成了自己的国际品牌。

以马尔代夫为例。马尔代夫有大小海岛1192个，其中有居民的199个，开发30多年来，从刚开始的接待游客能力不足1000人，发展到2003年87个已开发海岛度假胜地，年接待游客563593人次的"马尔代夫模式"。它采用了一种特色开发模式，比如整体出让海岛，差异化发展等。每一座岛屿都有自己的特征，响应有不同的开发时间、开发规模和开发方式。马尔代夫的开发模式简单来说就是"四个一"：一座海岛和周边海域只允许一家开发公司租赁；一座海岛只建设一个酒店或者度假村；一座海岛突出一种建筑或者文化风格；一座海岛配备一整套高端的娱乐和服务设施。

二、经营形式比较评估

（一）连锁经营形式

海岛建设相对于陆地来说，都会面临交通、淡水、物流和建设成本、物资供应的限制，而能够提供统一视觉标识、统一管理方式、统一高质量服务标准、较低运营成本的连锁经营模式在海岛旅游目的地旅游经营过程中会产生更明显的事半功倍效果。

比如在上世纪50年代于法国成立的著名连锁度假品牌"地中海俱乐部",现在是世界上最大的旅游组织之一,每年的客户可达160万人。它主要采取了"全包"的方式,往返路程、住宿、用餐、运动、娱乐等都一价全包,在进行市场细分时更多地考虑到消费者的生活方式及其业余时间利用的变化趋势,使顾客可以以相对低的价格得到质量不错的服务,不仅形成了与竞争对手的不同之处,而且压低成本保证收益率,使旅游经营从旅游景点走向旅游综合服务整体。由于俱乐部的知名度和美誉度高,游客将会员资格视为地位与身份的象征。这就是高端旅游的运营方式,也带动了其他同类公司的发展[1]。

(二)区域协作形式

单一的海岛城市和小型海岛不管多么有特色,消化游客的能力总是有限的。只有推进旅游区域的一体化、塑造黄金旅游圈、协同创新、互为市场、互为腹地、互送客源,共筑旅游信息平台,共同制定相关的旅游服务标准,才能实现最大的旅游开发效益。在这一方面走在前面的是欧洲国家。他们建立了协同有效的旅游联盟,采取"同城效应",建立区域旅游协作板块,建立相关企业、经典景区的联合营销和市场战略,实现产业对接、交通对接、规则对接,实现政府、私营机构、国际机构、社区与媒体的信息合作通畅,加强区域的协调和监督、联合开展危机管理,确保了区域旅游的协同发展。其中比较突出的案例是法国蓝色海岸城市群,包括法国马赛、尼斯、戛纳和旁边的小国摩纳哥。这个城市群中的各个城市都有自己的特色,再加上戛纳的国际电影节和摩纳哥的蒙特卡洛国际杂技节等品牌性国际盛会,每个城市都形成了巨大成功,而城市群的协同发展使得整个区域的吸引力非常强。另外,比如美国夏威夷的群岛

---

[1] 曲凌雁:《世界滨海海岛地区开发经验借鉴》,载《世界地理研究》,2005年第14卷第3期。

开发、东南亚各国的海岛开发,都以这种方式加强了各国国内、区域内其他国家城市的合作和共享。在这种城市网络之上,才能发展商务、会展等更高端、国际化的平台,增强区域整体对于投资金融的吸纳能力[1]。

三、政策环境比较评估

上述的知名海岛旅游目的地,虽然现在有着比海南岛更大的国际声誉,也是因为起步早,经过了很长的摸索和发展时期。从政策环境的角度,具有下述一些特征。

(一)重视政府引导,制定科学规划

国外国际旅游岛一般也都是政府或政府代表机构出面进行科学规划,并且由政府提供启动资金搞好基础设施,待投资环境初步形成后,再将土地转让给投资者,并规定投资者必须严格按照规划要求进行景区建设。同时,政府再将转让土地的收入投进去滚动发展,从而使旅游岛发展步入良性循环[2]。

以马耳他为例。马耳他最初是仅仅针对英国游客开发的旅游,接待以家庭旅馆为主。随着游客和需求品质的提升,原有的接待方式已经不再对游客具有吸引力。于是1989年起,马耳他邀请了联合国开发计划署和世界旅游组织一道,组织编订了《马耳他诸岛旅游规划方案》,同时,设立了旅游文化部,由总理兼任部长,组建了旅游局,具体实施旅游政策,还配置了全国旅游行业协会、旅馆与公共饮食业委员会,解决旅游发展中行业内部出现的各种问题。这样的规划和提升计划取得了非常快的收效,到1993年,马耳他的旅游业就呈现出升级后的繁荣态势。

---

[1] 曲凌雁:《世界滨海海岛地区开发经验借鉴》,载《世界地理研究》,2005年第14卷第3期。

[2] 张琳:《国外国际旅游岛建设对海南发展的启示》,载《改革与战略》,2011年第2期。

（二）坚持生态理念，加强环境保护

优异的生态是人们选择海滨和海岛旅游的主要原因。而为了有一个持续健康的海岛旅游业，就必须要有生态的旅游理念，而且还要制定严格的生态环境保护条例。在这方面，很多人会提到马尔代夫著名的"三低一高"开发原则，也就是低层建筑、低密度开发、低容量利用和高绿化率等。这一开发原则的核心，是为了保持原有的地貌特征，确保岛上旅游资源和生态系统不会遭到破坏，使游客能够感受到大自然的亲切，体会到休闲的享受[①]。

另一个例子是厄尔巴岛，这是意大利西北部的一个小岛，因为曾经是拿破仑流放地而闻名。这个岛上有关于拿破仑的完好遗迹，也有非常好的生态环境。特别是在厄尔巴岛所在的地中海区域其他岛屿绿化率并不高，而厄尔巴岛本身森林覆盖率高达85%，所以生态是他最大的卖点。这座岛屿从前以铁矿开采冶炼为主，现在因为生态环境的优良，建造了大量高品质的别墅和度假屋，成为欧美富庶阶层的度假目的地。

而上文提到过的马耳他在具体规划方案之外，还制定了一系列环境分析报告，为的是确保农业耕种土地、地下水蓄水层的安全。

（三）挖掘产业特色，以市场为导向

热带或者亚热带海岛虽然四季都很美，但要想吸引人们多次前往，多年前往，一成不变是不行的。市场总在变化，只有紧跟旅游市场的变化需求，适时地开发出适销对路的旅游产品，才能使自己长期处于不衰之境。而民族性、地方性和独创性是保持旅游目的地常具吸引力的来源。这些特色，不仅表现在建筑风格、旅游项目等硬件设施上，而且表现在旅游区管理方式、服务水平和文化氛围等软件上。这些国际旅游岛在规划建设上都强调对当地民俗、文化的保护，在建筑风格上也要尽可能与

[①] 张琳：《国外国际旅游岛建设对海南发展的启示》，载《改革与战略》，2011年第2期。

当地传统相吻合。这些国际旅游岛在建设和发展过程中都使地方民俗和文化得到加强，并使之成为一项特殊的旅游资源①。例如，虽然东南亚海岛都有相似的自然风景，但是巴厘岛吸引游客的，除了海岛本身的舒适之外，巴厘岛本身的宗教特色，人类学文化特征是它最大的吸引力。

另一个例子是希腊。海岛那么多，为什么希腊的海岛总给人难忘的记忆？希腊的圣托里尼岛和米洛斯岛的旅游吸引力不仅在于充裕阳光、优美沙滩、清澈海水，以及作为内海，风平浪静，适合以日光浴为主的度假休闲，更在于岛上的小镇和建筑，白墙蓝窗，虽然是欧洲小岛，虽然希腊经济疲软，游客仍然源源不断地从世界各地前往各个海岛度假。也正是因为文化特色，希腊这样并非身处热带，仍然具有明确四季的海岛，让人不得不承认：希腊的海岛四季都适合旅游。

海南的情况与之类似。虽然地处热带，但有热带季风、海洋和大面积的热带雨林调节，拥有极其丰富、中国独有的热带海岛旅游资源。海水、阳光、沙滩、森林、温泉、热带物产和少数民族风情等，尤其是海洋资源和热带雨林资源，形成了海岛景观、山水风光、温泉休闲、水上运动、热带雨林探险和民族风情等休闲度假旅游产品的基础。

（四）提高服务品质，进行科学管理

享有国际声誉的海岛旅游目的地，总是有不一定奢华，但极高的服务品质，有着科学的管理体系。政府在这个环节也需要起到非常重要的作用，旅游部门需要具有强大的行业综合管理协调和监督能力。例如，马尔代夫国家旅游部权限很大，既可以代表国家对外出租海岛，负责组织审查海岛开发规划和各海岛的建设布局，制订海滨旅游法规以及旅游业的日常监督管理，也可以对那些不达标的度假区进行罚款或者关闭，对现有和新建的度假村的开发和运营实施严格的监控。为了加大旅游业

---

① 张琳："国外国际旅游岛建设对海南发展的启示"，载《改革与战略》，2011年第2期。

的管理力度，马尔代夫还成立了由旅游、渔业和交通等部门组成的国家旅游委员会，及时解决旅游发展中遇到的问题，协同制订相关法律规范[1]。海南省已经具有了一定的基础，比如海南享有我国最优惠的出入境政策。目前已对21个国家或地区持普通护照5人以上的旅游团队实行15天内免签证优惠待遇；来自与我国有外交关系或者官方贸易往来的国家或地区的游客，可在海口、三亚口岸办理"落地签证"。台湾同胞可在海口、三亚申请一次出入境有效的《台湾居民来往大陆通行证》。已成为港澳台、日韩、东南亚、中亚及俄罗斯等地区和国家游客度假休闲旅游目的地的重要选择。博鳌亚洲论坛极大地提升了海南的知名度和国际形象，有利于海南旅游业的国际化和客源的多元化。

但是海南进一步发展旅游的关键也在于政府，一方面是相关的监管和规划，另一方面也要放权给相关的行业协会和组织，增强旅游行业自我调整的能力。

（五）面向国际市场，发展营销能力

国外旅游岛在建设和发展过程中都非常重视旅游地的整体形象宣传，政府在其中起了核心作用。一方面，政府会拨出专项资金，亲自做旅游宣传，包括编印地图和小册子，参加交易会，组织或承办大型国际性娱乐活动等。旅游宣传推广是政府的重要的日常工作。另一方面，通过政府或行业协会，组织各旅游企业做广告宣传，包括机场广告等。此外，由于国际管理公司的介入，许多远在德国、美国和日本的旅游中间商也在努力为这些国际旅游岛和酒店做宣传广告，甚至有些度假酒店设有专门的销售部门，并依靠远在千里之外的集团公司销售中心和代理商的网络系统得到源源不断的客源[2]。

---

[1] 张琳：《国外国际旅游岛建设对海南发展的启示》，载《改革与战略》，2011年第2期。

[2] 张琳：《国外国际旅游岛建设对海南发展的启示》，载《改革与战略》，2011年第2期。

在这一过程中，除了大量投入广告之外，还需要进行精细化的市场细分和调研。仍以马耳他为例，在规划旅游发展的同时，对资源和游客进行了两方面的详细调查。评估了景区内历史遗迹的分类和评估，对各类交通设施、住宿设施进行测量和评价；每年研究游客的来源和需求，制定详细的市场营销方案。根据上述两种调研评估的结果进行有针对性的广告投放、媒体邀请和客户合作。

四、结论

（一）提高层次，进入高端旅游市场

海南虽然已经成为中国最大最具海岛发展特色的旅游目的地，但基本上都以国内游客为主，吸引国际游客的特色还没有显现，长期被专家们称为"旺丁不旺财"[1]。如今，海南已经有意识在打造国际化的会展活动，比如博鳌亚洲论坛等，但区域协同发展模式尚未成熟，论坛对于国际游客的吸引能力尚未充分发挥。

总的来说，海南旅游局限在国内，主要还是因为相关的旅游项目和设施环境大多是中低端产品，休闲模式、游客友好程度等都还达不到国际高端旅游市场的标准。虽然海南资源丰富、景观十分优良，但是大部分区域的旅游开发还是基础资源和同质化产业格局发展。需要挖掘海南能够吸引国际游客的旅游特色，提高品质，逐步推动海南旅游业从中低端到高端的升级转化，形成层次分明、空间合理的市场格局。

（二）连锁经营，集团化发展

实际上，地中海俱乐部等连锁机构已经进入海南岛。但是他们对海南旅游业的渗透还不够，主要集中在三亚等个别城市，海南大部分旅游服务机构仍然处于组织、经营、管理、服务、设计、建设等的传统模式，

---

[1] 赵红：《海南三种形式调控旅游价，解决'旺丁不旺财'》，2003年08月23日，新浪网财经频道（http://news.sina.com.cn/o/2003-08-23/2011621628s.shtml）。

还没有成为满足多元化需求的旅游网络。

首先，海南的旅游发展要与各个城市其他功能协调发展，解决与旅游相关的农业发展问题、农村土地转化问题、农民和城镇人口就业问题等，还有充分利用各种资源，拓展经济发展空间，延伸产业链以提高综合经济效益。尤其是要加强海南各城市资源的互补和组合，最大范围挖掘整个区域的联合，优化组合、一体化开发，推动整个区域整体的形象塑造和旅游开发，塑造整个强势区域而不仅仅是单个城市的旅游品牌。

（三）创造生态旅游环境，走可持续发展之路

旅游是一把双刃剑，其对环境的影响具有双重性。随着大批游客涌入旅游区，既存在相互促进的正面效应，即旅游开发美化了环境；也必然存在因旅游开发而损坏和破坏了周围自然环境的情况。海南省自从树立了旅游主导产业地位后，各级政府对环境日益重视，也出台了许多政策法令。但相比之下，我们的规定、法令还不够完善、严厉，执法力度不够，各地在地方利益、短期利益与环境相冲突时，多选择了眼前利益、局部利益。南渡江取沙导致白沙门的消失，三亚一些旅游开发区不顾生态规律挖掉百年沙坝或在海上大兴土木，万宁、陵水在漂亮的滨海沙滩上大造虾池，砍红树林、采珊瑚礁的事件还时有发生。由于旅游岛生态环境极其脆弱，因此，尤其要强调保护其生态环境和可持续发展。在海南国际旅游岛的建设过程中，要以"生态、绿色"为理念，以生态旅游市场为导向，以旅游资源为基础，以保护生态环境为中心，兼顾海南国际旅游岛的可持续发展潜力。

一方面，要注意海南岛上原有生态环境的保护。在建设过程中要注意因地制宜，不要轻易破坏原有地形、地貌与植被，建筑风格也应与周围环境相协调，尽可能保持岛上的自然风格，创造和谐的海岛生态旅游环境。另一方面，要注意防止过度开发。因此，在海南国际旅游岛的开发过程中首先要把好审批关，要制定海南国际旅游岛环境保护条例，建立海南国际旅游岛的环境质量评价和检测机构，加大环保执法力度，加强海南国际旅游岛的环境保护宣传教育，以实现海岛旅游开发的永久性和可持续性。另外，可借鉴马尔代夫"三低一高"的开发原则，针对海南不同区位特色和环境容量，采取相应的保护措施，限制海岛开发强度，避免资源过度开发，以确保海南国际旅游岛的生态环境不会因过度开发而受到损害，为游客带来舒适放松的享受[1]。

---

[1] 张琳：《国外国际旅游岛建设对海南发展的启示》，载《改革与战略》，2011年第2期。

第四章　国际热点：数字平台产业研究

第一节　数字大平台热思考：文化发展时代

"平台经济"（Platform Economy）是指数字或网络平台促进的经济和社会活动。"平台"最早仅指"交易平台"和"技术平台"，也就是为商品和服务交易提供网络场所，或者提供通用技术框架供他人构建。但在2000年以后，尤其在2008年金融危机以来，以平台商业模式运营的公司在世界整体经济活动中的作用越来越大，"平台经济"变得引人注目，并且明确影响到线下传统业务。广为人知的美国百视达（Blockbuster）破产就是经典一例。百视达曾是全球最大的影视出租企业，全盛时期有9000多家实体店，近年来受到网飞（Netflix）等网络平台冲击，实体店逐一关闭，直到2019年3月底关闭位于澳大利亚珀斯的店面后，整个百视达将仅存一家位于美国俄勒冈州的门店，作为怀旧主题的旅游景点和精酿啤酒馆存在。国内媒体也常讨论线下实体商店被网络平台取代的现象，人们观察到由于网络平台的兴起，甚至改变了如今城市线下商业场所的业态构成。在这些讨论中，网络平台都被拿来与传统行业对立，所以近两年互联网巨头纷纷入股线下零售的行为才会一直成为新闻，这类布局在二元对立之下成为一种打破边界的跨界行为。

不管是交易还是提供技术，平台原本是中立的，在现实生活中更多承担着工具职能。很多情况下与其说传统行业是否要被网络平台取代，不如说传统行业是否能够创建或使用网络平台。2016年的一项调查显示，81%的高管都表示平台商业模式将在未来三年内成为其增长战略的核心[1]。与之相对应的一项统计显示，在 2015 年，全球前五大公司中有三家采用了平台业务模式，而头部创业企业中平台业务更是占了大多数[2]，而仅仅在 15 年前的 2000 年，能够称为平台的企业还屈指可数。

正因为是一种工具，平台自诞生之初就被运用在与数字和互联网有关的各种领域内，文化领域也是其中重要的一部分。其中规模最大的类型是面向公共文化服务的数字图书馆、档案馆、博物馆建设与服务项目，包括全球性的世界数字图书馆项目（World Digital Library），区域性的 Europeana，欧盟许多机构都是 Europeana 平台的枢纽单位；还有美国公共数字图书馆项目（Digital Public Library of America）等。这一类项目是真正属于数字化以后的传统公共文化服务部门，所以继续保持着原有的属性和功能，并没有产生什么变化。即便是私营企业的谷歌（Google）文化艺术计划，也属于这一类。

但平台工具出现，对文化产品原有的创作、生产 / 复制、分销 / 发行和获取 / 消费等文化产业价值链上的全部环节[3]都会产生革命性的影响。文化工业时代四个环节分工明确，辨析和界分相当容易，在此基础上形成的现有文化政策和研究的基本思路都是按照四个环节依序展开的。但近年来越来越多的平台出现悄然改变了这种模式："虽然当下政策还能辨识出传统文化产业价值链的四个环节，但这些价值链节点之间的时间差越来越小，传统模式上一环节完成再进入下一环节的形式不再典型，几个环节都汇集在同一个平台甚至同一主体，同时发生，互相连接，

---

[1] Accenture. "*Trend 3 Platform Economy*: Technology-driven business model innovation from the outside in", 2016, *Technology Vision 2016*, (https://www.accenture.com/fr-fr/_acnmedia/PDF-2/Accenture-Platform-Economy-Technology-Vision-2016-france.pdf. Retrieved March 28, 2019).

[2] David S. Evans; Richard L. Schmalensee. "*Matchmakers*: *The New Economics of Multisided Platforms*." Harvard Business Review Press, 2016.

[3] 联合国贸发会议：《2008 创意经济报告 . 北京》，三辰影库音像出版社，2008，第 63 页。

传统的'管道式'文化产业价值链进入'网状式'状态[1]。平台将创意者、生产者、消费者和消费平台整合在一起，随着用户自创内容（UGC）等新型生产方式的兴起，甚至模糊了彼此的身份界定，也逐渐模糊了部分链接与环节之间的关系，构成了典型的网络状的创意场景。"[2]这种情势下，延续过去对待文化生产与消费的思路就不足以应对当下的现实了。总的来说，平台经济带给传统的生产不同的议题[3]，带给文化事业和文化产业则有三个显著的特征：

第一，平台为文化展示、传承与创新提供了介于公共文化与非公共文化之间的新场所。

公共文化的概念在我国语境中至今仍以空间性为主导，表现在具体实施上，主要围绕着博物馆、图书馆、文化馆、广播电视、社区（农村）文化活动中心等物理场所和设施建设，以及相关的管理运行机制和活动等。随着近年来国家投入力度的不断加大，我国的公共文化服务实现了对村镇和社区的基本覆盖。可以说，国家实施公共文化服务的投入和建设，为社会各种力量参与公共文化服务建设提供了基础设施铺设、观念普及教育等坚实基础。

互联网的应用和普及，在物理空间之外的赛博空间成为新的公共场所，全国超过半数的人口成为网络用户，随之产生大量虚拟空间非生产性文化需求。网络空间相比物理空间，具有变化、迭代快速等特性，所需资本、运营、管理等的力量和方式都与过去不同，无法照搬传统公共文化服务的建设和管理方式，社会参与在网络空间公共文化服务建设中

---

[1] UNESCO. "Re|Shape Cultural Policies", 2017, p74-76.
[2] 意娜：《数字时代大平台的文化政策与伦理关切》，载《清华大学学报（社会科学版）》2019，第 187-192 页。
[3] 基础设施、技能和技能培训、社会保护、监管转型。见 Kenney, M., & Zysman, J. "Choosing a Future in the Platform Economy: The Implications and Consequences of Digital Platforms", Policy File, 2015.

的意义凸显。这一阶段在网络空间掌握较多经验和能力的平台企业就成为辅助提供公共文化服务的重要力量。对此，谷歌公司早在 2004 年就建立了全球数字图书馆计划，后来又在 2011 年上线了艺术计划，推出了文化学院。但欧盟很快就从文化多样性的角度意识到欧盟需要有自己的网络数字文化平台，让欧盟国家的人民充分了解自己的文化瑰宝和文化遗产[1]。于是在 2005 年，法国组织欧洲 19 个国家联合创建了数字图书馆平台欧罗巴那（Europeana），成为最大的区域性数字平台。

国内多数数字平台都是由博物馆机构自主建立的，如故宫博物院、敦煌研究院等。这些平台纳入各自原有的管理体系中，因而推进程序比较顺利。数字博物馆平台的建立，能够受时间、空间、物质条件所限，不能实地到博物馆鉴赏艺术品的普通观众有机会见到中国博物馆里的文博珍品，也能让各个学科的专业观众有机会不被打扰地仔细观看某件藏品。不过由于各自为政，非专业观众缺乏合适的"指南"，缺乏整合检索的工具，而且中小博物馆也缺乏大馆那样的人力物力进行全面数字化。这些都是现有的政策不容易解决的问题。

中国的博物馆还有另一个与很多国家不同的特征，如单霁翔所说："据我所知，欧洲及美国博物馆的文物藏品，绝大多数是来自世界各地，一般主要不是本国本民族的艺术品。而故宫的文物，80% 为清宫旧藏，是中国五千年艺术长河的重要载体和见证。"[2] 与此相应的，是大量中国国宝文物流失海外，据权威部门保守统计，流失文物数量高达 1700 万件，其中近十分之一存于全球 47 个国家的 200 多个博物馆。仅仅依靠各个机构将自有藏品数字化不足以展示中国国宝全貌。如何借助互联网平台企业的力量去实现跨机构的数字检索，是一种有益的思路。比如

---

[1] 汪静：《Europeana 发展现状及启示》，载《数字图书馆论坛》2017（03），第 46-53 页。

[2] 单霁翔：《故宫博物院应成为世界五大博物馆之一》，2012 年 8 月 20 日，中国新闻社，（http://www.chinanews.com/cul/2012/08-20/4119932.shtml）

腾讯在2019年初启动了"国宝全球数字博物馆"项目，愿景是通过与海外顶尖博物馆合作，将馆藏的中国珍品文物数字化，用户使用微信"博物官"小程序和QQ浏览器等线上平台，了解文物介绍和图片信息。由于腾讯的平台特征是面对华人用户为主的，这种尝试也被称为"数字国宝回归"。比如稀有的元代霁蓝釉瓷器总共只有十余件存世，而其中的梅瓶全世界仅有三件。一件为扬州博物馆的镇馆之宝，据称扬州博物馆的国宝馆几乎就是为这件梅瓶而建；第二件存于北京颐和园；第三件存于法国巴黎的吉美亚洲艺术博物馆。作为"国宝全球数字博物馆"的首批藏品，法国这件"元霁蓝釉白龙纹梅瓶"得以与中国观众直接见面，这三件珍品得以以一种全新的方式在中国的网络空间同时亮相。

我国的公共文化服务主要由政府主导，但在政府难以覆盖的空隙，仍有公共文化服务的现实需求，比如上例中与海外博物馆的中国藏品数字化，以及将公私领域的资源整合对接，实现全面检索等功能，未来都需要进一步探索激烈社会力量参与，与多元的数字平台合作的可能性。

第二，基于平台新场所培育全新文化衍生方式。

在传统文化产业价值链中，创意、生产、分销和获取都有所分工，分别交由专业人员完成。平台经济下，这四个环节已难以分辨，普通用户参与到原有价值链的全部环节，其中创意环节在过去是由专业人士垄断的，而其他环节的用户参与则是借助网络社交平台实现。这一变化在2011年腾讯提出的"泛娱乐"理念中得到总结，指的是以IP为核心，"涵盖游戏、文学、动漫、电影、电竞等业务，开放协同、通融共生"。传统的三大平台BAT，每一个都在做类似重构产业链的尝试，如阿里巴巴以流量分发为基础的大文娱架构，百度以影视布局整合的泛娱乐生态等。

这种模式下，对年轻人才的挖掘成为关键。除了鼓励用户中的年轻人积极参与社交平台提供的创意空间，平台有意识地广泛培养年轻人也成为新格局下的一大特点。腾讯在创作和研究方面都注重年轻人的培养，在创作方面，自2012年起，腾讯发起了"NEXT IDEA 腾讯青年创新大赛"，面向全球范围内的青年学生，发掘游戏、文学、影视、动漫等领域的优秀作品，选拔优秀创意作品和优秀人才。而在研究方面，腾讯自2017年起参与了针对40岁以下青年研究人才的U40文化产业培训项目，支持中澳两国的博士和青年教师投入文化产业研究。

而平台带给文化产业价值链最大的变化则是延伸了文化产品的链条，2018年腾讯将"泛娱乐"概念升级为"新文创"，希望"通过更广泛的主体连接，推动文化价值和产业价值的互相赋能，从而实现更高效的数字文化生产与IP构建"。

将新文创的精神充分实践的平台是故宫博物院。作为一个有着1862690件藏品以及庞大建筑群的经典IP库，故宫以2018年全年1730万的游客数成为当之无愧的全球参观人数最多的博物馆。故宫以数字博物馆社区为主要平台，全面开放与各个平台的合作，依靠互联网技术、数字技术让博物馆的文化遗产资源"活"起来，推出人们喜闻乐见的文化产品，这是一种讲好中国故事的方式。比如与腾讯NEXT IDEA项目合作的表情包、与腾讯技术合作实现的玩转故宫等。"从《我在故宫修文物》到《国家宝藏》《上新了·故宫》，从"故宫萌"到"故宫跑"，故宫不但是中国最火的博物馆，还是当今最大的IP王之一。"[①]故宫的尝试，打破了传统文化产品的外延，故宫本身成为经典的网红景点，是年轻人的"打卡圣地"，故宫作为一个新的文化平台，与外界合作产出的各种介质和层次的衍生品也刷新了人们对传统文化的认知，培育出全新的文化衍生方式。

第三，多元文化的平台生存空间。

我国民族地区多数集中在西部，其特殊性之一，在于除了城乡差别

---

① 侯隽：《紫禁城里过大年》，2019年第03期，《中国经济周刊》（http://paper.people.com.cn/zgjjzk/html/2019-02/15/content_1910545.htm）。

以外，还有中国东西部的经济发展不平衡差异和民族间发展水平差异，在国家加大力度提出精准扶贫政策以后，许多地方摘掉了贫困的帽子，但至今仍有不少地区尚未脱贫，这些地区的广阔地域仍以乡村为主，并且大都集中在西部民族地区。我国乡村振兴战略是一种全方位的顶层设计，即将乡村以产业振兴为基础，首先解决生存问题和经济基础问题，在脱贫奔小康的基础上，全面解决广大乡村精神文化方面的提升和对美好生活的新追求带来的新需求。

网络平台在这一过程中起到了意想不到的作用。一方面，新技术手段的出现已经被投入到乡村精准扶贫的事业中。2018年，在一款手机软件"快手"上，有1600万人获得收入，其中340多万人来自国家级贫困县区[①]。在这款软件上的收入并不足以构成这些人中绝大部分人的主要收入，但这是一个提醒，振兴乡村的路径是多元的，在如今数字化、互联网急剧发展的当下，有更多过去几十年不曾出现的乡村振兴方式可能刚刚出现，或者将要出现。另一方面，未来5G在精神文化交流等方面也发挥着不可或缺的作用。截至2020年6月，我国网民总数达到9.6亿，其中98%使用智能手机。一个十分经典的文化案例是，许多民众都开始把山歌对歌地点转移到微信群中，不管同在一村还是天各一方，都可以通过语音聊天来对歌，比如海南儋州的聊天群里甚至有6、7对男女各自对唱，一天下来群里能有上万条消息，其情境极为生动欢乐。

总之，在当下的文化发展中，平台承担着提供兼顾公共文化与非公共文化的内容，作为社会网络经济，模糊了市场与非市场之间的界限，这也带给平台前所未有的社会责任期待。互联网平台存在最大意义，是展示给社会普通人和多元文化形态凭借努力可以在公平竞争环境中实现成就的积极正能量。但就像很多评论者提到过的"互联网是社会的互联

[①] 阑夕：《快手快与慢》，2019-1-15，微信公众号（https://mp.weixin.qq.com/s/MIpGhYqyB2gxeRUiFaTAVA）

网还是互联网公司的互联网"①，随着大数据的进一步发展，人工智能技术的日益崛起和成熟，甚至在不久的将来出现更加革命性的科技爆发，社会、管理部门、用户与大平台之间的关系和问题只会越来越多、越来越复杂，尽早开展和制定针对互联网平台企业的规则制定、法规健全对各方都有益。于平台而言，在健康发展同时，采取措施提高企业的社会责任水平，比如在生态链后端市场产品之外，向前端探索，协助公共文化部门做好文化资源数字化和数字人文，公开部分数据资源用以支持公共政策制定等。可以肯定的是，平台企业的确是推动数字时代文化发展的重要力量。

第二节　数字大平台冷思考：文化政策与伦理关切

如果过去我们使用"数字化"更多是"文化现代化"的一种具体形式，即用数字工具对文化内容进行数字化处理：保管、分析、编辑和建模②，我认为大型数字平台（腾讯、阿里巴巴、谷歌、脸书、苹果应用商店甚至快手等）在当下的繁盛才标志着真正意义上数字时代的到来。这一耸人听闻的结论源于斯：数字平台明确地将传统文化价值链上相对独立的创作、生产、分配和消费整合在一起，织成了一张很难再用过去边界切分的网络，并使这一过程"自然化"，不仅改变了文化价值链的形态，还彻底改变了链接生成的方式。

这是一个正在进行时的过程，尽管具体到某些平台可能尚未抵达这

---

① 尹生：《越界的互联网巨头与社会的'报复'》，2018 年 5 月 8 日，微信公众号（https://mp.weixin.qq.com/s?src=11&timestamp=1600744085&ver=2599&signature=NOwKJI1mJ3j*q6hVlrpDCBJ7VnDoF3XRAObM5ce4BCMKPKCeP6fwZ1BhMMyEcp5a4xT8Q1ZEjwjGfp31aVpLrREnuUVuvYIN*0a1rVBKtC4IwWVDJKJnq6tcFnU*risj&new=1）。

② 安妮·迪伯克等：《数字人文：改变知识创新与分享的游戏规则》，马林青、韩若画译，中国人民大学出版社，2018。

一顶峰，但作为一个正在发生的趋势，未来新环境的文化政策和伦理关切，已经不得不提上日程。

一、平台崛起：数字化的文化与数字文化

文化的数字化近年来已经成为国际潮流，市场和政府都在有意引导相关机构成立和工作开展。规模最大的类型是面向公共文化服务的数字图书馆、档案馆、博物馆建设与服务项目，其中有全球性的世界数字图书馆项目（World Digital Library），区域性的 Europeana，欧盟许多机构都是 Europeana 平台的枢纽单位；还有美国公共数字图书馆项目（Digital Public Library of America）等。而公认建设成效最为显著的 Europeana 项目是欧盟国家试图与 2004 年谷歌公司启动的全球最大数字图书馆计划相抗衡的项目[1]。

传统文化产业价值链由四环节构成：创作、生产/复制、分销/发行和获取/消费[2]。在文化政策指引的传统思路下，不少国家（尤其是发展中国家）分别从这四个环节发力，大量兴建和创办旨在分别促进四环节的政策、机构和活动，相当一部分由政府引导。在创作领域，比如墨西哥 2012 年建立的数字文化中心、奥地利 2014 年成立的电子艺术中心（欧洲数字艺术和科学网络的协调机构）、意大利 2015 年启动的多媒体艺术和语言节"看（不）见的城市（In/Visible Cities）"、英国文化委员会 2016 年启动的"数字文化访问（Digital Culture Visit）"计划等。

在生产/复制领域，2014 年起加拿大允许纯数字出版商和纯数字出版物申请国家图书基金，加拿大媒体基金会（CMF）开始资助游戏和

---

[1] 汪静：《Europeana 发展现状及启示》，数字图书馆论坛，2017，第 46-53 页。文中提到，为使欧盟国家的人民充分了解本国历史瑰宝和文化遗产，从而与 Google 抗衡，法国于 2005 年 4 月组织欧洲 19 个国家联合创建数字图书馆，希望在数字图书馆方面形成统一的欧盟体系。

[2] 联合国贸发会议：《2008 创意经济报告》，三辰影库音像出版社，2008，第 63 页。

交互类的内容生产；法国于2016年成立了推动数字音乐的基金，法国国家电影和运动图像中心（CNC）也开始资助游戏项目；2012年突尼斯专门成立了国家电影和图像中心来推动电影院的现代化；哥伦比亚也自2012年起设立了创意数码项目（CreaDigital）资助数字内容生产。很多国家和地区实施了类似中国"双创"的创业扶植政策，如爱沙尼亚的"2014-2020创业成长战略"、墨西哥2013年创办国家企业家研究院（INADEM）、葡萄牙2016年启动"创业葡萄牙"计划、奥地利2016年启动创意空间机构整合办公空间、巴西于2015年创建国家级创意孵化网络等。欧盟启动2016-2018年欧洲创意枢纽网络项目，还建立了在线门户网站crowdfunding4culture.eu为文化创意企业提供整合众筹数据平台①。

在分销/发行领域，一些国家和地区通过版权法的修订来适应数字时代的变化，打击盗版。比如英国2017年在2010年法案基础上出台的《数字经济法案》（Digital Economy Act），除了规定网络色情访问限制外，就电子通信方面的知识产权保护作出规定，提供了与数据共享有关的条款，对BBC配合英国通讯传播办公室（OFCOM）②的职能作出规定，也对网络直销进行了规范③。而奥地利在2014年修订《图书定价法案》则从另一个方面证明了在具体领域，各国也在制定数字发行相应的具体措施。在这一法案中，奥地利将适用范围扩大到电子书领域，还将本地和国际网络零售商置于平等地位。

---

① UNESCO. "Re|Shape Cultural Policies"，2017, p71-73.
② 兰俊：《从英国电视法与Ofcom探中国传媒管制体制》，载《今传媒》，2015（3），第35-37页。英国的电信传播监管机构OFCOM，即"通讯传播办公室"。2002年，英国颁布《OFCOM组织法》，整合了英国原电信管理局、无线电通信管理局、独立电视委员会、无线电管理局、广播标准委员会五个机构的职能，成立OFCOM，监管范围涵盖电信、无线通信、电视和广播等所有通讯传播领域。
③ UK parliament: "*Digital Economy Act 2017*", 2017-4-27, UK parliament (https://services.parliament.uk/bills/2016-17/digitaleconomy.html).

在获取/消费领域，除了前述数字图书馆、博物馆和档案馆，很多国家也研发便于查询在线材料的搜索引擎，比如澳大利亚的"宝库系统"（Trove system）（www.trove.nla.gov.au），芬兰的 Finna（http://tamk.finna.fi）和印度尼西亚的"一搜"（One Search）（www.onesearch.id）。

虽然当下政策还能辨识出传统文化产业价值链的四个环节，但这些价值链节点之间的时间差越来越小，传统模式上一环节完成再进入下一环节的形式不再典型，几个环节都汇集在同一个平台甚至同一主体，同时发生，互相连接，传统的"管道式"文化产业价值链进入"网状式"状态[①]。这一状态被以腾讯、谷歌等大平台崛起变得普遍，平台将创意者、生产者、消费者和消费平台整合在一起，随着用户自创内容（UGC）等新型生产方式的兴起，甚至模糊了彼此的身份界定，也逐渐模糊了部分链接与环节之间的关系，构成了典型的网络状的创意场景。

网络状总结仍然基于分辨文化产业价值链各个节点，正如这个时代创意人已经"斜杠化"，大平台已经进入一个超越过去"节点论"的新阶段，一定程度上重构了社会经济结构。如互联网在美国总统选举中的媒介作用甚至被认为影响到了美国的选举制度。在美国大选进行中，各方面已经意识到精准广告投放会吸引更多支持者参加投票或促使选民改变想法，而在选举后，人们反思选举期间在互联网平台投放虚假信息也影响了选举的进程[②]。

这也使大平台的拥有者逐渐从刚开始频频成为偶像被推上神坛被视为无所不能创造者形象回归普通企业主，被作为一种新的行业"负

[①] UNESCO. "Re|Shape Cultural Policies", 2017, p71-73.

[②] 新浪科技：《庞大触角加精准定向，Facebook 如何主导 2016 美国总统大选》，2016 年 10 月 3 日，新浪科技（http://tech.sina.com.cn/i/2016-10-03/doc-ifxwkzyk0897354.shtml）。cnBeta：《Facebook 承认恶意行动在美国选举中传播虚假新闻》，2017 年 4 月 29 日，新浪科技（http://tech.sina.com.cn/i/2017-04-29/doc-ifyetxec6994158.shtml）。文中提到 Facebook 在选举期间，仅仅在法国就删掉了超过 30000 条假消息。

责人"接受舆论的质询。如今腾讯微信的月活跃用户已经接近10亿，Facebook在全球月活跃用户已经达到22亿，日活跃用户也已经超过14.5亿，他们不仅掌握着无法想象的巨大市场，他们的一举一动也会带来难以估算的社会和经济影响。由于网络大平台是新兴事物，很少适用于传统行业公司在若干年来形成的"行规"和法律，但又具有传统行业无法比拟的巨大市值，他们在税收、用户协议制定、知识产权保护、基础设施监管等各个方面都多少引起了公众的不满。

二、大平台的集中和垄断问题

近年来，随着社会发展，伦理问题在许多传统伦理规则未曾覆盖的文化领域被提出。如2015年联合国教科文组织颁布的《保护非物质文化遗产伦理原则》，以12条总共千字的概述性总体原则，目的是成为地方根据具体情况制定详细规则的基础，确保非遗的积极意义被认可，进而促进其在现代社会的存续[1]。这代表了众多文化领域伦理问题在当下的紧迫性和重要性：文化领域（尤其是文化表现形式多样性）又一次面临前所未有的发展空间，却也面临着又一次前所未有的存续挑战。

平台不是互联网时代的首创，但互联网时代平台效益最为明显。平台是一种技术，但平台这种技术可以最大限度将资源整合起来。这种传统文化产业价值链的模糊从积极地角度看是现在国内热门的"IP全产业链"，对于IP的开发可以实现最大的社会传播效果和经济效益，但从消极视角也被认为是"脱媒"（disintermediation）[2]的范畴，这一过程被认为在中长期内会造成垄断[3]，尤其当IP掌握在少数平台，即便软

---

[1] 联合国教科文组织：《保护非物质文化遗产伦理原则》，张玲译，载《民族文学研究》2016，34（3），第5-6页。

[2] 经济学术语，指的是从供应链中删除经济中介，或者在交易中删除中间人。

[3] UNESCO. "Re|Shape Cultural Policies", 2017, p80.

件开源程度越来越高，文化产品也更紧密地掌握在平台手中。

在国际上引起讨论较多的是同为流媒体服务商的 YouTube 和 Spotify，由于 YouTube 具有大平台的特征，拥有更多的注册用户，因此它带来的垄断现象是为版权支付的金额更少而获取的利润更多[①]。刚刚上市的 Spotify 在 2017 年付费用户收费 45 亿美元会员费，免费用户贡献的广告收入约 5 亿美元，但是向唱片公司支付的版权费用是 98 亿美元[②]，远远超过了它的收入。但是 Spotify 代表了大平台之外小平台的生存策略，即以垂直化的业务为主，不光推送内容，还做内容营销，把自己的领域做透，再和其他垂直化小平台组合起来[③]。

随着智能手机的普及，全球互联网的普及率已经接近 50%，（移动）互联网已经和公路一样成为社会基础设施的一部分。除了平台之间的差异，在发达地区与欠发达地区之间，由于基础设施的差异带来的"起点不同"，平台出现后垄断带来的社会经济问题较明显。这表现在两个方面：其一，大平台垄断了连接机会，比如 Facebook 在一些国家推出了一项服务称为 Free Basics，又称为 Internet.org，这是一项基础设施服务，提供网络链接服务，其中部分网站的访问是免费的，包括购物网站、健

[①] 同上。教科文报告认为因为 YouTube 有 8 亿注册用户，它制定了只为每位版权提供者 1 美元的报酬的政策，而 Spotify 的用户少得多，但它为版权所有者支付 18 美元的费用。这样，虽然 Spotify 只有 2.12 亿用户，他们的版权支出是 39 亿美元，而 YouTube 有 9 亿用户，却只支付了 5.53 亿美元的版权费。

[②] 阑夕：《有关 Spotify 的一些故事》，2018 年 4 月 19 日，微信公众号（https://mp.weixin.qq.com/s?src=11&timestamp=1600745024&ver=2599&signature=zTsbpIdXUInnFHio-ckKNAmNaWagoaKyJmtIbJMxRGwpPpMWZlpV**kvY2V-ftG19FOlo*HyUtl2VmIehC*O6ZRc93J0FEoJ9BmMWeiHcL09-16vSjOUySNTpu7Dh17x&new=1）。

[③] 陈少峰：《互联网文化产业小平台的生存之道》，2018 年 4 月 8 日，微信公众号（https://mp.weixin.qq.com/s?src=11&timestamp=1600745079&ver=2599&signature=luUxdVbn3QL9peRKMlXTNkq4mlu7Qa2unfYCZljLmu-yGk*H1IOv65J7ndQ1SOtRVp1pAjG6h6XDek12QQ04Sat*fWb6nolPEu2ttl7jb9EDF3qNpIMJijmy4O4Ha7ns&new=1）。

康和招聘网站，维基百科和Facebook，这一服务在印度等国家由于有垄断性质而被禁止。其二，虽然大平台的运营方式看似非常合理，但发展中国家由于基础差，能够出售给平台的数字应用（App）机会比发达国家少得多，造成开发投入远远高于价值获得的结果①。

对研究者而言，平台最大的问题是数据不透明。在平台时代以前，研究者可以通过工商部门或者统计部门了解文化产业发展的具体数据信息。但在平台时代，数据也是商品之一，数据不仅是大平台可以获利的工具，有时候甚至是"有价无市"的平台私有财产，外人无从获得，甚至平台内部跨部门也不能获知相关数字，只能依靠平台有选择地公开披露数据进行推测。即便人们已经普遍接受了数据也是一种需要购买的商品的观念，不再纠结于需要购买数据信息的新趋势，这些有选择的数据不管是免费还是收费，由于分类标准不同，也很难进行比较研究，于是在研究结论上有时也要依赖平台下属的研究机构和研究报告。对于其他研究者来说，结论的引导性和数据来源亦成为考验研究者能力的一部分②。

数据的缺乏对于研究者个人影响并不重要，对整个行业发展影响非常巨大。如果缺少可比较的文化数据，"创意经济不为人知的部分占比会越来越高"③，对于政策制定部门来说，及时发现问题、纠正问题的难度会增加，误判的几率也会增加，相关政策的可行性和效果会大打折扣，也不能及时监测政策的实施效果，这是非常需要警惕的。2017年6月，曾将反垄断作为"不作恶"主要内容之一的谷歌在经历了长期反垄

---

① Hampel, J. "India bans Facebook's Basics App to support net neutrality", 2016,Wired (www.wired.com/2016/02/facebooks-free-basics-app-is-now-banned-in-india/). Bryan Pon: "Winners and Losers in the Global App Economy", 2016, Caribou Digita (http://cariboudigital.net/wp-content/uploads/2016/02/Caribou-Digital-Winners-and-Losers-in-the-Global-App-Economy-2016.pdf).

② 笔者认为，现在在文化产业教学中出现的很多"软文式"案例研究论文就是研究者的数据来源单一情况下，研究者能力和视野仍有局限的结果。

③ UNESCO. "Re|Shape Cultural Policies", 2017, p81.

断调查后，被欧盟以"滥用其在市场上的主导地位"，在搜索结果中有系统地偏重自营购物服务为由罚款 24.2 亿欧元。

数据垄断因此会带来进一步的垄断，由于政策制定部门也无法获知最准确的行业信息，小型企业和个人创业者便更加盲目，试错的可能性和成本都会增加。但大平台本身，由于其商业模式都无一例外建立在用户数据基础上，这种模式随着平台扩大，获客成本增加，用户数增长率放缓等必然出现的瓶颈出现，会更加依赖对用户数据的使用[①]，进一步巩固大平台对其用户数据垄断权的"捍卫"。而他们的大平台地位也因此进一步得以固化[②]。

三、大平台的其他数字伦理问题

在网络造神的年代，社会普遍对大平台给予过多地期待，甚至希望大平台能承担起互联网社会治理的责任，扮演维护公共秩序的公正角色。但无论他们如何如何努力，注定会失败，因为他们从根本上仍然是由私人创办的商业企业。回到前文提到被印度抵制的 Facebook 的 Free Basics 项目，虽然在项目宣传中是以公益、慈善的名义出现，"为了让世界更美好"。但作为企业，必须在商业逻辑下做事，在用户使用到该公司提供的免费互联网服务后，通过免费服务培养起使用习惯和品牌忠诚度，产生为该品牌未来的流量买单的可能性，最终仍旧是为了企业的

---

① 尹生：《越界的互联网巨头与社会的'报复'》，2018 年 5 月 8 日，微信公众号（https://mp.weixin.qq.com/s?src=11&timestamp=1600744085&ver=2599&signature=NOwKJI1mJ3j*q6hVlrpDCBJ7VnDoF3XRAObM5ce4BCMKPKCeP6fwZ1BhMMyEcp5a4xT8Q1ZEjwjGfp31aVpLrREnuUVuvYIN*0a1rVBKtC4IwWVDJKJnq6tcFnU*risj&new=1）。

② 同上。尹生认为，在这之后出现的重量级参与者（包括应用）中，除了 Uber、Square、Snapchat、今日头条等少数例外，大多数都要么诞生于超级头部内部，比如微信和微信支付，要么成为它们的猎物，比如 Instagram、WhatsApp、YouTube 等，要么贯穿着巨头的力量或已经成为其生态的重要部分，比如滴滴、美团等。

盈利和互联网消费的扩张。即便是号称通过可以飞行在平流层的热气球来搭建互联网连接点，为网络不发达地区提供互联网服务的谷歌 Project Loon 项目，也承认其动机是看中了背后大约 100 亿美元的收益，因为气球可以到达现有的运营商尚不能到达的地区，同时省去大量光纤铺设的基础建设费用。这些行为进一步被解读为违反互联网中立原则的举动，带来互联网服务中的不公平竞争，因为提供的免费服务不是由用户需求决定，而是由提供服务的企业决定的①。

同时，像现在这样仰仗互联网平台企业制定互联网商业价值标准，也不合适。单从文化角度来说，大平台要实现成本、效益和用户体验的最优化，其中为各种"个别现象"提供普适解决方案是平台的最优选择。这对语言多样性为代表的文化表现形式多样性是极大的挑战。人们甚至认为，在发达国家用户增长饱和的情况下，新兴市场就是一片等待挖掘的富矿，类似于数百年前欧洲人看着自己即将殖民的土地一样。平台提供导向西方互联网产品的行为、为本地化产品设置过高准入门槛因此都遭到猛烈批判②。

内容审查是平台必须要承担的责任，尤其是在全球反恐形势严峻和假新闻泛滥的时代，Facebook 和 Twitter 这样的社交媒体也积极开始对内容进行过滤。除了危险信息，对社会公序良俗产生不良影响的内容也使平台广被诟病。平台带来内容的开放性，对色情信息、恐怖信息、虚假信息的过滤给平台自身和监管部门都在不断带来挑战。用户自创内容（UGC）的发展，既是我们社会创新创意能力的体现，也给平台自身的监管增加了几何倍数的难度。再加上新平台类型出现，比如抖音、内涵段子、小视频等内容形式比传统图文监管要难得多。

---

① 玄宁：《殖民主义正在数字时代重演：科技巨头免费让人上网究竟有何企图？》，2018 年 4 月 29 日，微信公众号（https://mp.weixin.qq.com/s/Xm5271Wv0Dfo1nb5bDNg9Q）。

② 同上。

互联网平台企业因此处于一个微妙的位置，作为一个自由市场的宠儿，它们有了成长壮大的机会，但它们反过来又造就了一个封闭、专断的互联网环境，把本应由社会化过程来完成的规则制定变成自己企业的私事，在自己无所不能的幻觉中越俎代庖地完成政府部门和社会，甚至个人用户自己的责任和权利。

隐私是平台面临的另一大伦理问题。平台的基本问题就是平台用户"用隐私换取一个基于信任的沟通平台"①，对于平台而言，用户提供的真实信息本身就存在问题。如今 Facebook 这样信息保管不力出现的问题已成为引人注目的问题，这一主题是讨论平台企业伦理问题最常被论及的话题，论著颇多，故不在此重复赘述。

在新问题出现的同时，一个传统行业伦理问题的核心议题"信息不对称"反而不再突出。互联网出现之初就致力于解决信息不对等问题，也因而名曰"信息互联网"，后来物联网、人工智能、区块链的诞生进一步将物体和价值都连接起来，信息不对等问题进一步得到解决。因此，在种种问题之中，还是要看到互联网平台存在最大意义，是展示给社会普通人凭借努力可以在公平竞争环境中实现成就的积极正能量。但就像很多评论者提到过的"互联网是社会的互联网还是互联网公司的互联网"②，尽早对互联网平台企业制定规则、健全法规对各方都有益。随着大数据的进一步发展，人工智能技术的日益崛起和成熟，甚至在不久的将来出现更加革命性的科技爆发，社会、管理部门、用户与大平台之间的关系和问题只会越来越多、越来越复杂。如若不能在现阶段针对

---

① 傅蔚冈：《信息、隐私与平台责任》，2018年4月10日，微信公众号（https://mp.weixin.qq.com/s/vhLhvvAzISvVvplT-9Ycxw）。

② 尹生：《越界的互联网巨头与社会的'报复'》，2018年5月8日，微信公众号（https://mp.weixin.qq.com/s?src=11&timestamp=1600744085&ver=2599&signature=NOwKJI1mJ3j*q6hVlrpDCBJ7VnDoF3XRAObM5ce4BCMKPKCeP6fwZ1BhMMyEcp5a4xT8Q1ZEjwjGfp31aVpLrREnuUVuvYIN*0a1rVBKtC4IwWVDJKJnq6tcFnU*risj&new=1）。

平台的运行特殊性制定相关的运行、监管规则，可能会经历失控甚至毁灭性的产业发展挫折。

于平台而言，以开放的心态面向社会是关键，在追求利益最大化时将自身利益与整个行业生态整体利益结合起来。作为朝经济基础设施方向努力的企业，在自身经营之外，要考虑总体就业、线上线下等多种生活方式、财富的公平分配、经济整体运行效率、对创新的保护、经济体的可持续性，以及用户的时间和经济管理、虚拟社会管理、技术社会后果等[①]。否则，由政府和社会组织全面进驻和替代企业在这些方面本身可以兼顾的考量，对企业自身发展将是巨大的束缚。

第三节　数字时代"原住民"的拓疆体验

贵州省曾经是中国经济发展速度最慢的一个省，非常贫困，因为贵州以山区为主，交通不便是最大的问题。但它又是一个很重要的民族省份，在贵州境内住着56个民族，就是说中国每一种少数民族都有人在贵州省居住。几年前，我曾经参加中国和加拿大政府联合组织的少数民族文化保护项目前往贵州参与当地苗族和水族的文化遗产保护工作，亲眼看到当地民族地区的确非常贫困。可是这几年贵州变化很大，在2015年实现了县县通高速公路，由于是山区，高速公路好多都靠高架桥搭设，从远处看上去好像在云上一样神奇。

使贵州发生更大变化的是数字技术。2015年贵州成为国家大数据试验区，如今贵州已经实现中国数字经济发展增速第一和数字经济吸纳就业增速第一，真正成为了"云上的贵州"。如果说高速公路的修建类

---

① 尹生：《越界的互联网巨头与社会的'报复'》，2018年5月8日，微信公众号（https://mp.weixin.qq.com/s?src=11&timestamp=1600744085&ver=2599&signature=NOwKJI1mJ3j*q6hVlrpDCBJ7VnDoF3XRAObM5ce4BCMKPKCeP6fwZ1BhMMyEcp5a4xT8Q1ZEjwjGfp31aVpLrREnuUVuvYIN*0a1rVBKtC4IwWVDJKJnq6tcFnU*risj&new=1）。

似过去互联网基础设施的搭设，如今贵州的跨越式发展也标志着进入了由互联网、大数据和云计算搭建的智能世界。这一历程正是对数字技术革命本身的比喻。对工业革命以来的历史稍有了解的人都会知道，每一次技术革命从出现到全面应用，都要经过一段时间的发展，就像蒸汽机的发明那样，互联网技术也不例外。经过了20年的技术发展，我们现在才真正进入互联网广泛应用的时代。

如果过去我们使用"数字化"更多是"文化现代化"的一种具体形式，即用数字工具对文化内容进行数字化处理：保管、分析、编辑和建模，以腾讯为代表的大型数字平台在当下的繁盛才标志着真正意义上数字时代的到来。这一耸人听闻的结论源于斯：数字平台明确地将传统文化价值链上相对独立的创作、生产、分配和消费整合在一起，织成了一张很难再用过去边界切分的网络，并使这一过程"自然化"，不仅改变了文化价值链的形态，还彻底改变了链接生成的方式。

一、数字时代原住民1.0

现在的青年人，在中国被界定为出生于80后、90后乃至00后，也是在西方文化中被称为千禧一代、Y时代和Z时代的人，是当之无愧的"互联网原住民"。因为这一代青年是伴随着互联网的发展成长起来的，习惯了现实世界、网络平台和移动端的无缝对接。相对于前辈们对"人"的需求，他们更相信自己以及技术和网络。世界对于他们而言，就是鼠标轻点的距离。他们不知道没有电脑、手机、互联网的世界将会是什么样子，不能想象没有GPS只有纸质地图的情景。他们听前辈们说："从前书信很慢，车马很远"的时候，只会在脑海中幻想一个浪漫的童话故事。他们生活在网络上，通过若干网络平台分享自己的生活点滴，甚至直播自己的生活，网络世界对于他们就像真实世界一样。作为数字时代的原住民，他们需要在现实、网络平台和移动端实现无缝对接，网络检索和网络社交是他们获取信息的主要渠道。

这一代青年，尤其是中国的新青年，与前辈们相比，很少经历过集体社会、集体生活、集体服从，更看重独立精神、创业精神和自我导向。他们受过更好的教育，与过去可能一辈子都没走出过家乡的前辈相比，他们通过互联网了解世界，其中很多人有机会去到世界很多地方。最近中国社交媒体上流行几款晒自己去过多少地方的小程序，从朋友圈大家晒出的地图，如今的中国青年出国、游历、工作已经有了更大的空间。这些机会给了新一代的青年有了相当的国际视野和前沿审美观，给了他们更开放的心态，更强的适应力和更强的自主性。

Y时代与Z时代的青年没有经历过前辈那样经济困难的年代，加之高端科技产业收入普遍较高，所以消费意愿和能力都较强。进一步细分的话，Y时代的人作为一代独生子女，更追求成就感和被关怀的感受，更重视客户服务，希望遇到问题能随时得到解决；而Z时代的人对技术的依赖程度更高，创新意识更强，更愿意靠自己的力量找到解决问题的方法。总之，他们虽然都声称张扬自我，但由于价值观和审美观的接近，在生活和实际消费上也会产生羊群效应。

二、平台时代的互联网由新文创引领

中国的巨大人口常常被作为巨大潜在市场的例证，在新的时代已经不仅局限在消费端了。我前往日本访问时，日本的角川动漫公司Kadokawa告诉我，他们已经跟中国的腾讯公司建立了内容合作，他们从中国购买网络文学作品的版权，开发成动漫和影视作品。因为中国仅仅在腾讯阅文集团（China Literature）这一个公司下属的平台上，就集聚了超过600万用中文写作的网络作家，有6亿多注册读者，是一个非常惊人的自创内容生产平台。如今的数字内容生产，不再像传统只有少数精英掌握媒体，掌握话语权，"用户自创内容"的发展把世界从"只读时代"推向"读写时代"，这是最实际的"大众创业，万众创新"。

传统文化产业价值链由四环节构成：创作、生产/复制、分销/发行和获取/消费。在文化政策指引的传统思路下，不少国家（尤其是发展中国家）分别从这四个环节发力，大量兴建和创办旨在分别促进四环节的政策、机构和活动，相当一部分由政府引导。虽然当下政策还能辨识出传统文化产业价值链的四个环节，但这些价值链节点之间的时间差越来越小，传统模式上一环节完成再进入下一环节的形式不再典型，几个环节都汇集在同一个平台甚至同一主体，同时发生，互相连接，传统的"管道式"文化产业价值链进入"网状式"状态。这一状态被以腾讯、谷歌等大平台崛起变得普遍，平台将创意者、生产者、消费者和消费平台整合在一起，随着用户自创内容（UGC）等新型生产方式的兴起，甚至模糊了彼此的身份界定，也逐渐模糊了部分链接与环节之间的关系，构成了典型的网络状的创意场景。这一场景的最典型状态便是"新文创"。

平台不是互联网时代的首创，但互联网时代平台效益最为明显。平台是一种技术，但平台这种技术可以最大限度将资源整合起来。在网络造神的年代，社会普遍对大平台给予过多地期待，甚至希望大平台能承担起互联网社会治理的责任，扮演维护公共秩序的公正角色；同时，作为一个新兴的行业，至今还仰仗互联网平台企业制定互联网商业价值标准。当人们第一次发现平台企业的存在，不断叠加的需求和期望往往会让所有人都偏移自己真正的身份。对于一个前所未有将科技与文化真正融合的平台来说，"新文创"才是在社交等实用功能以外，实现其真正社会价值的部分。

过去十年关于发展中国家跨越式发展的尝试失败居多，大部分地方发现还是只有老路走得通。数字革命被提了这么久，或许现在才是真正趁手的工具。数字技术革命，不仅带给我们跟过去不同的知识生产、传播和应用的景观，更是前所未有地将不同的地区、领域紧紧融合，工业革命以来早已分道扬镳的人文与科技，便是这样被重新接合起来，在未来被青年人重新书写。未来的世界，不再是简单的全球化和产业链的全球布局，而是彼此相依的人类命运共同体。

第五章　国际热点：创意城市的可持续发展

第一节　创意经济、创意城市与城市可持续发展

从 20 世纪 90 年代开始，对文化创意产业和创意经济的定义就一直在进行。这种"进行时"状态暗示了在全球范围内的不同政策和学术语境中，对这两个概念，及其相关、相似概念的定义各有所侧重，甚至颇多争议和分歧。原因之一是创意经济不同于以往的诸多文化、经济概念（尽管"文化"概念本身就已难以定义）有可追溯的学理传承，而是在过去的分析视野中不曾出现过的新兴经验性概念（Pratt, & Hutton 2013）。目前"创意经济"（creative economy）这一术语在国际层面被广泛接受，是经由联合国贸发会议（UNCTAD）在其主编的 2008 年和 2010 年两册《创意经济报告》来确立的，后续联合国教科文组织等机构也沿用了这一术语。

就概念本身而言，创意经济比我们熟知的创意产业外延要大。创意产业简言之是能够创造知识产权的各种产业。而创意经济包括了营利与非营利、正规与非正规、私营和公共服务部门的活动，以及维持此类产品所必需的生产系统和价值链。在联合国教科文统计所的定义和分类统计指标设定中，也能看出这种区别（Pratt, & Hutton 2013）。教科文统计所核定的文化领域包括六种：文化和自然遗产、表演和庆祝活动、视觉艺术和手工艺、书籍和报刊、音像和交互媒体、设计和创意服务，这六类横向地与非物质文化遗产相连接（联合国教科文组织统计所 2009）。这一分类体系说明了两个问题：首先，创意经济在经济上有重要意义，但概念和内涵是根据各国实际政策制定来主动选择的，还没有形成"真理"式的标准定义。其次，创意经济作为一种新兴理念，其分

类仍然局限于成型于上世纪中期的工业分类体系，被分散到原有体系的各个细分的统计类别中，教科文的分类尝试是一种有益却有限的探索，创意经济尚未撼动国际层面和各个国家的工业分类系统。也正因为如此，全球范围内很难建立一套可兹横向比较的评价标准。由联合国贸发会议确立的文化产品与服务贸易观测指标是相对接受程度最高的一种评价标准。根据这一指标体系，全球创意产品市场从2002年的2080亿美元翻番到2015年的5090亿美元，尽管受到金融危机影响，也实现了年均7%的增长率。在联合国贸发会议认定的创意产品的七个大类（设计、手工艺、视听、新媒体、表演艺术、出版、视觉艺术）中，设计产品最多，超过所有创意产品的一半。各国创意服务出口的数据仍然缺乏有效统计，但联合国贸发会议乐观认为，随着数字和共享经济的发展，与电子商务密切绑定的创意服务会在未来有很大发展潜力（UNCTAD 2018）。

尽管很少被有意提到，创意经济从一开始就与城市密切相关。因为"创意"主要发力的设计、传媒、艺术等行业，都明显指向城市物理空间。创造性的实践尽管如今也被应用到乡村，但始终是基于社交和知识、资本积累的，这些都更容易在城市获得。这在许多国际报告中都逐渐得到承认，创意经济在欧洲呈现出明显的城市聚焦特征，乡村物理空间是"非创意之地'沉默的大多数'"（Rantisi, Leslie, & Christopherson 2006），在伦敦这样的标杆性城市更是稳坐经济的第三大部门位置。加拿大的一项五年期的合作项目"创新与创意"也证明文化的高度发展需要集聚。多伦多、蒙特利尔和温哥华因此不仅成为加拿大居住和就业人口最多的城市，也成为加拿大文化创意产业发展的绝对主体，主要集中于电影、视频和电视制作、计算机图形和新媒体、音乐、建筑和广告业等。在亚洲，我们也不难观察到像北京、上海、香港、台北、东京、首尔、新加坡和曼谷等大城市成为亚洲创意经济发展的重镇。城市所具有的交通和通讯优势、大学和教育机构的集聚以及创意经济相关部门集聚的优势孕育了创意经济，并给创意经济打上了城市的标签。

创意城市是在本世纪，创意经济发展到一定阶段提出的另一个重要理念。在诸多倡导者中，理查德·佛罗里达（Richard Florida）的3T理论（技术、人才和包容度）及创意阶层的界分；查尔斯·兰德里（Charles Landry）所侧重的创意治理实践；以及其他诸多学者展开过的相关研究，都塑造、丰富、修正了创意城市的理念。与创意经济一样，创意城市概念也经由联合国系统的采用和推动，成为一种具有全球共识的术语。此时这一术语已经与前述学者所用术语的内涵与外延有所不同，从一个提升和复兴性的实践概念转变为政策性概念。

在联合国教科文组织看来，可持续发展中一个重要的面向是创意与文化，这也已写入联合国2030可持续发展议程的17大目标中。这种战略和政策的路径都旨在促进发展、激励创新、提高社会凝聚力和公民的幸福感，而城市则是这一系列新战略、政策和举措的根基。根据联合国预计，全球城市人口的占比会很快从2012年的52%上升到全球总人口的三分之二（United Nations 2012: 120），城市的发展对世界未来的发展有决定性影响，城市的可持续发展有助于世界的可持续发展，因此需要一种举措来"让城市和人类居住区更具有包容性、安全性、弹性及可持续性"（United Nations 2015）。

创意城市在联合国教科文的语境中是将文化纳入城市发展规划中的举措，指的是将创意视为经济、社会、文化和环境层面可持续发展战略因素的城市。为了促进文化和创意产业的合作伙伴关系，加强对文化生活的参与，分享最佳实践，联合国教科文组织于2004年成立了创意城市网络（UCCN），来与这些城市合作，并且加强这些城市之间的合作。创意城市网络涉及七个创意领域：手工艺与民间艺术、媒体艺术、电影、设计、美食、文学和音乐，截至2017年已经吸纳了72个国家的180个城市加入，中国的杭州、苏州和景德镇（手工艺与民间艺术）；长沙（音乐）；青岛（电影）；上海、北京、深圳和武汉（设计）；顺德、澳门和成都（美食）等12个城市已经加入了这一网络，每年还有多个城市等待申请加入。网络目标被设定为六项，并据此采取相应的行动：

1. 加强将创意视为可持续发展战略因素的城市间的国际合作。

2. 着重通过公私部门和民间团体的合作伙伴关系，激发并强化成员城市引导的视创意为城市发展重要组成部分的各类举措。

3. 加强文化活动、产品和服务的创建、制作、传播和宣传。

4. 建立创意和创新枢纽，拓宽文化领域创意者和专业人士的机遇。

5. 改善人们对文化生活的获取和参与，促进人们尤其是边缘化和弱势群体与个人对文化产品和服务的享有。

6. 将文化与创意充分纳入地方发展战略和规划中。

不难看出，创意城市网络的建立是以一种突出重点的碎片化方式将诸多节点链接在一起，提供了一个品牌化的宣传和交流平台。加入网络的城市以单个的特征成为一个具有高辨识度的整体平台的一部分，享有品牌和共享的收益。而品牌和共享在创意产业发展中是重要的因素。

总的来说，城市与创意经济之间呈现出紧密互助的开放关系，而不是单向的依赖。城市具有的物理上人财物集聚能力为创意生产保障了最基本的要素；具有文化遗产基础的城市通过发展文化旅游增加收入、提升城市硬件环境；在各个城市和地区积极吸引外来投资的背景下，文化创意产业带来的城市品牌和推广效果，以及能够吸引人才留居的生活方式都有助于这一城市在竞争中获胜。此外，创意城市通常更能包容各种文化表现形式，营造更为和谐多彩的生活环境。而作为一种新兴的产业门类，创意经济更可以直接贡献于城市的经济增长，从文化部门在伦敦经济中排名第三，到洛杉矶、纽约、多伦多、墨尔本等城市创意经济占据城市经济构成的优势地位等众多的例证中都可以得到鲜活地证明。

在文化底蕴深厚的亚洲城市中，不管在北京、东京还是首尔都可以观察到，当我们谈及文化创意，已经不再是传统艺术、传统文学、传统音乐舞蹈的讨论，而是熟悉的当代文化产业和创造性活动，比如北京是以设计之都进入教科文创意城市网络，而首尔和东京也更容易让人联想到影视、游戏和互联网等产业形态。在发展中国家，由于工业基础的薄弱，创意经济可能无法像发达国家主要城市那样占据如此大的份额，但随着资本转移和产业结构调整，新文化经济占领发展中国家主要城市和区域经济更大份额的未来前景是可以预见的。

不过，随着数字经济的兴起，纽约、伦敦和旧金山等过去以技术密集型网站和多媒体闻名的"新"发展方式已经被更新的新媒体、设计和新数字经济所取代（Foord, & Evans 2010）。尽管近年来经历了金融危机和广泛的经济衰退，创意经济的持续发展证明了它不光是经济繁荣时期的产物（"好时光的糖果"，Pratt, & Hutton 2013），也需要未来持续展开创意经济与城市关系研究。遗憾的是，在这一领域，没有一种既成的研究结论能够成为"标准答案"，也没有政策"模板"可以参考，其他城市和地区的经验和案例永远不可能直接照搬而获得再次成功。推动创意经济和创意城市的政策理念，需要从"快政策"（fast policy）思维转变为"耐心政策"（patient policy）思维。正如我们期望创意经济促进城市和地区可持续发展，创意城市和创意经济本身也需要我们长期持续进行观察和研究。

第二节　纽约经验：国际化大都市的文化创意产业发展战略

过去十多年来，全球大都市的文化创意产业发展大致都经历着相似状况：受金融危机波及，传统经济部门（金融、保险、法律等）的发展在 2008 年金融危机期间和之后的几年频现停滞，而创意经济在此期间始终保持活力，是一个"对当前和未来投资具有相当潜力的行业"[①]，文化创意产业对城市发展越来越重要。虽然各地文化创意产业分类标准

---

① 联合国贸发会议：《创意经济展望和国家概况报告》，2019。

不同，各城市发展特色不同，关于文化创意产业与城市未来发展趋势的结论却基本一致：其一，资本扩张和旅游业爆发式增长刺激了城市文化设施（包括博物馆、剧院等）大规模新建、翻新和扩大，新文化创意产业集聚区不断增多。其二，数字技术带给出版、音乐等传统文化产业部门变革式影响，但大量网络数字平台随之出现，为创意工作者提供更多选择余地，孕育出新方向和新可能。其三，租金暴涨迫使大量艺术家、设计师、其他创意工作者和非营利文化艺术机构迁往他址，难以在大都市中心、甚至整个行政区域内继续发展[1]。著名跨界艺术家大卫·拜恩（David Byrne）[2]曾在几年前说："没有新的创意空间，中产阶级几乎不能再在这里（纽约）居住，就忘了新兴艺术家、音乐家、演员、舞者、作家、记者和小商人吧。"[3]拜恩说的是纽约，却引起了全球许多大城市生活的创意人的共鸣。

但创意人又很难真的离开大城市。近年发表的科学统计报告已经逐渐启发人们开始从过去"长寿村"等迷信中思考并承认，大都市尽管弊端重重，其医疗水平和物资供给等构成更强综合实力，可供当地居民拥有更高质量生活条件，讲得极端一些，"您的邮政编码比您的遗传密码更能预测您的预期寿命"[4]。何况文化创意产业特征之一就是高度依赖

---

[1] Adam Forma: "*Creative New York 2015*", 2015-6, Center for an UrbanFuture (https://nycfuture.org/research/creative-new-york-2015)。.鲍丹：《年轻人逃离北上广 称外地人在大城市越过越难》，2010年7月29日，人民网（https://news.qq.com/a/20100729/000313.htm）。中国也在2010年房价飞涨之际流行起一个至今仍不减热度的热词"逃离北上广"。

[2] 大卫·拜恩出生于1952年，是苏格兰裔美国歌手、词曲作者、音乐家、唱片制作人、艺术家、作家、演员和电影制作人，得过奥斯卡奖（电影《末代皇帝》最佳作曲）、格莱美奖和金球奖。

[3] Eric R Ranton:《DavidByrne: The Rich Are Destroying New York Culture》, 2013-10-7, RollingStone (https://www.rollingstone.com/music/music-news/david-byrne-the-rich-are-destroying-new-york-culture-101798/).

[4] Adam Forma: "Creative New York 2015", 2015-6, Center for an UrbanFuture (https://nycfuture.org/research/creative-new-york-2015)。

城市以及集聚效益①，创意工作者生活所在地对其创意发挥影响至关重要。文化创意产业与城市发展不仅并行不悖，若措施得宜还可相互支撑互有裨益。本文将以最具代表性的纽约为剖析对象，分析其近几年的文化创意产业发展策略及原因，以他山之石供我们参考。

一、扶植文化艺术，构建国际化大都市文化生态

文化与艺术对城市发展经济影响评估是文化创意产业热门研究选题之一，也用以作为证据陈列，以推动全社会上下更加关注和支持文化创意产业发展。但文化与艺术对大城市社会影响评估则因指标难以设定而相对迟滞，多数情况下仅能进行现象描述，难以实现对比。纽约作为全球首屈一指的国际化大都市，恰好在近几年相继推出过几个有关创意产业，及文化与艺术对纽约经济、社会影响评估报告，可资引述，供国内城市参考。

和此前国内学界熟悉的"美国没有文化部"观念不同，纽约市政府在1975年正式成立文化事务部（DCLA）协调市域五区公共文化与艺术发展②。纽约庞大的私营文化机构更为世人所知，它们一直与公共文化服务机构并行发展。1929年美国现代艺术博物馆成立之时，纽约上城的黑人艺术家正创造"哈莱姆文艺复兴"（Harlem Renaissance）繁

---

① 不管是旧厂房改造还是历史文化街区，在城市是文化创意产业的诸多形态中比重最大的。即使是乡村小镇近年来的蓬勃发展，都需要依靠其周边一定规模城市的辐射效应。

② 其职能包括为纽约市行政区域内非盈利文化机构提供公共资金支持；推广和倡导高质量的艺术节目；代表并服务于参与视觉，文学和表演艺术的非营利文化组织；以公共为导向的科学和人文机构，包括动物园，植物园和历史保护协会、在城市的五个区内生活和工作的各种技能水平的创意艺术家等。文化事务部还通过其艺术材料计划，为非营利组织和纽约市公立学校提供的艺术课程提供免费用品。该部门还负责纽约的公共艺术品，委托世界顶尖艺术家委托制作了180多件艺术品。

荣时期[1]，百老汇也已产生很大影响。

然而纽约也保有良好的公共文化服务基础，并一直居于美国各城市之首。美国自然历史博物馆早在1869年就建立了一种特别的政府与私人合作关系。这种关系基本模式为：政府提供土地和场馆建设资金，并支付暖气、照明、部分运营及安保费用；私营非营利组织则负责确保整个文化机构运转。纽约市这类私营非营利组织经过几个世纪发展，如今被统一纳入文化机构集团（CIG）[2]，如今共有33个成员。纽约文化事务部除关照文化机构集团，还负责扶持其他非营利机构，在2017年有900家非营利机构的文化项目获得资助[3]。

除了直接投入资金，纽约市文化事务部还协调着其他文化支持方式。历史上，1977—1982年纽约市启动过"综合就业和培训法案"（CETA）艺术家项目，聘请超过600位艺术家和300位工作人员为纽约市工作。创立于1978年的"艺术材料"（MFTA）项目是由多个机构配合废旧材料回收、分配给公立学校和艺术机构作为艺术创作原料，至今仍在

---

[1] 哈莱姆文艺复兴是一场主要发生在二十世纪二十年代的文化运动。在当时，它被以阿兰·勒罗伊·洛克1925年的诗集《新黑人运动》命名，主要集中在纽约的哈莱姆区，但是许多来自非洲和加勒比海殖民地的讲法语的黑人作家也深受影响。哈莱姆文艺复兴的主要内容是反对种族歧视，批判并否定汤姆叔叔型驯顺的旧黑人形象，鼓励黑人作家在艺术创作中歌颂新黑人的精神，树立新黑人的形象。

[2] 文化机构集团（CIG）不是一个完整的机构，而是对这种政府与私人非盈利机构在公共文化服务方面达成的合作关系的一种描述。文化机构集团现有33名成员，设立于纽约公共土地上，并且从纽约市获取大量资金和运营支持，以满足其基本的安保、运转、管理和能源成本。成员均作为公共设施来运营，属于公共文化服务部门。文化机构集团成员包括纽约市的艺术馆、自然历史博物馆、历史社团、剧院、音乐厅、表演艺术中心、植物园和动物园等，其中赫赫有名的机构包括大都会艺术博物馆、布鲁克林音乐学院等。

[3] CreateNYC, https://createnyc.cityofnewyork.us/.

良好运转[1]。纽约在1982年推出"百分比艺术"（Percent for Art）法案[2]，要求城市公共建设预算拿出1%用于公共艺术。至今超过330位艺术家受"百分比艺术"资助对纽约基础设施和公共建筑进行过"艺术加工"，包括各种介质绘画、新技术、照明、马赛克、玻璃、纺织品、雕塑和装置等[3]。上世纪80年代以来，纽约市还通过一系列项目[4]推动社区艺术教育和发展，并于2003年整合成立了"文化发展基金"（Cultural Development Fund）。

虽然不像其他国家、地区和城市政府一样明确界定"文化创意产业"，纽约市政府（文化事务部）及民间也采用"创意产业"（Creative sectors）的提法。在得到广泛认可的材料中，研究者将纽约市创意产业分为10类：广告、电影和电视、广播、出版、建筑、设计、音乐、视觉艺术、表演艺术和独立艺术家[5]。十几年来，纽约创意产业发展速度超过传统金融、保险、房地产和法律服务等产业，在纽约的新增中产阶级就业岗位中，大部分是文化与创意产业岗位，包括广告、建筑、销售、出版和设计等。自2004年到2019年，广告业的就业人数增长了57%，增加了27000个工作岗位；电影和电视工作岗位增长了52%，

---

[1] 该项目现在受纽约文化事务部管理，纽约卫生与教育部支持，并委托一个非盈利机构"艺术材料之友"（Friends of Materials for the Arts）执行项目协调工作。

[2] "百分比艺术"不是纽约独有的，上世纪30年代芬兰就以法案的方式启动了这一运动，爱尔兰等国也一直在实施。美国是在1934-1943年间将其设定为联邦的规定。城市层面，底特律最早颁布相关法令，在巴尔的摩、旧金山、夏威夷、西雅图等城市也在上世纪70年代就启动了这一法案。至今美国有超过一半的州都仍然在实施"百分比艺术"项目。

[3] 纽约市文化事务部网站：https://www1.nyc.gov。

[4] 包括"艺术曝光计划"（The Arts Exposure Program）、"各自为政"（Free-for-all）、"艺术发展基金"（Arts Development Fund）、"项目发展基金"（Program Development Fund）等。

[5] New York Community Trust, Robert Sterling Clark Foundation, Laurie M. Tisch Illumination Fund, Rockefeller Brothers Fund 和 Edelman 资助研究：《创意纽约》（2015）报告，2015。

五个行政区新增了 19000 个工作岗位；建筑业工作岗位增长了 59%，净增收了近 6000 个职位[1]，根据纽约市审计长斯科特·斯金格（Scott Stringer）的报告，该市目前占全国所有创意工作的 12%，共有 29.3 万人直接从事创意产业的工作，赚取共计 304 亿美元的年薪[2]。创意企业和创意产业相关非营利组织数量则从 2005 年的近 1.2 万家增长到 2017 年的约 1.5 万家。全美国 28% 的时装设计师，14% 的制片人和导演，12% 的印刷和媒体编辑以及 12% 的艺术总监都在纽约。纽约已经超过洛杉矶成为全美国最大音乐产业集聚地。

创意产业的经济价值不止体现为直接就业人口，还包括相关产业带动作用。创意产业各门类本身都各有很长产业链，已是常识无须赘述。纽约 1/4 创意人就职于"幕后"行业，包括出版、电视电影制作、策展等。这些人直接或间接创造了纽约市一半文化产值。纽约在 2016 年财政预算投到文化部门 1.65 亿美元，最后直接或间接创造超过 1000 个就业岗位，赚取 8500 万美元利润，产值 1.85 亿美元[3]。因此，自 2017 年起，纽约市在预算中增加了对文化机构的投入，2017 年预算增加了 1900 万美元，使得总预算增加到 1.82 亿美元，比 2016 年增加了 12%。这一项预算支出在 2020 年的城市预算中超过了 2800 万美元通过不同的渠道投入给了文化机构[4]。

城市若创意产业发达，对游客会产生巨大吸引力。纽约本就是全球热门旅游目的地，在过去十几年中，随着文化创意产业增长，游客

---

[1] Jonathan Bowles, Winston Fisher. "*Starving artists no more? NY's creative industry fuels middle-wage jobs*", *Chain's New York Business*, 2019.

[2] Scott M. Stringer. "The Creative Economy: Art, Culture and Creativity in New York City", 2019. (https://comptroller.nyc.gov)

[3] Fiscal Year 2016 Adopted Budget, NYCDCLA, http://www.nyc.gov；以及 CreateNYC, 2015, https://createnyc.cityofnewyork.us/

[4] Scott M. Stringer. "The Creative Economy: Art, Culture and Creativity in New York City", 2019. (https://comptroller.nyc.gov)

人数从 2002 年的 3530 万增加到 2018 年的 6520 万，增长了 84.7%。其中外国游客增加一倍以上，从每年 510 万增加到 1350 万，2018 年中国游客 110 万人到访纽约①。一年两次的时装周等活动吸引了来自全球各地的与会者，每年直接访客支出为 5.47 亿美元，总体经济影响为 8.87 亿美元②。

宾夕法尼亚大学的研究报告③另辟蹊径，考虑经济影响之外的社会影响，证明文化艺术对城市的健康、安全和幸福感都有影响。拥有较多文化资源的社区里，中低收入居民比文化资源较少社区类似收入水平的居民更健康，受教育程度更高，整体更安全④。课题组观察了 4700 个非营利性文化项目和 17000 多个营利性文化企业，认为它们构建起了一个宽广、多样性和富有活力的社区文化生态系统。

二、文化创意产业角力国际大都市进一步扩张

尽管城市看似已与文化创意产业达成和解，二者始终存在发展不平衡和诸多矛盾。就近而言，北京艺术家从圆明园画家村到通州宋庄再不断由于生活成本等原因迁离北京，这一过程在纽约等许多大城市都出现过，充分展现城市经济社会发展与文化艺术之间的矛盾。如今北京市正采用多种政策手段疏散非首都功能，需要城市考虑文化与艺术因素，开展主动规划。

---

① Andrea Doyle. "New York City Again Sets Tourism Record as It Roars Into 2019", Northstar Meetings Group, 2019. (https://www.northstarmeetingsgroup.com)

② Adam Forma: "Creative New York 2015", 2015-6, Center for an UrbanFuture (https://nycfuture.org/research/creative-new-york-2015)。

③ Mark J. Stern, Susan C. Seifert:《纽约市社会幸福感：文化与艺术的贡献 (Social Wellbeing of New York City's Neighborhoods: The contribution of culture and the arts》), 2017.

④ 报告证实，文化资源的存在，会使这些街区虐待儿童和忽视儿童案件减少 14%，肥胖减少 5%，在英语和数学考试的最高层中，孩子的得分增加了 18%，严重犯罪率下降 18%。

而北京"798艺术区"从最初的艺术家创作区到如今文化艺术体验区的渐变，也代表文化与艺术在城市发展功能上的嬗变。在纽约，创意产业被认为是布鲁克林区复兴的关键[①]。但同时矛盾丛生，布鲁克林、曼哈顿和皇后区进入本世纪以来的艺术发展又被视为"过于成功"。新画廊和工作室带来连锁店和豪华公寓，不仅大幅提高该区域生活成本，也可能彻底改变这一地区的文化特色。这一进程往往不仅不可逆，还会因为集聚效应发生加速[②]。一旦创意人才和机构离开城市中心进驻郊区，很难再形成鲜明的新文化特色。

纽约近3年发布和出台了3个主要报告和文件，即2017年7月由政府主导"创造纽约"（CreateNYC）文化发展规划、2017年5月由高校研究机构主导"艺术项目的社会影响"报告和2015年由智库机构主导"创意纽约"报告，分别指出纽约文化创意产业与城市发展的主要矛盾和问题，3个报告提出的问题极为相似，主要包括：

第一，城市住房、生活成本过高，创意产业企业和人才难以负担。纽约75%的艺术家靠外部收入养活自己，由于高房价和高房租，近半数负担不起，大部分独立艺术家都不得不搬离。纽约的创意工作者的收入虽然高出全国平均水平44%，但如果综合考虑城市住房、食品、运输和医疗保健的高成本，以购买力而言，纽约创意人时薪的中位数比全国水平低15%。何况在看得见的收入差距之外，还有很多隐性的元素拉大了国际大都市与其他城市在发展文化创意产业上的难度，在纽约，这些元素包括并不限于助学贷款等债务负担、无偿实习、通货膨胀等。

第二，政府补贴多锦上添花而缺雪中送炭，尽管可能并非刻意。如2015年，纽约77%的财政文化扶持资金提供给了文化机构集团的33个

---

① Adam Forma: "Creative New York 2015", 2015-6, Center for an UrbanFuture (https://nycfuture.org/research/creative-new-york-2015)。

② Adam Forma: "Creative New York 2015", 2015-6, Center for an UrbanFuture (https://nycfuture.org/research/creative-new-york-2015)。

机构，剩下1000多家机构仅能申请剩下的23%；虽然同处纽约市，曼哈顿区平均每人获得的文化扶持资金是45.88美元，而皇后区人均只有4.58美元，布鲁克林区人均8.87美元，分别是曼哈顿的1/10和1/5[1]。而且这一组数字还不包括公共补贴之外数量庞大的私人资助，这些资金更会主要流入知名度高、有更完备募捐能力，能举办豪华筹款晚宴的机构，加剧这种不平衡的现象。

第三，每一个城市都有自己的底色。但国际化大都市需要面对不同背景居民带来的文化多样性，国际化大都市在这方面与一般城市显著不同。具有美国国情特殊性的纽约，人口流动带来居民构成的族群和文化多样性，但多数外来族群很难参与文化艺术管理。

上述问题在北京等城市又有其他表现形式。北京户籍人口均被视为"北京人"，其实其中相当比例是在近几十年中由外省市迁入，如今成为北京国际化大都市建设中坚力量。然而北京城市文化规划设计仍然仅停留在"京味"文化和主城区传统文化资源、远郊文化遗址保护的层面。这一思路对弥补建国初期北京老城区建筑及街区拆改的遗憾，弘扬传统文化十分有益，但同时极少考虑大多数居住在三环以外人群的文化需求，也不曾着力营造笼络多样文化背景的"新"北京居民的文化生态环境。在打造国际化大都市形象同时保护好地方特色文化诚属不易，却亦不可因噎废食、知难而退。既然要追求国际化首善之都，就要尽力兼顾，需要政府、智库、居民群策群力，非不能也。

纽约市已经开始试图缓解上述问题。2017年7月，纽约市在建立

---

[1] Eric Adams, Adam Forman: "*Arts funding strategy should keep pace with Brooklyn's growth*", 2018-8-26, City and State New York (https://www.cityandstateny.com/articles/opinion/arts-funding-strategy-should-keep-pace-with-brooklyns-growth.html).

了22人市民咨询委员会①，并通过各种渠道征求了18.8万纽约市民意见以后，颁布了十年期"创造纽约"（CreateNYC）规划②，旨在将纽约市构建成为一个更包容、平等、灵活的文化生态系统③。

这是纽约市历史上第一个文化发展规划。这一规划宗旨是将艺术和文化项目推广到纽约行政区域内所有社区，改变过去只关注曼哈顿的发展现实，使纽约文化机构能更好服务于城市多民族多文化人口，并持续发生积极作用。2018年，纽约市将该市迄今为止最大一笔财政资源4030万美元分配划拨给纽约文化事务部下属文化发展基金，其中645万美元用于创造纽约2018倡议，大约400万美元用于文化事务部所谓的"小型组织的更大增长"，145万美元用于在被认定为服务不足的社区工作的260个团体④。而全市总的年度文化预算已被增至1.88亿美元，与之形成对比，在美国联邦政府层面的国家艺术基金会等全部联邦拨款也仅有1.5亿美元。

报告称将增加对个人艺术家的援助，新的资金和资源也将用于培训更多的少数族裔申请人从事高级文化工作，并使残疾人更容易进入文化机构。值得注意的是，该计划的承诺是将艺术和文化活动带到昂贵的商业走廊（如百老汇剧院区和第五大道博物馆大道）之外，甚至到达边远

---

① 该委员会为制定"创造纽约"规划而设立，在规划颁布前已成立并运营超过一年。成员包括博物馆大道（Museum Mile）资深员工，尖端表演艺术中心成员，社区组织领导人，个人艺术家的资助者和慈善家，他们的宗旨是提高艺术和文化的支持、创作、展示和可到达性。

② CreateNYC是由2015年5月由市议会多数党领袖Jimmy Van Bramer和理事会成员Steve Levin赞助并由市长de Blasio签署的2015年第46号地方法的结果。

③ Adam Forma: "*Creative New York 2015*", 2015-6, Center for an UrbanFuture (https://nycfuture.org/research/creative-new-york-2015)

④ Andy Battaglia: "*New York City Grants $40.3 M. to Arts Organizations in Largest-Ever Allotment for Cultural Development Fund*", 2017-12-21, Art News (http://www.artnews.com/2017/12/21/new-york-city-grants-40-3-m-arts-organizations-largest-ever-allotment-cultural-development-fund/).

的服务欠缺地区。该计划包括一些具体的预算细节，计划将继续为大都会艺术博物馆和公共剧院这样的顶级机构提供支持，也向底层社区团体承诺了新的财政资源。针对文化多样性难题，该计划制定了与预算相关的目标，改变过去从董事会成员到策展和创意人员、艺术和受托管理人员典型以白人男性为主的面貌，力推多元化。这些措施主要以金钱手段来实施，但规划制定者也乐观认为，规划理念也可以作为对顶级机构的导向，无形中修正过去的很多问题。

这份规划分为当前计划（12个月以内）、短期计划（2年内）、中期计划（4年内）、长期计划（10年）。规划内容涵盖8个领域，包括公平和包容；社会和经济影响；负担能力；邻里角色；艺术、文化和科学教育；公共空间的艺术与文化；全市协调；文化部门的健康。具体而言：

"公平和包容"指纽约市将提供机会增加文化组织资金的公平性，为历史上投入不足的社区提供资源。基本思路是加大对低收入和低资源文化机构集团（CIG）成员的支持，支持就业政策，通过专业发展和来自代表性不足群体的文化工作者的就业增长来促进多样性、公平、可达性和包容性。打破社会经济和语言边界，促进沟通。通过科学的项目扶持，为市民提供负担得起的艺术和文化。

"社会和经济影响"指艺术和文化在公平经济和健康、繁荣的社区中的基本作用，基于前述"艺术的社会影响"报告展开。主要方式是促进学生就业，鼓励来自不同社区的文化工作者的专业发展，并支持文化工作者和艺术家的工资。

"负担能力"旨在保护受到威胁的文化空间，并创造新的空间，以确保跨学科的艺术家和文化组织能够负担得起的现场、工作和展示空间。

纽约市发起了一个负担得起的艺术家房地产倡议（AREA），合作开发新的经济型工作空间模型，并增加新旧现有空间（如图书馆，广场，公园和学校）的工作，表演和展览空间。通过有针对性的外展活动，艺术家和文化工作者将能够更好地获得现有的和新开发的，可实际获得的，经济适用房。房地产准备培训和资源共享将支持文化组织的长期可持续性。

"邻里角色"旨在通过文化视角支持邻里角色以促进社区蓬勃发展。通过扩展对其建筑社区能力计划的支持以及加入私人慈善事业来增强对低收入，服务欠缺地区的当地艺术和文化的支持，从而帮助现有社区和文化蓬勃发展。通过将艺术和文化优先事项纳入社区规划和重新分区工作，纽约市将进一步保护和加强其文化基础设施。通过绘制文化参与数据，为公平的资源分配提供信息，可以将资源用于五个行政区内更多社区的艺术、文化和科学计划。地方艺术委员会将在更高层次提供资源，以支持更多样化的社区、文化组织和个人艺术家。营销活动和与当地社区利益相关者的互动将提高对邻里艺术和文化的认识。

"艺术、文化和科学教育"目的是提高公立学校孩子的艺术、文化和科学教育质量和机会，提供更实惠的课后计划和实践考察计划，并探索吸引学生家庭参与的机会。老年人参与艺术教学，并参与创意老龄化计划。扩大城市资源的使用范围。

"公共空间的艺术与文化"要增加艺术家在公共场所和公共机构工作的机会，支持公共艺术家驻留项目（PAIR），鼓励在街道、广场、公园和社区花园中进行各种节目，并为广场经理和社区成员提供技术支持。

"全市协调"目的是打通城市各个部门，将文化部门的需求纳入社区和经济发展规划流程。

"文化部门的健康"意思是在蓬勃发展的艺术生态中，该行业的所有参与者都应该拥有成功完成工作所需的资源。包括财务管理、与商业部门的衔接、资助模式。"夜生活大使"（Night Life Ambassador），精简文化发展基金拨款申请程序。

三、结论

发展与文化总是处于非常微妙的关系，即便在国家层面。联合国2030可持续发展议程中四个可持续发展关键词是"文化""社会""经济"与"环境"，但实际上文化被提到的篇幅和重要性远远低于其他三个。据此，几家全球组织联合发起了"文化2030目标运动"，他们对2016—2019年期间已经提交给联合国的135份针对"2030议程"的整体履约报告（中国和美国均尚未提交报告）进行了词频分析，找出在报告中提到"文化"次数最多的10个国家，分别是：意大利、塞浦路斯、帕劳、希腊、新西兰、葡萄牙、塞尔维亚、拉脱维亚、土耳其和卡塔尔。研究团队同时发现，将他们所整理出的前20个国家和地区的名单与世界旅游组织和世界经济论坛发布的全球旅游业排名进行交叉对比，会发现这些国家在旅游业排名中也非常靠前，说明这些国家和地区把文化作为发展的优先事项与其旅游产业发展水平密不可分[1]。由此可见，文化的确是一种推动力，但是这种推动力未必基于当地的经济发展水平，而是与当地原本的经济形态有关。

尽管各国国情不同，发展特色亦各有相似，在协调城市自身建设与推动文化创意产业发展过程中，各地面临着相似的情况和问题。不过所有的对策都应因地制宜，在文化上没有万能钥匙。即便是纽约市提出的8条解决方案也并不能一劳永逸解决问题，甚至在公布之初就遭到反对者的猛烈抨击[2]。在我们反复译介欧美国家文化管理"一臂之距"等各种经验的同时，我们自身根据中国国情多年来形成的文化管理经验也有其所长。纽约市的经验至少提供给我们以下提示：

---

[1] Culture 2030 Goal campaign. "Culture in the Implementation of the 2030 Agenda", 2019.

[2] The People's Cultural Plan. "How to Address the Shortcomings of New York City's Official Cultural Plan", 2017-9-21, Hyperallergic (https://hyperallergic.com/401477/the-peoples-cultural-plan-responds-createnyc/).

首先，以文化推动城市发展，必须营造宽容的文化态度。这方面的典型比较案例如阿联酋的阿布扎比和迪拜等城市，与其他中东和北非地区城市相比，文化创意产业，尤其是体验经济的发展与城市的文化宽容度关系非常密切。城市在找寻自己的发展特色和文化标签时，也需要打破"历史积淀"的包袱，在尊重自身文脉的基础上也调动"新市民"带来的文化活力，像北京的"设计之都"新标签就是这样的优秀范例。

其次，要建立有效的文化服务机制。就具体城市管理而言，文化的宽容度不光是对文化表现形式多样性的鼓励和支持，也要打破部门管理壁垒，加强各圈层的沟通，将文化融入到政府、社区和商业的整体氛围中。让需要得到文化扶持的机构、社区和个人有畅通的渠道享受到精心设计的公共文化服务内容，也让创意人群能有最便捷的方式用创意为市场和城市贡献自己的力量。

再次，所有的政策都不是一劳永逸的，新状况不断出现，唯有立足实际、集思广益，才能在城市化大潮中助力城市文化繁荣发展，营造良好文化生态环境，反推城市经济、社会、环境等各方面健康发展。

第三节　国际组织总部集聚的北京实践

根据 2014 年 10 月签署的筹建亚洲基础设施投资银行备忘录，各方已一致同意将总部设在北京。自从北京提出"四个中心"的城市定位以来，各方均认可"国际交往中心"的其中一个重要指标，是国际机构在该城市的数量，因为这直接反映了该城市在地区和国际的影响力。这个定位对北京而言是恰逢其时还是为时尚早？北京应该用什么样的举措来成为各个国际组织总部安居之所？这是本文试图回答的几个问题。

一、北京的城市发展已经达到在全球具有较大影响力的阶段

世纪之交以来，世界经济形势发生了巨大的变化，创意经济异军突起，文化日益成为城市经济的支柱产业。从2008年开始，联合国教科文组织（UNESCO）、联合国贸发会议（UNCTAD）、联合国开发计划署（UNDP）南南合作专署、世界知识产权组织（WIPO）以及国际贸易中心（ITC）等机构连续发布三个《创意经济报告》，形成的共识是：创意产业是世界经济中最具活力的部门之一。创意产业连接和涵盖了经济、文化、科技和社会，以及在宏观与微观水平上发展的各个方面，是一种新兴的发展范式。

对于上述发展趋势的认识，正在成为联合国制定2015年后全球发展议程的重要思想资源。联合国秘书长潘基文已经意识到，当联合国大会通过千年发展目标时，并未清晰认识到文化对发展的重要性。他在2013年6月纽约召开的联合国大会文化和发展专题讨论的开幕词中说道："太多好的发展计划以失败告终的原因在于未考虑文化环境，发展也并非总是以人为本。为了调动人们的积极性，我们需要理解和接纳他们的文化。而这需要鼓励对话，倾听个体的声音，并保证可持续发展新进程尊重文化和人权。"（见《2013创意经济报告（专刊）》）很显然，创意经济已经成为联合国"后2015"全球发展议程最重要的议题了。

随着联合国创意城市网络的建立和迅速走红，文化逐渐成为城市国际化的强大动力。对于一个国际化大都市而言，首先要具备独特的富于魅力的文化品格、城市形象和市民人文素质，这是城市获得最佳品牌效应的重要途径；其次是要有文化多样性和宽容和谐的城市氛围；还要有优异的创业环境，高阶舒适的生活，文明的城市环境。以上种种，是一

个城市能够成为吸引外来人才和国际人口重要目的地的主要条件[①]。

在传统的发展观念中，城市的发展是靠经济为指标的。城市是财富堆积起来的高楼大厦，是有钱人的天堂，是商贸中心金融圣殿，是以产业发展为唯一指标的冷冰冰的机器。在这种语境下，城市管理者们关心的是GDP，是CBD，是产业园高新区。但未来的变化趋势是，城市功能由单一经济驱动转向了更加社会化的、多样性的综合体，城市的发展更注重城市社会功能的开发，更注意解决城市的公共服务问题，防止社会分化，促进经济和社会的协调。

从这个意义上来说，北京的四个中心定位正是恰逢其时。根据近年来流行的综合评价指标，北京在国际社会中的地位显然已经到达比较领先的位次，已经用综合实力证明了自身的国际影响力：

（一）5领域24指标评估

2008年10月，美国外交政策杂志、科尼尔管理咨询公司（A.T.Keamey）和芝加哥全球事务理事会联合发布了全球化城市指数（GCI），征询了萨斯基亚·沙森和维托尔德·雷布津斯基等学者的意见。外交政策杂志指出，这个排名中基于对24个度量方法的评估，分为五个领域：商业活动、人力资本、信息交换、文化体验以及政治参与。2014年该报告的排名中，北京的全球排名由2013年的第12名上升到第8名，跻身全球十大城市。北京强大的吸引外资能力和中国跨国公司的崛起促使了其排名的上升；越来越多的国际学校、博物馆和宽带用户也提高了北京的地位。

（二）6大类69指标评估

2009年10月，日本森纪念财团城市战略研究所发布了世界城市综合力排行榜。排名依据包括6大类，69个个体指标。这六大类包括了经济、

[①] 金元浦：《国际上建设国际化大都市的新思路》，2014-12-4，微信公众号（https://mp.weixin.qq.com/s/pds0p4HTWiJLqjgn0BZBEw）。

研究与发展、文化活动、宜居度、生态和自然环境、容易接近的程度。与过去的标准相比，这一指标体系强调了"研究与发展""文化活动"的重要性，尤其是在2014年将"容易亲近的程度"改为"感性价值"，从安全安心、多样化、亲近感等角度，强调城市"非物质的价值"。在这一指标体系下，北京保持在第14名，主要因为环境和交通受到影响，但仍是排在全球城市的前列。

（三）4参数指标评估

2010年总部在伦敦的全球城市咨询公司KnightFrankLLP和花旗银行一起发布了对40个预选全球城市的调查结果。有四个参数，经济活动、政治权利、知识和影响、生活质量。这一指标在2011年公布的结果，北京排在全球第8位。分析认为，由于亚洲城市经济成长十分迅速，亚洲城市，连带华人移民胜地多伦多与旧金山排名都有大幅度提升。这一指数报告同时预估，到2020年时，金砖四国（BRIC）的大城市都将挤进世界十大城市，上海、北京、香港届时都在前五名之内。

（四）8大指标全球影响力排名

为了评选全世界最有影响力的城市，乔尔·科特金（JoelKotkin）、城市地理学家阿里·莫达勒斯（AliModarres）、前埃森哲咨询公司（Accenture）分析师亚伦·雷恩（AaronRenn）和人口学家温德尔·考克斯（WendellCox）根据八个方面对58个领先的大都市区进行了排名：城市吸引外国直接投资的数量；公司总部的集中度；城市占主导地位的商业领域数量；航空连通率（便于前往其他全球城市）；生产商服务的优势；金融服务；科技和媒体影响力；以及种族多元化程度。根据这些指标，北京依然排名第八。

二、国际组织总部集聚对于城市进一步发展的促进作用

当我们关注北京作为"国际交往中心"的现实可能性时，不难发现在国际上有这样一个因果关系，即一个国家参与国际组织的广泛程度和

深入程度能够反映这个国家参与国际事务的广泛程度和深入程度；而一个国家在国际组织中的影响力，也能够反映出这个国家的国际影响力。一般来说，加入一个国际组织、以成员国的身份参与各项决策和活动，只是参与国际组织的一种最普遍和常规的形式，人们已经越来越认识到，还有两种更为重要的参与形式，一种是参与发起成立某个国际组织，一种是成为某个国际组织的总部所在地。这两种形式常常是相辅相成、互相促进的。

能够成为国际组织总部的城市，它对国际组织工作的开展具有重要的影响。良好的东道国环境不仅有利于国际组织机构顺畅地开展实质性工作，而且能借助国力来帮助该国际组织发展壮大；而一个国家、城市若能够争取到地位、作用和权威显著的国际组织总部落户，对这个国家和城市的发展也必然会起到相当大的助推作用。

根据国际协会联盟（Union of International Associations，UIA）的《国际组织年鉴》，上面收录了全世界国际组织68029个，包括由300多个国家和地区组成的政府间组织和非政府组织，其中现在仍然正常运作的国际组织数量超过37000个，每年至少有1200个新增的国际组织[1]。这些国际组织聚集总部数量列前5位的城市依次是：布鲁塞尔、巴黎、伦敦、华盛顿、日内瓦，紧随其后的还有纽约、维也纳、罗马、哥本哈根、斯德哥尔摩等。这些城市都是国际社会和各自国家的中心城市。事实上，这些城市之所以能够集聚国际组织总部，都有各自的历史和现实原因，而作为国际组织总部集聚地，它们也从中受益颇多。

（一）日内瓦与维也纳——永久中立国城市

纽约、日内瓦与维也纳是国际公认的"联合国城"，其中，日内瓦

---

[1] Union of International Associations(ed): "Year book of International Organizations", 2013.

与维也纳都是永久中立国城市①。

日内瓦是只有282平方公里，18万市民的小城市。但是，这里却有250个政府间和非政府组织总部，其中包括约20个政府间国际组织总部②。由于这些重要国际组织总部的存在，也使得日内瓦成为一个名副其实的国际会议之都。在日内瓦市政府的官方主页上，甚至设有专门的查询系统，能够找到每天在日内瓦召开的国际性会议的具体时间、地点与举办会议的国际组织名称，甚至有些区域和马路的名称也与国际组织相关。这个城市已经完全与国际组织总部融为一体了③。

维也纳容纳了17个联合国机构，20个政府间国际组织或机构总部，以及近百个非政府组织④。仅从欧洲安全合作组织（OSCE）和石油输出国组织（OPEC）就能看出其作为永久中立国城市对于国际组织总部吸纳能力。欧洲安全合作组织是目前世界上唯一包括了所有欧洲国家在

---

① 永久中立国，即中立国，是在国际公约担保的情况下自愿约束自己，除抵抗外来攻击外，永远不与他国作战，不卷入战争或从事任何可能使其直接或间接地卷入战争的任何行为的国家。一般都是由若干强国通过缔结条约保证某国的中立不受侵犯。现在有7个永久中立国，包括瑞士、瑞典、芬兰、爱尔兰、奥地利、列支敦士登、哥斯达黎加和土库曼斯坦，但是国际法承认的只有瑞士（1815年）和奥地利（1955年）。

② 这些政府间国际组织包括七个联合国专门组织：联合国教科文组织国际教育局（IBE/UNESCO）、国际劳工组织（ILO）、世界卫生组织（WHO）、世界气象组织（WMO）、世界知识产权组织（WIPO）、国际电信联盟（ITU）和世界贸易组织（WTO）。

③ 除了联合国专门机构，日内瓦还集聚了大量重要的政府间组织，包括国际贸易信息和合作会（ATITC）、欧洲安全与合作组织（欧安组织）仲裁法庭（OSCECourt）、欧洲自由贸易协会（EFTA）、欧洲核子研究中心（CERN）、全球抗艾滋病、肺结核及疟疾基金会（GFATM）、国际移民组织（IOM）、国际纺织品服装局（ITCB）、国际植物新品种保护联盟（UPOV）、国际国会联盟（IPU）、南方中心（SC）、国际标准化组织（ISO）等。另外还有像红十字国际委员会（ICRC）这样极具影响力的国际非政府组织。

④ 维也纳是联合国在国际药物管制、犯罪预防及和平利用太空方面活动的总部所在地，同时也是国际原子能机构（IAEA）和联合国工业发展组织（UNIDO）这两个联合国专门机构的总部所在地，因此许多关联领域的国际机构也纷纷落户维也纳。

内的机构，前身是欧安会，是在 1955 年与倡议奥地利成为永久中立国的美国、苏联、法国、英国四国倡议下发起的。不难想象，将该组织总部放在维也纳与奥地利的中立国地位有关系。更为典型的是由亚洲、非洲和拉丁美洲一些主要石油生产国组成的石油输出国组织（OPEC），瑞士和奥地利都不是这一组织的成员，但 1960 年成立时总部设在日内瓦，1965 年迁至维也纳，显而易见，这一决定与两国身份密切相关。

（二）纽约、巴黎、伦敦——强国城市

纽约、巴黎、伦敦等城市所代表的，是美国、法国、英国等国家曾经和现实中的强国地位[①]。

以纽约为例。纽约是联合国总部所在地。联合国主要机构，即联合国大会、安全理事会、经济社会理事会、托管理事会、国际法院和秘书处，除国际法院在荷兰海牙外，其他 5 个都在纽约办公。联合国常设辅助机构中也有近一半在纽约，这就使得纽约成为拥有联合国主要机构数量最多的城市。除此之外，联合国开发计划署、联合国儿童基金会、联合国人口基金等都在纽约。此外，由于纽约是联合国总部所在地，当地非政府组织的发育特别成熟，更有一大批非政府间国际组织选择将总部设在纽约。

纽约从中获益也是最多的。纽约市政府曾调查得出结论：纽约市为联合国每投入 1 美元，即可获得 4 美元的收益。纽约市在 2010 年年初的 430 亿美元预算中，用于国际组织中非政府组织或非营利性组织的资

---

① 总部设在巴黎的政府间国际组织如：联合国教科文组织（UNESCO）、经济合作与发展组织（OECD）、欧洲航天局（ESA）、国际展览局（BIE）、法语国家国际组织（Francophonie）和国际葡萄与葡萄酒组织（OIV）等。同时，巴黎还云集了相当多的国际非政府组织，如：国际商会（ICC）、国际汽车运动联合会（FIA）、国际电影制片人协会（FIAPF）、拉丁语联盟（LatinUnion）、世界报业协会（WAN）、国际铁路联盟（UIC）。总部设在伦敦的国际组织如：国际海事组织（IMO），国际海运联合会（ISF），国际消费者联盟组织（IOCU）、世界黄金协会（WGC）等。

金比例高达33%，同时这些组织创造了整个城市GDP的11.5%。近年来，纽约国际组织中非政府组织和非营利性组织收入超过480亿美元，远远超过同期纽约制造业的收入。而在1995年联合国50周年庆典之际，纽约市前市长朱利安尼曾经自豪地说："正是因为联合国总部的存在，纽约才当之无愧地被誉为'世界之都'。"①

总的来说，纽约作为国际组织总部集聚地，极大地推动了城市发展，扩大了其全球影响力，主要包括：收入（外资直接投资、会展经济等）；提供就业②；提升城市形象；推动高端资源的整合和流动；促进文化多样性和人文环境的提升等。

由于有国际组织集聚，这些城市反过来又利用国际组织来巩固和扩大自己在某一特定领域的地位，表现在倡导建立该领域的专业性国际组织，从而又使自己在该领域的影响力进一步扩大和稳固。例如，法语国家国际组织（Francophonie）、国际展览局（BIE）和国际葡萄与葡萄酒组织（OIV）总部在法国巴黎，国际海事组织（IMO）和国际海运联合会（ISF）总部在英国伦敦。

（三）布鲁塞尔——地区中心

在全世界所有的城市中，布鲁塞尔拥有的国际组织总部数量最多。据2006年的数据统计，驻扎在布鲁塞尔的国际组织或机构有3063个，其中政府间组织为305个，欧洲联盟（即欧盟）和北大西洋公约组织（即北约）的总部都在这里，前文提到的专门研究国际组织的国际协会联盟（UIA）也设在这里。布鲁塞尔的独特之处在于它的身份是欧洲首都，也常被称为"欧洲心脏"。它不仅在地理位置上处于欧洲的中心，而且

---

① Clyde Haber man: "*Act Globally, Get Stuck Locally*", *New York Times*, 2005.

② 2005年统计数据显示，联合国及其附属机构就为纽约提供18000个就业岗位，而纽约国际组织等非营利性机构的雇员为52.8万名。1990年至2000年，纽约国际组织等非营利性组织的雇员增长了25%，而其他行业仅是4%。同时，国际组织等非营利性组织的采购还间接为纽约市提供了约20万份工作机会。

在政治、经济、军事上都是欧洲的核心机构所在地。布鲁塞尔早在16世纪就一度成为欧洲的政治中心了。

（四）德国——可资借鉴的后起之秀

德国的国际组织总部数量并不是最多，但是同样作为后起之秀，德国的经验尤其值得关注。

在20个世纪90年代，德国成功说服联合国志愿人员组织（UNV）将总部自日内瓦迁到波恩，又接连成功将《联合国气候变化框架公约》（FCCC）常设秘书处及《联合国防治荒漠化公约》（UNCCD）秘书处囊括于波恩，不久后还将国际海洋法法庭争取到了汉堡。这种神速的进展与德国自身的努力密切相关：一方面，对国际组织总部的价值的深刻认识，从而体现为竞办总部的高度积极性。政治声誉、经济收入、国际地位等，都是国际组织落户所能带来的一系列收获，并且哪怕是一些看似规模很小、与本国发展无直接关联的国际组织，其存在也是有益的。另一方面，德国经济实力增长，有实力提供对国际组织有吸引力的优惠条件。作为一个森林国家，积极争取《联合国防治荒漠化公约》（UNCCD）秘书处，提供丰厚的竞争条件，充分说明了问题[①]。

三、北京国际组织落地现状及困境

据不完全统计，目前在京设立总部的政府间国际组织有8个，与前文提到的其他国际化大都市相比，不管是数量还是层次上都有明显差距。一个共识是，北京需要进一步吸引国际组织总部在北京设立。

---

① 德国提供的条件是：免费提供和负责维护宽裕的办公场所、设备；秘书处从日内瓦搬到波恩的办公人员搬迁费及人员（实有人数近20人，但德允人数最高可至31人）波恩新家安家赠款；人员外交待遇和免税待遇；协助子女及家属寻找工作或自行开业，享受德国公民同等的国民待遇；子女上德国公立小、中、大学免费；除交纳会费外，每年赠给中心200万马克（合132万美元），无限期提供，由秘书处雇佣人员、购置设备或自行确定使用方法，在德国境内境外举行活动均可。

正如全国政协常委、民建中央副主席周汉民曾提出的"四个有利于"：有利于提升东道国的国际影响力；有利于东道国塑造其良好的外交形象；有利于带动相关国家和城市经济的发展；有利于提升东道国和城市的国际化程度。

（一）常驻北京的国际组织情况

据不完全统计，目前在京设立总部的政府间国际组织有以下 8 个：国际竹藤组织、亚太空间合作组织、亚太农业工程与机械中心、上海合作组织、国际马铃薯中心亚太中心、世界旅游城市联合会、国际海事卫星组织，以及近期最火爆的亚投行。

针对政府间国际组织驻京代表机构、中方主导的非政府间国际组织、在京活动的境外非政府间国际组织的数量和名单，尚无确切统计。

政府间国际组织驻京代表机构。据不完全统计，有国际组织在京设立的代表机构 25 个，其中联合国的 21 个机构在京共设立了 14 个代表机构，部分派生机构由联合国开发计划署等综合性机构一并代表。目前联合国有资金、有能力在外设立分支机构的组织基本上都在北京设立了代表处或类似机构。（表1）

表3 政府间国际组织驻京代表机构[①]

亚洲开发银行驻华代表处 ADB	欧洲联盟欧洲委员会驻华代表团 EU
联合国粮食及农业组织驻华代表处 FAO	红十字国际委员会东亚地区代表处 ICRC
国际金融公司驻华代表处 IFC	红十字会与红新月会国际联合会东亚地区代表处 IFRC
国际劳工组织北京局 ILO	国际货币基金组织驻华代表处 IMF
阿拉伯国家联盟驻华代表处 LAS	太平洋岛国论坛驻华贸易代表处 PIF
联合国开发计划署驻华代表处 UNDP	联合国环境规划署驻华代表处 UNEP
联合国教科文组织驻华代表处 UNESCO	联合国人口基金驻华代表处 UNFPA

---

① 李培广，李中洲，贾文杰：《国际组织落户纽约对北京城市发展的启发》，载《中国市场》2012年9月第33期。

续表

联合国难民事务高级专员署驻华代表处 UNHCR	联合国儿童基金会驻华办事处 UNICEF
联合国工发组织中国投资促进处 UNIDOIPS	联合国工业发展组织驻华代表处 UNIDO
联合国世界粮食计划署中国办公室 UNWFP	世界银行驻华代表处 WBOB
世界卫生组织驻华代表处 WHO	联合国粮食及农业组织驻华代表处 FAO
国际海事卫星组织驻华代表处 INMARSAT	国际民航组织亚太处

非政府间国际组织。在北京活动的非政府间国际组织可分为中方主导的非政府间国际组织和外方主导的非政府间国际组织。中方主导的国际社团，是由我方（主要是中央各部委）主导发起并在国内注册、名称冠以"世界""国际""亚洲"等字样、会员覆盖国内外、主要面向国际开展活动的非政府组织，由民政部民间组织管理局负责管理登记。据不完全统计，已有16个设立在北京的国际社团在民政部登记（见表2）。其中不乏颇有影响的机构。

表4　部分中方主导的设立于北京的非政府间国际组织

序号	社团名称	业务主管单位
1.	世界针灸学会联合会	国家中医药管理局
2.	世界医学气功学会	国家中医药管理局
3.	国际武术联合会	国家体育总局
4.	世界中国烹饪联合会	国务院国有资产监督管理委员会
5.	世界珠算心算联合会	财政部
6.	世界中医药学会联合会	国家中医药管理局
7.	国际易学联合会	中国社会科学院
8.	国际数字地球协会	中国科学技术协会
9.	亚洲排球联合会	国家体育总局
10.	世界汉语教学学会	教育部
11.	中俄机电商会	商务部
12.	国际反贪局联合会	最高人民检察院

续表

序号	社团名称	业务主管单位
13.	亚洲大学生体育联合会	教育部
14.	国际儒学联合会	文化部
15.	国际动物学会	中国科学技术协会
16.	世界泥沙研究学会	水利部

近年来，境外非政府组织在国际舞台上十分活跃。据统计，2010年在京活动的境外非政府组织有170家（占在华活动的境外非政府组织总数的5.7%），来自27个国家或地区。其中开展经贸类合作的组织有67家，约占总数的39.4%。我国尚不鼓励境外非政府组织在中国境内注册，所以在民政部门和相关部门注册的只有少数。但需要承认的是，在境外非政府组织中，有一类国际行业协会，是推动产业发展的重要平台，在制定相关产业国际标准、促进技术创新、信息共享，协调仲裁纠纷等方面发挥了重要作用，这一类组织应该是北京鼓励落地的机构类型。

（二）北京吸引国际组织落户的主要困境

国际组织落户乃至集聚需要观念引导和成熟的培养环境，因此在整个国际范围都希望通过有影响力的国际组织提高当地国际影响力、增加收入的激烈竞争下，像中国这样的后发国家想要脱颖而出获取国际组织的"芳心"面临更大的困难。对于北京来说，吸引国际组织落户有着从文化到措施方面的多重困境。

1. 对国际组织及制度了解不足，缺乏专业人才

现有的大部分国际组织在本质上都是主要由西方人首创、以西方文化价值观和西方社会组织特点为基础而创建的，并且充满西方式法规和条约的世界组织[①]。一方面，中国对国际组织了解不够，没有足够的专业人才，对于运作国际组织缺乏国际化的思路和方法。另一方面，西方

---

① 潘一禾，张丽东：《认识现有国际组织的西方组织文化背景》，载《世界经济与政治》2000年第12期，第67页。

世界也不能理解中国运作国际组织的方式,认为中国政府的策略过分务实,甚至认为中国在联合国的行为基本是一个公共利益"搭便车者"所为:即以最小的财政支出换取最大的经济好处[①]。在这种背景下,以西方文化价值观和西方社会组织特点为基础而创建的国际组织,很难选择中国作为其主要办公地。

同时,由于专业人才的匮乏,在竞办国际组织总部的过程中,中国留给国际社会"财大气粗"的形象,并不真正理解国际组织除了资金之外的实际需求,即便对方前来落户,也少有能真正与之对接的人才。

2. 还没有专门的部门和专项资金处理国际组织落户事宜

在近年北京民间涌起的联络或创办国际组织的热潮背后,是专门管理部门、资金和政策的缺失,最基本的问题是我国竟然对于国际组织落户情况没有公开的官方统计数据。国外许多城市已经建立了成熟的吸引国际组织的机制。比如德国波恩,设立了国际事务办公室,直接向市长负责,在吸引国际组织落户、统筹协调波恩市的多部门合作、为国际组织提供人财物等服务保障、支持国际组织召开大型国际会议、开展波恩国际城市形象的城市品牌推介等方面都发挥了重要的作用。

专项资金,以及与之相对应的经济类优惠政策,也是吸引国际组织落户的"必需品"。这在国外许多城市也已经有成熟的经验。比如,为了吸引国际疫苗研究所入驻,首尔于 2003 年在首尔大学校园内建成了一座价值 1.5 亿的总部大楼,并于 2004 年起正式向其提供研究所运营费用。东京在日本政府支持下,成功吸引了联合国大学的进驻,日本无偿提供用地及设施,并担负 70% 的运营费用。

3. 城市环境及涉外服务体系仍需加强

北京的雾霾和交通既是日本城市战略研究所在评估城市综合力过程

---

① Harding H. *"China Joins the World: Progress and Prospects."*, *China Quarterly*, 2009(161).

中给北京扣分的地方，也的确影响了国外驻华机构的工作和对北京国际形象的塑造。

北京虽然已经是一个有许多外国人居住的城市，但在涉外的信息平台、外语服务、涉外医疗、国际学校、涉外服务人员等方面仍有不少改善空间。还不足以支撑大量国际组织和国际会展在北京的发展。

四、北京吸引国际组织落户的政策建议

依据前文的分析，为了更快更好地吸引国际组织在京落户，需要北京在以下方面作出更多的努力：

（一）从战略层面重视国际组织，积极在国际组织中增强影响力

应当充分认识到国际组织在当今国际舞台上、在其他国家能起到的积极作用，将国际组织外交的策略提升至战略层面，将国际组织变成中国对外国际形象的一个展示窗口，制定相应的措施和政策使国际组织在国内的运作环境得到改善，从根本上改变如今国内立法与国际制度衔接不够，民众和政府对国际组织的认识不足，学界对国际组织的研究不足等现实状况。

在社会展开全面的动员，鼓励从政府到民间的各界增强在国际组织中的话语权，只有当我们在国际组织中占据了举足轻重的地位，才有可能被考虑成为国际组织总部的所在地。同时，除了坐等个别国际组织总部迁址，可能更要积极参与新的组织的创建。这样除了可以争取到总部落户，更加重要的意义在于参与甚至主导国际规则的制定。此外，主动参与竞办国际组织总部，用优惠政策公平竞争，获得国际组织落户的机会。

（二）完善相关法律法规和区域法治的建设

虽然政府间国际组织和国际条约都是由中央政府来实现的，但在吸引国际组织落户北京的问题上，北京市需要中央政府赋予更多的权

力。因为国际组织竞办、筹备、运营的所有日常事务性交流都是需要北京市政府完成的。此外，提供给国际组织的资金、土地、人员也大部分由北京市承担，因此需要赋予更多的自主权。在这方面，瑞士成立了"国际组织不动产基金会"，由瑞士联邦政府和日内瓦市政府共同经营管理，给国际组织提供相关支持。尽管我国是单一制国家，行政体制及地方政府的权限都与联邦制国家差别很大，但上述建议还是应该并给予认真考虑。

（三）加强相关人才的培养和储备

虽然中国在国际组织中担任了越来越重要的职位，但是参与国际组织的国人仍然是极少数，相关人才储备也并不充足，毕竟国际组织的工作不是外语好就可以胜任的。这在国外是很早就开始的工作。比如我们的邻国日本，早在1983年就推出了《国际组织人才选拔与培养》建议书，详细研究了国际组织机构的各种职位的性质、特征，进行了精确到个位数的统计，有针对性地提出了适合日本争取的各类职位的人员及人数的具体政策建议[①]。这样看来，中国开始有意识加强针对国际组织的人才培养工作已经迫在眉睫。

（四）做好吸引国际组织落户的配套工作

在吸引国际组织落户北京的过程中，能够起到决定性影响的，还是北京市能为国际组织提供怎样的基础条件和优惠措施。所以，首先要深入了解国际组织，知晓国际组织设立总部时对东道城市的具体需求。一般来说，这些需求和优惠条件主要涉及两个方面：其一，办公用房等硬件设施；其二，工作人员福利措施。

1. 办公用房等硬件设施

联合国曾经有一份专门报告中提到过联合国及其各组织期望从东道

[①] 肖佳灵：《当代中国外交研究"中国化"：问题与思考》，载《国际观察》2008年第2期，第14页。

国获得的便利。"有关组织由东道国无偿提供总部用房，或只是收象征性租金，但这些组织须自己支付日常维护和运转费用。另外，这一类东道国通常支付总部用房的重要修缮和翻修费用。在某些情况下，东道国还慷慨地免费提供设备、用具和家具，甚至提供花园的维护等服务。"①

2. 工作人员福利措施

这里主要指的是对工作人员及其家庭提供的支持。国际组织每聘用一名非东道国的工作人员，就可能有一些家庭成员要随之迁移，同时每一名家庭成员都必须调整适应新的环境。配偶就业、子女教育、年长父母及其他非受扶养家庭成员的签证便利等问题，都会影响到工作人员的正常生活，从而影响工作效率和积极性。一般来说，东道国应该注意的几个方面有：（1）联合国工作人员配偶及子女的工作许可；（2）工作人员购置、租用和出售房地产；（3）工作人员纳入东道国的社会保障系统；（4）工作人员在东道国退休；（5）增值税和类似税收的缴纳；（6）征收所得税问题。②

第四节 国家时尚中心建设的北京实践

时尚创意产业是建设国家文化中心的一个重要组成部分，时尚创意则是全球一流世界城市共同具备的核心要素。在一个全球化的世界格局中，要想建成全国乃至世界的文化中心，必须关注全国人民特别是青年一代的时尚消费需求。

作为文化产业和创意经济的时尚产业，是近几十年来才形成的新

---

① 联合检查组：《第二次审查联合国系统各组织缔结的总部协定的执行情况：东道国提供总部办公房地和其他便利的情况》，第5页，联合国文件A/61/695S/2007/13，2007年1月。

② 联合检查组：《审查联合国系统各组织缔结的总部协定：对工作人员有影响的人力资源管理问题》，第6页，联合国文件JIU/REP/2004/2，2004年。

兴的、综合性的重要产业门类。它并没有一个十分清晰的产业边界，而具有跨界的产业形态。从产业经济角度，可以将其简单定义为"以时尚为关联点的产业集合，主要由追求时尚生活的消费者和提供时尚商品的经营者组成"。它最早发端于法国和意大利的时装制造业，意为"时尚服装的制造者和销售者"，在此基础上，时尚创意产业被定义为"包括所有生产服装和饰品的公司以及与制造这类产品相关的贸易部门的产业"。也有人将时尚产业扩展为：包括所有与设计、生产制造、分销纺织服装品和饰品相关的公司和个体的产业，如时尚产品生产企业、时尚产品零售贸易企业、设计师、艺术家、传播媒体、白领和蓝领工人等等。

随着产业范围的不断拓宽，产业体系的日益完善，现代时尚产业已经成为以工业和商业方式对包含时尚元素的产品和服务进行设计、采购、制造、推广、销售、消费、收藏等一系列经营性活动的总称。随着国际经济环境的变化以及文化产业在全球的兴起，由于时尚产业具有十分丰富的文化艺术内涵、十分鲜明的时代特征、以及普遍融合的产业关联性，已经成为当代文化产业异军突起的力量，已经在多国作为国家文化产业战略的核心被确立和扶持。

一、中外时尚创意产业发展的现状和趋势

时尚创意产业不仅是产品的生产，更是对领先的观念和价值观的制造。这一产业并不存在于工业时代的产业分类名录，而在上世纪后半叶才逐渐兴起，包括了服装服饰、美容美发、家居纺织、城市规划、建筑设计、工业设计、环境艺术、视觉艺术、数码娱乐、极限运动等等在内与社会生活方方面面相关的产业门类，主要集中在各个部类的创意环节。金融危机以来，全球文化创意经济迅速崛起，时尚化成为国际文化产业发展的最新趋势。联合国贸发会议2008年在加纳举办的"非洲创意周"就将非洲时装产业作为主题。

国际时尚创意产业整体起步比我们早，也相对更为成熟。很多国家自古以来就有上行下效的时尚联动基础，由王公贵族创建时尚，而普罗大众集体模仿，并且经过久远的文化沉淀出现了巴黎、米兰、伦敦、东京、纽约等五大时尚之都。这些城市无一例外都是该国的国家时尚创意中心，并且其时尚创意产业也被纳入到国家层面的发展推动策略中。调研发现，国际时尚产业已经出现了创意化与集聚化的趋势，时尚产品运用了更多的创意元素，并且越来越集中到创意资源与市场资源更加丰富的城市，五大时尚中心的发展就是如此。

在中国，在改革开放以后，随着收入的提高，时尚消费逐渐普及，大量国际时尚品牌涌入中国市场，时尚才开始影响中国人的生活，成为一种具有极大影响力的社会文化现象。但至今国家对时尚创意产业尚无明确定义，更无明确的评估体系与标准。现代文化产业更重要的功能是满足越来越多相关产业部门的生产性服务需要，对于中国这种面临重大产业升级的制造业大国来说就更是如此。我国文化产业生产性服务功能正在快速发展，经济结构调整中对生产性服务业的高度关注，构成了今后中国文化产业的主攻方向。中国的时尚产业具备了快速崛起的条件。

随着我国文化创意产业的发展，长三角地区制造业升级，推动了以上海作为设计中心的创意产业发展；在北京，798、BICD、768、后街美术与设计园等集聚区大量出现，北京时尚文化的高速发展，北京流行音乐艺术的广泛基础，北京高档饰品、奢侈品的巨大需求，北京锣鼓巷文化趣味，北京小剧场戏剧的风行，奠定了北京的时尚产业集聚效应，我国时尚创意产业同样已经在北京和上海产生了高端集聚化的趋势。此外，北京提出建设特色世界城市和文化之都，北京、上海、深圳获得了联合国创意尝试联盟"设计之都"的称号，都标志着中国时尚创意产业有可能形成新的世界中心的可能性。

二、建设"国家时尚创意中心"的重要意义

(一)全球创意经济发展需要中国建设"国家时尚创意中心"

时尚创意产业界的一个现实是,五大时尚创意产业中心对于全球的时尚创意产业都有巨大影响力,他们的时尚产品输出到其他国家,并且引导了这些国家时尚产品的生产趋势。随着中国国际经济地位的提升,这些时尚中心的产品也越来越多地采用中国的视觉符号元素,但这些产品说到底是西方化的,中国的文化时尚元素还没有深入到时尚观念和时尚价值观的层面。我们认为,这一现象与中国缺乏国家时尚创意中心有关。中国时尚创意产业的发展,思路不应该是如何在以西方时尚为基础的产业链中加入中国元素,而应是打造中国自己的时尚产业,将基于中国文化观念与价值观,并且具有全球化品质的时尚产品推向世界。

由于特殊的历史和社会原因,中国四十年来的时尚产业发展不是基于文化生活积淀,而是在外来文化的冲击和模仿中发展起来的。中国的时尚创意产业的发展阶段不能也不应比照西方发展模式去套,而应实事求是按照中国的实际情况,研究中国时尚创意产业发展模式,并且输出"中国模式",改变时尚创意产业西方垄断的现实。

(二)我国文化产业发展需要建设"国家时尚创意中心"

虽然我国时尚创意产业已经自发生长起来,但在中国市场,整个时尚产业还是一个割裂的状态,各个分支产业之间各自为政,尚未形成完整有序的产业链,同一主题下各种时尚产品之间也没有形成相互配合和风格的统一。这些问题是不可能单独依靠时尚产业本身自然发展可以解决的。文化产业发展已经提到了一个新的高度,我们认为,如果建设"国家时尚创意中心",将有效推广国家文化品牌,以最低成本的双赢的方式实现了国家文化形象的对外宣传;"国家时尚创意中心"可以满足消费者,尤其是高端消费人群的需要;提升国家时尚产业水平,创新中国文化产业发展模式。

（三）北京市城市定位和发展需要建设"国家时尚创意中心"

北京是中国政治与文化的中心。时尚是吸收传统融入创新后创造的一种新的流行。与现有五大时尚创意中心相比，北京已具有厚重历史与文化积淀，亦在大力发展文化创意产业。在各种文化产业行业里，只有时尚创意产业可以整合各种文化创意产业门类，挖掘传统文化积淀，还能提高城市的国际品质。北京人均 GDP 已突破一万美元，处于生产结构的最佳调整期。通过资源整合，将各种形式的时尚产业行业进行整体规划定位，构建风格明确的发展思路，建立国家时尚创意中心，可以将北京打造成为世界第六大时尚创意中心。

北京已经切实推进国家文化中心的建设，而国家时尚创意中心的建设，可以推动北京市世界城市和国家文化中心建设，引领北京市文化创意产业升级换代，并且创新北京市文化创意产业园区建设模式。

北京宋庄时尚创意谷项目（国家时尚创意中心）以集聚、时尚、创意为主线，引进优秀的业内总部企业入驻，建设包括时尚创意总部基地、时尚艺术博物馆园区、时尚创意孵化园、新丝路时尚公园、影视传媒中心、浪漫之城六大板块的创新型综合园区。项目总建设用地面积约1515亩，总建筑面积约 200 万平方米，建筑面积 20 万平方米，计划自开工起两至三年内完成建设。

北京世贸艺术中心项目开发建设用地 13 余亩，总建筑面积 27 万平方米。该项目是集聚区综合性国际高端服务配套项目，是集会展、酒店、商业配套、艺术家公寓、艺术品拍卖、展示经营等功能为一体的城市综合体，建成后将成为全球首个以艺术为主题的世贸中心。

新成立的万达文化产业集团的首个项目便是位于通州的万达文化旅游城。据万达集团内部人士透露，目前正在通州选址。伴随着通州万达广场、万达文化旅游城的逐步推进，北京通州旅游时尚产业将有更大发展。

同时，集结全国最权威现代时尚音乐行业资源、依托全国最大现代音乐专业学府和音乐传媒教育基地，弥补中国博物馆空缺的首个现代音乐博物馆——中国现代音乐博物馆已正式启动落户通州，并于即日起面向全社会征集博物馆藏品。现代音乐博物馆承担着收藏、保护、展示和传承中国录音技术、现代音乐文化的重要责任，将以丰富的展品、先进的展陈手段讲述录音技术从模拟到数字的发展衍变，展现中国现代音乐文化的变迁及时代精神。中国现代音乐博物馆的出现，不仅填补了中国博物馆门类的空白，众多音乐爱好者及普通群众还可以在这里全面了解音乐录音技术从模拟到数字的衍变过程，深入认识中国现代音乐史中的里程碑人物，参悟中国现代音乐发展历程和时代精神，并通过许多先进的展陈手段近距离体验音频技术原理和音乐制作。

三、北京建设"国家时尚创意中心"的理念和目标

未来的5~10年将是中国文化产业发展的黄金时期，也是我国时尚创意产业发展的重大机遇期。就目前发展现状来看，国家时尚创意产业发展已经具备了自然发展的文化资源优势、完成了消费者的基础涵养、完成了文化创意产业发展的起始阶段；然而，进一步的发展还需要克服诸多阻碍发展的体制和机制障碍。

首先，整个时尚创意产业各自为政，各个行业缺乏统一的部署和配合，这样既难创立有影响力的品牌，也因无法互相支持而很难发展壮大；其次，时尚创意产业的分化程度不够，大量从事时尚产业的企业和个人还处在"兼职""兼业"状态；再次，由于缺乏统一和整合，单个企业专业化程度有限，每个企业精力分散，无法集中创意，模仿痕迹明显，创意能力比较低；然后，由于时尚创意产业集聚化程度不高，产业政策难以实施；最后，现有的产业园区开发模式模糊，生命力差、生命周期短。

建设"国家时尚创意中心"的理念是：以文化产业化和产业文化化相结合为指导，以时尚产业高端化为突破，以创意地产开发为依托，以

体制创新为保障。

建设"国家时尚创意中心"的总体目标是：产业政策实施平台、产业创新孵化平台、民族品牌推广中心和创意集聚示范基地。根据这四个目标，分成四个阶段进行"国家时尚创意中心"建设，最终形成推动中国制造走向中国创造。

四、北京建设"国家时尚创意中心"的策略和建议

（一）规划——制定发展战略和实施步骤

"国家时尚创意中心"的建设是一个完整、全面的建设工程，不仅包括可见的物质建设，还有重要的精神文化层面的营造工程，不可能一蹴而就，需要事先制定好发展战略和实施步骤，按照计划一步步实现。

（二）研究——组建产学研一体化的联合研发基地

时尚创意是一个持续的过程，尤其是基于中国传统文化进行的时尚创意，对于创意者和执行者都有很高的要求。单个的创意明星不可能支撑整个产业的合理发展。需要一个具有生命力的研究团队，这就需要组建产学研一体化的联合研发基地，引进国际国内顶尖的研究团队，持续培养自己的创意人才。这是建立"国家时尚创意中心"的必要基础。

（三）合作——打造创新性的文化创意产业共建基地

国家时尚创意中心既然是对时尚产业各种产业门类的整合，必然要与中心之外的各种时尚创意产业实体产生密切联系。在这里，要打造创新性的文化创意产业共建基地，实现以国家时尚创意中心为核心的、辐射状的全球合作网络。

（四）助推——设立产业基金，建设产业孵化器

要打造世界第六个时尚创意中心,需要维持时尚创意产业的生命力。这既需要创意人才的培养，更需要产业的孵化。所以要设立产业基金，建设产业孵化器。

（五）示范——引进全球著名品牌设计机构

要成为全球性的时尚创意中心，不仅要有代表国家形象的国际性影响力，还要能吸纳全球顶级设计机构入驻的总部影响力。国家时尚创意中心的建设，就要起到这样的示范作用，引进全球著名的品牌设计机构。

（六）保障——整合创新文化创意产业政策体系

建设全新的国家时尚创意中心，并没有现成的经验可循，需要克服原有的体制限制，并且建立符合中国实际的产业环境。这需要整合创新文化创意产业政策体系，成为国家时尚创意中心建设的政策保障。

第六章　中国特色本土实践的国际贡献

第一节　中国文化产业人才培养的 U40 模式

2013 年 7 月 16 日至 7 月 21 日，中国社会科学院文化研究中心和云南大学国家文化产业研究中心，在国家文化产业发展专项基金项目"文化产业重大课题研究计划"与国家社会科学基金重大项目"世界文化多样性与构建和谐世界研究"项目的资助下，与昆士兰科技大学 CCI 冬季学校和上海戏剧学院约翰·霍金斯创意产业研究中心一道，举办了一个别开生面的文化产业青年学者培训班——"U40 文化产业暑期工作营"（以下简称"U40"）。

U40 的直接目的是以"事后采购"的方式为"文化产业重大课题研究计划"征集一批研究成果，间接目的也是以这种方式发现一批青年研究人才，希望能在目前课题制的模式下能够有所突破。于是，这已不仅仅是课题招投标的形式，而是从一开始就抱着打破课题制的目标来设计，因而在相关合作机构的共同努力之下，"U40"以其充分的准备、独特的内容设计，取得了目标成果。这种培训班的模式从理念到做法都受到了各方高度肯定。

一、课题制的问题和"文化产业制重大课题研究计划"的工作困境

人文社会科学领域的科学管理一直是一个难题。目前普遍实行的课题制管理，一方面促进了科研成果数量的增长，另一方面也出现了质量普遍下降的问题。究其原因，其中特别突出的是，由于课题申请的门槛限制，青年学者越来越无法获得独立主持课题的机会，大量高职称学者

变成课题专业户，手中掌握数量众多的课题，纯粹以营利为目的，市场为导向，变相变身包工头，而青年学者只能在幕后担任课题的实际执行人[①]。这种情况下，虽然青年学者貌似可以在实际工作中获得大量的锻炼和提高，但更多时候为了追求课题的完成效率，很多课题以一种流水线的工厂方式完成，甚至层层转包，完全与课题的学术意义背道而驰。

"文化产业重大课题研究计划"是国内唯一一个国家以文化产业为主题的发展专项基金，这一研究基金遵循目前通行的办法，按照国家社科基金的方式进行招投标，但我们又对研究成果和形式有具体的要求，这就造成了很大的矛盾和困境，使得我们必须在通行的课题制里寻找新的突破，在完成课题的同时，能够挖掘和培养一批在传统模式下无法独挑大梁的年轻人，成为文化产业研究和"文化产业重大课题研究计划"未来的研究骨干。

二、近年来国内外关于青年文化产业人才培养的模式与案例

关于文化产业青年人才培养的重要性，英国学者说："关于艺术与文化活动是经济的重要组成部分的争论已经尘埃落定，现在需要问的是，我们未来想要什么样的人才？"[②]。总结近年来国内外关于青年文化产业人才培养的方式，主要有以下几种：

第一，以本科生为主的课堂教学与实习。越来越多的学校开设了文

[①] 李河：《"文化创造力"与"有利于创造力的文化"》，载《人民日报》，2013。

[②] 大英理事会：《"高等教育与创意产业：英国与亚洲观点"（Higher education and the creative industries: UK-Asian perspectives）》会议文件。伦敦艺术大学教授 Kate Oakley 指出，检视了国内外文化产业青年人才培养的模式，发现其重中之重被放在高等教育环节 [高等教育向来是一国经济发展的指标之一，高等教育发展的重点总是与国家国力增强的行业密切相关，而且二者总是互相促进的。

化产业专业[1]，即使没有文化产业专业的学校，大多也开设了至少一门文化产业选修课。与之相应的，是对学生课余实习工作的重视，也是对课堂教学的理论联系实际的教学延续。

第二，教师参加的高等教育政策讨论。每年在国内和国外都有若干关于文化产业高等教育的论坛召开。这些论坛主要讨论的是：文化创意产业，尤其是产业人才的发展最新状况；文化产业教学的方式与经验交流；文化产业教育与社会的互动；国家间、地区间、城市间以及校际文化产业高等教育之间的合作与联盟。

第三，研究生参加的文化产业论坛。仅在国内，就有文化产业博士生国际论坛[2]、博士后文化发展论坛[3]等品牌论坛。这些论坛与国内其他文化产业高端论坛的区别仅仅在于参与人身份的界定上，主要还是以较短时间内论文宣读的形式为主。

第四，课堂教学延伸式的假期学校。这在国内外都有[4]，但是都相应是课堂教学的延续。在国内主要是授课与听课的形式，在国外是国外课堂常见的讲座与课堂讨论相结合的方式。

所有这些现有的形式中，学生主要还是被视为以受教育的聆听者，国内有限的几种学生可以参与发言的活动也只是主发言之外的宣讲，哪怕是以其命名，也并不是活动的关注中心。这也是U40文化产业工作营与它们的不同之处。

---

[1] 根据2012年的《中国文化产业年鉴》统计，截至2012年初，全国已有97所高校开设了文化产业管理本科专业。而国外的文化产业管理专业设置也越来越多，只是暂无统计数据。

[2] 由北京大学艺术学院与北京大学文化产业研究院共同主办。

[3] 由全国博士后管理办公室与中国社会科学院联合主办，中国社会科学院文化研究中心承办。

[4] 国内有比如上海交通大学的"美学与文化产业研究生暑期学校"、山东大学"文化产业暑期研讨会"等。国外有代表性的是澳大利亚昆士兰科技大学组织的创意产业暑期学校。

三、U40文化产业工作营策划

U40是Under 40的简称，是指40岁以下的青年人[①]。U40文化产业工作营即是专门针对博士生、博士后以及相应级别的青年研究人员的人才挖掘与培养活动。我们对这种培训方式有一些不同于以往的设想：

第一，引入国际教育经验，旨在培养未来学术领袖。工作营一方面克服国内教学填鸭式的讲课模式，引入国外课堂常见的启发式的讨论模式，用激发创意的方式来培养文化创意产业的研究人才；另一方面，工作营也考虑到国内学员以听为主的学习习惯，相较于国外教学经验，适当调整听与说的比例，给工作营导师较为充分的引导和点评时间。

第二，青年学者观点碰撞、学术交流、品质提升。工作营不光让年轻人有机会发言，更有机会让学员和导师一起充分地讨论。后来的经验证明，新一代的中国青年文化产业学者有着更为广阔的视野，并且更善于理解和处理数字化新技术的各种信息。

第三，资深博导与知名国际学者发布学术前沿信息，教授学术研究方法。工作营适当安排讲座，导师讲授学科前沿理论和研究方法经验谈，以"干货"的形式集中向学员传授经验。

第四，论文高阶修订，知名教授亲自点评学员论文并提出修改意见。这是工作营相较于其他培训班最大的特点，经过初选的学员带着论文来到为期一周的工作营，分享自己的观点，得到工作营导师和其他学员的点评和修改建议，最后改出一篇优秀的论文。

2013年7月的U40文化产业暑期工作营在全国各地的报名者中匿名评审出32篇优秀论文，并根据论文内容从国内外邀请了11位导师为学员进行有针对性的论文修改辅导，其中8位导师还各做了一个课时的前沿和方法论讲座。但导师并不是我们工作营的主角，在一周的工作营

[①] U40的简称借鉴于联合国教科文组织德国委员会在2008—2010年举办的青年学者合作项目，这是联合国教科文组织"文化多样性2030"的一部分。

期间，32篇论文每一篇都获得了1.5小时到2小时的讨论修改时间，平均每篇论文都有2~4位导师参与讨论。经过为期一周的培训，最后修改出15篇达到很高质量发表标准的优秀论文。学员们参与热情很高，还在工作营期间自发成立了"U40俱乐部"。

在2013年工作营结束后，有一位学员留言说："U40暑期工作营结束，渐行渐远了。观点碰撞，视域开阔，这是近年来最有价值的一次短训。因为思维的集中度与强度大，一周时光蜿蜒绵长，内心走过了好几场山水。希望我们学有所悟，慢慢成长，待U50，U60时，重返工作营，义务回馈，薪火相传。"学员的这番话，是对U40文化产业工作营最高的褒奖。

四、U40模式？ U40理念！

2013年的U40文化产业暑期工作营结束之后，很多人试着为我们总结出一个可以复制的"U40模式"。"U40"是模式吗？不是。U40首先是一种新的理念，然后是实现这一理念的一个探索。U40的理念是始终以学员为核心，为此，U40将中国高校教育模式与国外高校教育模式整合起来，构建了一种培训方式，试图打破现有课题制模式，围绕年轻人，直接帮助他们成长。我们希望传播U40的理念，不断创新实现这一理念的形式，走出一条越来越宽广的道路。

我们策划中的U40系列可以与高校以外的机构合作，即将举办的有"U40文化企业工作营""U40创业者工作营"等。每一个工作营都是独特的，是根据学员的不同职业特征、成果形式而策划的量身定做的培训方式，但每一个工作营又是相似的，因为都贯穿了U40的相同理念。我们希望看到许许多多的U40工作营能够帮助更多的年轻人走向职业的核心舞台。

第二节　新青年的新雄安

2017年4月,设立"雄安新区"的消息一公布,就引起了各行业各领域的广泛关注。作为以习近平为核心的党中央作出的一项重大的历史性战略决策,雄安新区是继深圳经济特区和上海浦东新区之后,又一具有国家层面意义的新区,可以看做是疏解北京非首都功能、推进京津冀协同发展的千年大计、国家大事。各个领域的专家都从自己的角度对新区的建设提供了很好的建议,其中也包括从历史和文化的角度考虑雄安新区的未来形象。不过,定位于高端技术产业、迁入多所大学、中国唯一不以房地产为支柱的城市,这些标签都提醒我们,未来的雄安新区不是一般意义上的宜居城市,也不是每当夜晚降临或者节假日期间就变成"鬼城"的传统高新开发区。大约15年后的雄安将容纳几百万人,这座城市会像当年的深圳经济特区一样,以年轻人为人口绝对多数。青年们不仅在这里工作,还要在这里生活。换句话说,雄安新区未来的主人,应该是我们所称80后、90后乃至00后的青年,也就是西方常说的Y时代和Z时代的青年。由于这些青年基本上诞生在上世纪80年代中期以后,单纯用"80后"似不够准确,故而在这篇文章里,用"Y时代"和"Z时代"的说法指代他们。

西方国家在上世纪60年代经历了一次婴儿潮,那一代人有"寻找未知""否定现实""反抗社会"的特点,被称为"X时代"。于是学者把这一代人之后出生的人按照字母顺序排出了Y时代和Z时代。Y时代又被称为"千禧一代",基本上可以用来指代上世纪80年代初到90年代中期出生的一代人。而Z时代则是在上世纪90年代中期以后出生的新新人类。按照他们的年龄,在雄安新区建设过程中,一批Y时代的青年就已经参与其中,而当新区建成以后,Y时代和Z时代的青年们正该是高校学生、科研骨干、创业者和管理人员等,正是他们人生中最具有创新能力和活力的阶段。

每一代年轻人大约都是在前辈的失望和费解中成长起来的。在经过越来越显得短暂的青春期后，青年们也都会变成相对保守和沉稳的中年人，不过童年和青春时代的社会环境总会给每代人烙上不一样的印记。深入了解雄安新区未来主人的思维方式、生活方式和工作方式，是构思雄安新区基本架构的大前提。

一、技术与网络：一座超智慧城市

Y时代和Z时代青年是伴随着互联网的发展而成长起来的。相对于前辈们对"人"的需求，他们更相信自己以及技术和网络。世界对于他们而言，就是鼠标轻点的距离。他们不知道没有电脑、手机、互联网的世界将会是什么样子，不能想象没有GPS只有纸质地图的情景。他们听前辈们说："从前书信很慢，车马很远"的时候，只会在脑海中幻想一个浪漫的童话故事。他们生活在网络上，通过若干网络平台分享自己的生活点滴，甚至直播自己的生活，网络世界对于他们就像真实世界一样。作为数字时代的原住民，他们需要在现实、网络平台和移动端实现无缝对接，网络检索和网络社交是他们获取信息的主要渠道。

雄安新区将是"超智慧城市"。虽然与"智慧城市"一样，是基于同一代物联网、大数据和人工智能技术，但智慧城市强调的是如何把智能技术应用到城市的建设和管理中，而"超"智慧城市则将侧重点放在人的需求上，也就是现实生活与网络世界结合得更密切，每个人的需要都能得到精细化的服务和满足，服务和商品精准地出现在需要的时刻。不仅如此，人们享受到更多样的定制化服务，同时也可能作为服务提供者为其他人提供服务。机器人的广泛使用，危险和单调的体力劳动大量被机器替代，就令更多人有机会进入创新创意领域发挥自己的特长和个性。

如果说《摩登时代》是上世纪30年代美国经济大萧条高峰期艺术家卓别林对现代化社会的讽刺，《哆啦A梦》是日本在"二战"后经过二十年的努力从衰败中崛起，经济进入高速发展时期之际，漫画家用脑洞大开的机器猫为我们畅想了未来工业化极致发达后的景象。那么，如今我们所说的"超智慧城市"既不是科技高度发达将人禁锢起来的"牢笼"，也不是天马行空的玄想，而是技术与社会都发展到"社会服务"阶段的令人赏心悦目的图景。

2016年初，日本提出了一个"社会5.0"概念，意思是超智能社会，它的标志是11个系统的超智能建设：能源价值优化系统、地球环境信息平台、基础设施维护管理系统、自然灾害应急系统、交通系统、新产品制造系统、综合型材料开发系统、地区维护系统、社会服务系统、智能食物链系统、智能生产系统。这为雄安新区的建设提供了极具参考价值的方案，也从另一个方面说明，雄安新区已经具备在各方面为"超智慧城市"做好准备的可能性了。

二、叛逆之心：一座设计之城

与投入祖国现代化建设的前辈们相比，Y时代与Z时代的年轻人很少会经历当年那样的集体生活、集体服从，步入中老年后集体跳"广场舞"的"集体时代"。他们更看重独立精神、创业精神和自我导向。他们中的大多数都受到良好的高等教育，尤其是他们中那些从事高科技研发的青年人，不少人有海外留学背景，即使本土培养的人才也凭借互联网的便利有了相当的国际视野和前沿审美观。由于时代背景和教育经历，他们的价值观比较接近，思想开放，适应性强。他们往往更有自主性，不盲从权威，不盲目跟风。可以想象，传统的工业化布局模块和厂房式设计，并不会受到他们的欢迎。

由于城市里大部分建筑是居住区建筑，所以一个城市的面貌主要体现为居住区的面貌，少数几座地标性建筑只是点缀。虽然按设计雄安新区不提供商品房，但仍要通过安置几百万人的居住建设大量居住建筑，进而形成雄安新区的主要面貌。令人颇感遗憾的是，现在的住宅区设计蓝本是上世纪50年代计划经济条件下行列式住宅的理念和布局。土地规划、建筑设计、景观设计等，都有相对固定的模式和参数，比如容积率、建筑密度、建筑限高、日照要求等。目前所见开发商的设计任务书也是模式化的，大开发商多采用了工厂式集群式设计，楼型只有几种简单的选项，极为单调乏味。过去集体生活年代，大家住在一起，一起坐班车去工厂，一起下班回到居住区。这种布局有其合理性。如今的工作方式和生活方式已经大为不同，创新与创意的理念已大大发展了，如果雄安新区能够在这方面打破陈旧的规划设计理念，根据新区新产业的工作特征修改完善设计规范，才能确立符合Y时代和Z时代人们个性和审美需求的居住和办公综合性社区。无边无际的板楼，不是他们的城市风貌和景观。

再进一步说，雄安新区的规划还要考虑这两代人对于生活便捷的需求，避免像中国多数高校在郊区建设的新校区那样，楼宇看着恢弘，但楼间距特别远，绿化也不足，属于传统"摊大饼"模式。新区应该有尽量多的步行和自行车穿行通道，尽量少的围墙和栅栏。街面上的人行道充满自然气息，有临街小型商业，夏有阴凉，冬能挡风。城市的交通规划设计布局要更趋合理，在中心城区弱化封闭式的快速路网，把道路面积相对均匀地分配给干道和支路，使得交通更加四通八达。地下或天空轨道交通除了与建筑更紧密配合，也充分预留楼宇连廊以及未来发展空间和商业空间，让公共交通也可以成为创新的展示窗口，而且成为最便捷的出行方式，让雄安新区的天更蓝、水更清、空气更清新。

三、消费年代：一座商业娱乐之城

Y时代与Z时代的青年没有经历过前辈那样经济困难的年代，加之高端科技产业收入普遍较高，所以居住在雄安新区的居民消费意愿和能力都较强。进一步细分的话，Y时代的人作为一代独生子女，更追求成就感和被关怀的感受，更重视客户服务，希望遇到问题能随时得到解决；而Z时代的人对技术的依赖程度更高，创新意识更强，更愿意靠自己的力量找到解决问题的方法。总之，他们虽然都声称张扬自我，但由于价值观和审美观的接近，在生活和实际消费上也会产生羊群效应。因此，雄安新区不会是"淘宝城"，网络购物虽然也会十分常见，但是升级后的商业综合体还是能够令他们走出家门，参与实体经济的消费和娱乐。

雄安新区不仅可以满足当地居住者的生活和要求，它作为"千年大计"的特殊性、它的"超智慧城市"创新性，它的"蓝绿交织、清新明亮、水城共融的生态"环境必然使它一直会受到人们的关注、观摩和游览。尤其是在普遍缺水的华北平原，经过重新梳理整治的白洋淀和地下温泉将显而易见使雄安成为热门的旅游目的地。所以在规划之初，就要充分考虑和布置相关的旅游服务设施，在提供优质旅游的同时不干扰雄安的正常运营，尽量避免"门票旅游"，让市场而非行政来主导，在节假日成为欢乐和消费的乐园。

雄安新区，这个后现代时代凝聚了四代人期待的崭新的城市，不需要挂牌成为任何行业的"示范区"。在互联网时代之前，传统的城市推广都用活动和主动展示的方式进行。比如日本政府专门在1985年举办了筑波世界博览会，主题是"人类、居住、环境与科学技术"，被当时的媒体称为"展示21世纪的世界文化新格局的窗口"。世博会的举办，有力促进了筑波科学城的对外交流和城市建设。又如战后纽约通过学术和艺术交流的方式，在全球其他大城市召开各种研讨会，并且将代表纽约精神的纽约艺术家的作品送到全球展出，成功树立了鲜明的纽约形象。而雄安新区和它未来的主人都诞生在互联网时代，比过去的城市都多了更多展示和宣传的渠道，怎样充分利用好各种媒介工具树立雄安新区形象，吸引世界的目光，是摆在每个关心雄安新区建设的人们面前的问题。

雄安新区虽然是疏解北京非首都功能、推进京津冀协同发展，但它也可以成为未来世界城市的样本和实验，像哆啦A梦神奇的口袋一样，带给世界一个大惊喜。

第三节　文化旅游不等于文化加旅游——在"公共文化与文化旅游产业融合发展"论坛上的发言

公共文化服务与旅游产业的融合发展，其实涉及三个层面的融合：文化与旅游的融合、公共文化服务与文化产业的融合，以及传统文化部业务范畴内文化产业与旅游产业的融合。

机构合并的背景是行业融合，行业融合的背景是产品和服务融合，而最基础的变化是技术的变化和市场环境的变化。

首先谈我们熟悉的文化与旅游的融合。

将文化部门和旅游部门合并本身并不是创举。十几年前我们还在迎接北京奥运会时，研究人文奥运和文化产业过程中，很多人已经非常熟悉像英国等很多国家管理文化的部门是"媒体、体育与观光部"。但是机构的融合只是过去被区隔的几个板块能够真正融合发展的第一步。很多人都有切身体会，即使在同一个部里的不同司局之间，过去也很长时间并没有真正融合在一起，经常出现"两张皮"的情况。由此可见文化与旅游的融合虽然不是新问题，实现起来本身也是比较困难的。

机构合并的背景是行业融合，行业融合的背景是产品和服务融合，而最基础的变化是技术的变化和市场环境的变化。我们一般来说文化产业链，包括了创意、生产、发行和获取等不同阶段，如今互联网带来的新的大平台，带来用户自创内容（UGC）等，逐渐将文化产业链从管道式改变为网络式。从现在在我们生活中"赖以生存"的网络平台看，不管是微信、快手、淘宝等，都已经不再展现为清晰的产业链，而是交织成复杂的网络，形成了一种新的生态。

在这种背景下，我们再来说文化与旅游的融合，已经不再是呼吁或者趋势，而是迫在眉睫的事项。

公共文化服务数字平台在很多事情上都拥有唯一性入口优势，但还没有发挥应有的效果。社会化介入是个好方式，但有很多潜在的问题需要提前从政策法规层面启动预防。

其次，公共文化服务与文化产业的融合。

2018年3月，时任文化和旅游部部长雒树刚曾经在讲话中提到"博物馆是公共文化服务和旅游发展的阵地与载体"。在2018年的国际博物馆日，故宫与凤凰卫视推出了《清明上河图3.0》的4D全息沉浸式体验，再次提醒我们网络和数字化是博物馆发展的重要部分。实际上，数字环境下的公共文化服务已经是国际潮流，有数字图书馆、博物馆、档案馆。很多国家还推出了在线搜索引擎，比如澳大利亚、芬兰、印尼等。此外，很多国家推出了新的扶持政策，加拿大允许纯数字出版的机构申请出版基金，法国也有专门针对数字音乐的基金。

在公共文化服务设施的数字化方面，国外已经有了一些可资借鉴的案例，比如欧盟的Europeana项目，就是在谷歌推出数字博物馆计划之后为了文化多样性保护推出的数字化项目。Europeana项目在推进过程中充分考虑了市场参与，除了100位委员组成的总部，在欧洲各国有数百个机构成为其节点单位，各司其职，共同搭建这个巨大的数字平台。

但是在公共文化服务数字平台建设过程中，也有一些问题出现。比如我们的旅游平台上都没有当地的文化活动（展览、演出、节事等）信息和日历。这项工作我们很多城市其实已经在做了，只是现在大都放在公共文化服务平台上，比如手机上的"文化云"，这些内容就连本地的绝大多数人都看不到，何况外地人甚至外国人。公共文化服务与旅游的融合，就可以从这一个具体的事情做起。

这其实也说明我们现有的公共文化服务数字平台的一个问题：究竟有多少人真正在用？是不是及时在更新？到底好不好用？其实我们上网

搜各地的公共文化服务文化平台，搜得到的大部分是新闻报道，在社交媒体上很少有人讨论，这在一定程度上说明了实际的用户数量。尽管很多新闻报道里会提到某些平台巨大的用户数量，深究起来我们会发现因为这些平台垄断了一些文化活动门票、预约、报名的唯一入口，而并非像一些纯商业的票务平台那样能够真正"拥有"这些用户。

而谈到社会化力量，尤其是企业介入公共文化服务数字平台建设中，我们除了要有拥抱变化的心态外，也要有批评的立场，这就是伦理关怀。除了大家都会关注的隐私问题，还有很重要但还没被认真关注的其他问题，主要是数据、IP、市场入口和行业标准制定的垄断问题。仅以数据垄断为例，对企业来说是重要的资产，应该合理得到保护。但对政策制定和咨询部门来说，数据垄断有可能增加发现问题、纠正问题的难度，对形势造成误判，政策执行被打折扣，影响政策制定效果。更不用说平台之外的小企业和个人进入平台的门槛被大大提高。

有一些国家，比如英美等发达国家制定了"数字经济法"。这个问题之所以重要，因为现在才是数字时代"助跑"的时期，未来随着可见的人工智能的发展，数据的进一步挖掘，这些问题会越来越严重。

政策的制定要参考各个行业的基本原则

最后，简单谈一谈传统的文化产业与旅游的融合问题。

在讨论原有公共文化服务设施和内容服务于旅游业的同时，我们也要考虑旅游产业对当地居民公共文化服务水平和质量的提升。我建议在政策制定时，广泛考虑一些基本原则。比如2015年底联合国教科文发布了《保护非物质文化遗产伦理原则》，在我们过去对非遗保护的常识之外，有一些新的点需要被关注：

第一，我们保护的非遗不是物质产品、不是技术，是社区、群体和传承人个人，人是非遗保护的核心。同样，对非遗项目具有决定权的不是官员、不是企业，也不是专家，而是传承人群体。

第二，非遗是动态和鲜活的，我们以前经常用的真实性、原生态、排他性，都不适用于描述非遗。

第三，所以我们在发展民俗旅游的时候，不是为游客还原一个博物馆式的说明空间，而是与当地居民一起共建一个具有生命力的生活空间。

第四节 民族传统 IP 改编成动漫有戏吗？[①]

有一次跟一个英国制片人聊天，他们要拍十二生肖的电影。我说我供职的机构是专门研究民间故事的，可以提供很多素材。对方说，我们不要拍民间故事，我们要拍科幻，十二生肖只是其中一个符号。

任何 IP 要改编成动漫，不是找一个编剧一个画画的团队，反复讨论人物形象设计这么简单的，至少需要进行受众分析、资源整理、人物塑造、情节故事、剧本创作五个步骤，才完成了改编的第一步。

在对地方有很高知名度，甚至融入当地人血液中的民族文化 IP 进行改编时，涉及三个问题：主题（What），受众（Who）和目的（Why）。

首先，关于主题甄选。

在甄选进行产品开发的 IP 时，我一直有一个说法，要问自己两个问题：

第一，你觉得好的东西，别人也觉得好吗？

第二，大家都觉得好的东西，会有人掏钱买吗？

选定一个本身就带有情节的地方民族文化 IP 进行开发，要考虑这一 IP 在更大范围内的知名度问题。在中国范围内，像"西游记"这样的民族共知的很少。产品不是科研，产品本身就是普及性的，如果一个普及型的内容产品还需要别的什么对其内容做前期普及，就太不计

[①] 根据座谈会发言整理。

成本了。

本身就有情节的IP在改编时会遇到更大的阻力。大家都耳熟能详的故事经过任何改编都会遇到很大阻力，如果这个IP还具有深厚的"非遗"传统和身份，不仅是情节的任何改编，哪怕是细节的遗漏和错位，都会招致巨大的反对声。但是传统的IP情节是在传统表现方式中塑造成的，不可能直接套入动漫、影视这样的叙事方式。

在情节设定相对固定的背景下，这样的IP要吸引观众恐怕需要另辟蹊径。因此这类IP开发游戏的路径可能比影视和动漫要容易一些。

其次，关于受众。

这类IP产品给谁看？给本地本民族的人还是希望能够跨民族？从良好的希望出发，都希望自己的IP能够最大限度地扩展到更多的文化受众中去，实现文化的传播和宣传效果。不过从残酷的现实来看，从品牌的认知基础更适合提供给本民族、本地区的受众，如果要实现跨文化，内容中预设的知识基础会发生变化，对于本地本文化的人来说自然而然的东西可能需要重新进行详细解释，不然就无法被其他文化背景的人理解。

再次，关于目的。

我们传统的文化统计中，动漫是属于文化产业的范畴，所以考虑动漫开发时大家自然而然会联想到走市场。实际上在数据可视化已经成为趋势的今天，动漫已经不仅仅是产品，也是公共文化服务的一项"基础性工具"。将某个文化IP用动漫形式呈现也可以只是一项公共文化服务的产品。但是，如果已经决定了将动漫作品做成一项公共文化服务产品，就要用更务实的方式去操作。比如首先建立基金等资金池，解决了钱，再专注于质量，并且在国家、省市各类资金的扶持下做好市场宣传和发行工作。

第五节 文化产业的"西部模式"与赤峰特色

党的十八大提出深化改革的重大战略决策，2014年以来，中央密集出台一系列重要文件，推动文化创意产业的大发展，特别是推动我国民族地区特色文化产业发展，呈现了奢华发展的新局面。面对这一重大转型，按照赤峰市委和市政府的部署，建设一个全面发展的创新型赤峰，是赤峰提高综合竞争力的必然要求，是建设创新型赤峰新形象的有效路径[①]。

改革开放以来，赤峰错过了几次重大发展机遇。国家实施西部大开发战略以后，赤峰终于融入了国家经济发展的主航道。在增长方式转型和生态文明建设的总体背景下，借助旅游发展文化产业，是实现赤峰经济社会跨越式发展的现实途径。机不可失，时不我待。

那么，什么是赤峰文化产业发展的道路？

赤峰文化产业的发展要在中央精神的指引下，走一条不同于东部发达省市的、适合赤峰盟情、赤峰发展阶段的具有赤峰特色的发展道路。即中国第三阶梯西部文化创意产业非常规跨越式发展道路。坚持以旅游为中心、生态为基础、文化为底蕴、科技为动力、创意为根本的发展方略；坚持中心突出，多业共荣，越界发展，跨省竞合的发展模式；努力实现三个融合，即文化产业与旅游产业融合发展，传统文化产业与文化创意新业态之间的融合协调发展，文化产业与文化遗产保护融合协调发展。

在我们看来，赤峰未来的发展思路应统筹并充分利用赤峰市文化产业资源优势，坚持以"旅游为中心、生态为基础、文化为底蕴、科技为动力、创意为根本"的发展方略，优化"一核引领、两带贯穿、六群集聚"空间布局，重点开发、合理开发、适度开发、适时开发和引进开发并举，明确产业选择，谋优质项目，打造产业集群，完善产业链条，促

---

① 本节为意娜与王岸柳合作完成。

进文化产品输出，塑造"八部玉龙 原美赤峰"文化品牌，创新政策设计，完善战略举措，探求中心突出、多业共荣、以点带面、竞合发展模式，促进文化产业与旅游产业、传统文化产业业态与文化创意新业态融合协调发展，以文化产业带动经济繁荣和社会进步。

总之，面对具体的市情，进行具体的分析，寻找自己的"西部模式"，"赤峰特色"，是一切判断的基础与出发点。构建我国多层次的文化创意产业结构，在错位发展中找出产业的一种生态平衡系统，是创造中国特色文化创意产业发展的必由之路。

一、赤峰文化资源与赤峰文化特色

赤峰特色一：现代草原文化增长极赤峰市草原文化资源丰富，包括克什克腾旗西部的贡格尔草原和南部的乌兰布统草原、巴林右旗的巴彦他拉草原、阿鲁科尔沁旗的海哈尔河草原、翁牛特旗的海力苏草原等，借助现代文化开发手段，促进地域空间的有效串联和文化功能的组合互补是整合草原文化资源的方向和手段。

现代草原文化增长极依托集通铁路、303国道、306国道、罕白公路与旗乡公路等互连的交通网络骨架，以赤峰市西北部的克什克腾旗为中心，辐射巴林右旗、阿鲁科尔沁旗、翁牛特旗、林西县等地草原文化资源，串联南、北线文化经济带和现代草原度假文化产业集群、游牧帝国（大辽契丹）文化产业集群、红山农耕文化产业集群，关联蒙古工艺民俗文化产业集群。克什克腾旗西部的贡格尔草原和南部的乌兰布统草原构成增长极的核心区域，是主导产业功能的承担区域。

该增长极基于草原细分化、生活化、游憩化、精品化特点，着力开发草原度假、避暑休闲、冰雪休闲、养生休闲、体育休闲、温泉旅游、会展旅游、文化体验等多元化、复合型、立体化、规模化、高档化文化旅游产品，完善游览、住宿、娱乐、餐饮、购物、疗养、科教、朝拜等产业功能，打造我国著名的现代草原文化展示和体验基地。其中，乌兰布统草原周边主要承担草原度假、避暑休闲、体育休闲、文化体验等产业功能，贡格尔草原周边承担冰雪休闲、养生休闲、地质观光、古城体验等产业功能，巴彦他拉草原、海哈尔河草原和海力苏草原周边主要承担草原观光、游牧骑射体验等产业功能，促进文化资源的关联开发和互补开发。

赤峰特色二：游牧帝国文化增长极。以辽文化、蒙元文化为主要内容的游牧帝国文化是赤峰市特有的文化主题形态，包括辽上京历史文化资源、辽祖州祖陵契丹辽文化遗址、蒙元汗廷音乐文化及艺术资源、应昌路古城遗址、辽中京遗址等特色突出、有文化共通性的文化资源，资源规模体量大，空间分布相对集中，开发基础较好，外部需求充足，具备打造文化增长极的基础条件。

该增长极依托省际大通道、赤大高速公路，国道303线、国道305线等交通线路骨架，以巴林右旗辽上京等游牧帝国文化资源为文化增长中心和产业功能核心，以巴林左旗、阿鲁科尔沁旗、林西县、克什克腾旗、喀喇沁旗和宁城县相关文化资源为辅助，以巴林右旗旗政府所在地大板镇为交通枢纽，串联南、北线文化经济带和现代草原度假文化产业集群、游牧帝国（大辽契丹）文化产业集群、大喀喇沁休闲文化产业集群，关联蒙古工艺民俗文化产业集群。

赤峰文创不可单打一，要强化关联开发。以游牧帝国文化作为串联赤峰市辽文化和蒙元文化两大文化形态的重要载体和手段，发挥以游牧体验、遗迹参观、民俗演艺、印石雕刻鉴赏和交易、宗教朝圣等为主题的文化产业功能，促进优势文化资源以点带面发挥规模效益，关联带动巴林石等文化产品走出去。将赤峰市打造成为我国首屈一指的游牧帝国文化体验基地。其中，东北部巴林右旗游牧帝国文化资源重点承担与大辽契丹相关的游牧帝国体验产业功能，是增长极中最具竞争力的部分。阿鲁科尔沁旗游牧帝国文化资源承担与蒙古族相关的民俗演艺、游牧骑射体验等产业功能，克什克腾旗和林西县是游牧帝国文化与现代草原文化的共荣地，巴林左旗以巴林石为重要载体承担联通东西相邻旗县的游牧帝国文化的汇聚点。南部喀喇沁旗和宁城县游牧帝国文化资源的开发主要是为大喀喇沁生态休闲度假服务。

赤峰特色三：红山农耕文化增长极。赤峰市拥有兴隆洼文化、赵宝沟文化、红山文化、小河沿文化、夏家店下层文化等泛红山文化和小河西文化、富河文化、夏家店上层文化遗址遗迹和丰富的特色农牧业资源，是中华农耕文明的起源之一，极具文化开发价值。其中，华夏第一村、二道井子遗址、赤峰博物馆、红山等是中华农耕文化的代表。与其他文化资源相比，红山农耕文化产业化难度较大，但资源集中度高，最易实现品牌价值。

赤峰文创要勾画宽广空间。该增长极的区域范围主要覆盖赤峰市主城区、中部的翁牛特旗、东南部的敖汉旗、东北部的巴林左旗，国道111线、国道305线、大广高速通赤段、丹锡高速赤大段以及集通铁路赤峰段贯穿其中，串联南、北线文化经济带和游牧帝国（大辽契丹）文化产业集群、红山农耕文化产业集群，关联时尚都市文化产业集群、蒙古工艺民俗文化产业集群。

未来这一增长极的产业功能定位于历史文化展示、农耕文明体验、特色文化会展、根祖探寻祭祀、品牌运营推广等，以文化旅游、娱乐休闲、商务会展、创意农业、影视动漫、文化餐饮、文化展览等为主要产业形态，深入挖掘红山农耕文化内涵，促进实体项目落地和大型节事活动开展，将红山农耕文化打造成赤峰市最重要的文化品牌。其中，主城区主要承担红山农耕文化的展示和推广功能，翁牛特旗与敖汉旗定位于与红山农耕文化产业集群功能相匹配的农耕文化展示、根祖探寻祭祀等产业功能。

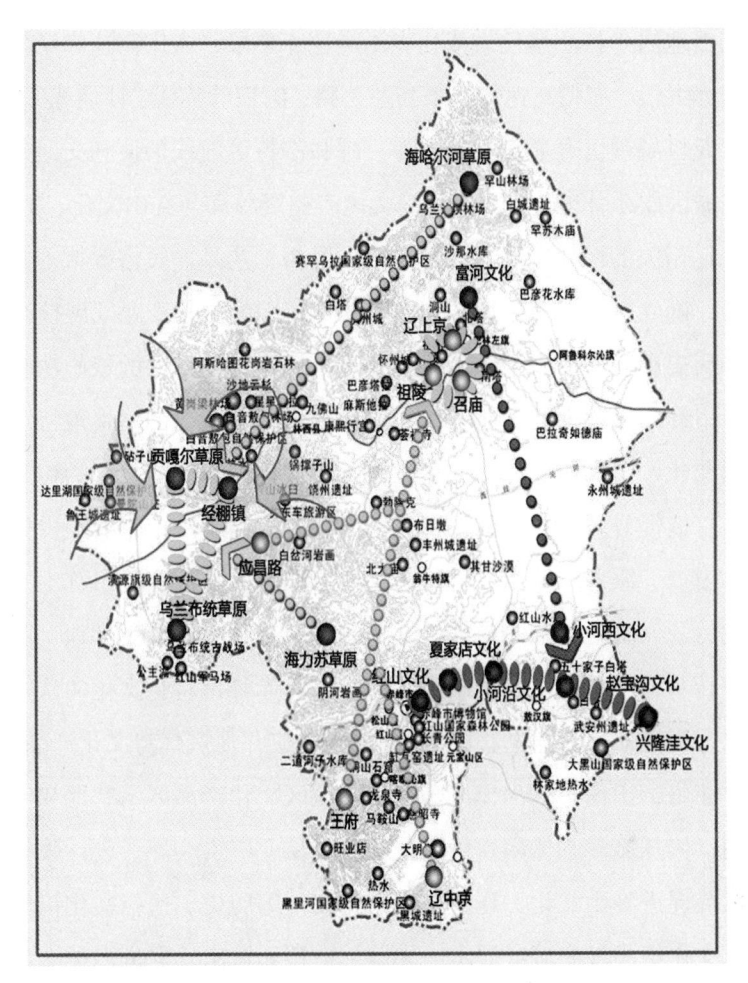

图1 赤峰市文化产业发展规划"三极"特色

二、赤峰设想：一核引领、两带贯穿、六群集聚

根据赤峰市产业基础条件和文化资源特征，围绕需求市场划分，以城市为龙头，以交通网络为纽带，以红山文化、辽文化和蒙元文化三种独特历史文化形态为主要载体，建设一个文化核心区、两条文化经济带、六大文化产业集群，形成"一核引领、两带贯穿、六群集聚"的文化产业空间布局。

一核引领，夯实产业发展的突出地和辐射源。从历史和现实看，主城区当然地居于核心地位。依托赤承高速赤茅段、大广高速赤辽段、丹锡高速赤大段、赤朝高速等四条高速公路，国铁叶赤线、沙通线等铁路，以及玉龙机场现已开通北京、上海、呼和浩特等航线的便利交通条件，整合主城区娱乐休闲、红山园林等文化产业资源和与红山文化、辽文化、蒙元文化相关的民族歌舞、民俗风情、民俗工艺品、民俗餐饮等文化产业资源，确立以赤峰市主城区为主要区域范围的文化产业发展核心。

从历史和现实的发展看，我们必须合理定位主城区的核心功能。突出赤峰市红山文化、辽文化、蒙元文化三大历史文化的汇聚地特点，依托红山文化、辽文化、蒙元文化三大历史文化都市时尚文化的构成基础要素，打造提升城市功能的都市时尚文化的突出地。未来要突出核心的示范、窗口、服务、输出、汇聚、辐射等功能，打造赤峰市红山文化、辽文化、蒙元文化以及时尚娱乐文化的风向标和集中展示基地、服务基地、中转基地和示范基地，满足外来游客对赤峰市特色文化的认知消费需求以及当地居民日益增长的文化消费需求，并促进优势文化产品输出。

进一步突出窗口输出作用。突出主城区文化产品展示基地和中转基地作用，依托旅游和休闲娱乐、艺术品交易、广告会展、设计服务等产业的发展促进红山文化、辽文化和蒙元文化等历史、民俗文化精品和现代草原文化精品在主城区展示、集散、中转和输出，促进多类文化形态的研讨、交流与对外推广，提升主城区的文化窗口作用。

进一步强化汇聚辐射功能。未来该区域要充分发挥红山文化、辽文化和蒙元文化的汇聚突出作用，辐射带动南线文化经济带、红山农耕文化增长极以及红山农耕文化产业集群、大喀喇沁休闲文化产业集群以及其他区域。利用南北向丹锡高速等交通路线，打通南线和北线两大文化经济带，实现时尚娱乐、森林湿地生态休闲与游牧休闲等产业形态的有效串联和游牧文明、农耕文明的空间衔接。利用主城区窗口输出的基本功能，促进关联文化增长极和文化产业集群强化文化精品生产、产业载体培养和产业链条对接，创造主城区与其他区域辐射带动和协调互动的文化产业开发模式。

未来该区域要依托汇聚辐射和集中展示等功能，形成强大的文化产业核心竞争力，发挥文化要素整合力强、科技要素使用率高、文化资源汇聚效益明显、文化品牌推广力度大等示范效应，在规模集聚、功能设置、载体建设、品牌打造等方面形成示范，起到引领赤峰市文化消费和辐射带动两大文化经济带、三大文化增长极、六大产业集群的作用，同时，为两大文化经济带、三大文化增长极、六大产业集群提供会展、交易、娱乐、餐饮、住宿等配套产业服务和各类交流平台。

两带贯穿，强化产业发展的交流渠与联动轴。着眼于文化形态交流互惠和文化产业联动发展的原则，以北部赤峰市内蒙古省际大通道赤峰段、集通铁路赤峰段和南部的赤承高速赤茅段、大广高速通赤段为两条道路交通轴线，串联优势产业资源，打造以克什克腾旗为中心的北线文化经济带和以大喀喇沁区域为中心的南线文化经济带。

北线文化经济带以省际大通道为纽带。以赤峰市境内的内蒙古省际大通道赤峰段为主要道路交通架构，形成以经棚镇、大板镇为地理中枢和服务基地，克什克腾旗为经济带中心之一，巴林左旗和巴林右旗为次中心，贯穿克什克腾旗、林西县、巴林左旗、巴林右旗和阿鲁科尔沁旗的北线文化经济带，该产业带东起阿鲁科尔沁旗塞罕塔拉苏木，西至克什克腾旗浩来呼热苏木，全长386公里。

以草原游牧文明为统领。该文化经济带将辽文化、蒙元文化两类历史文化和现代草原文化以轴线链条形式交织融合，这一文化经济带是游牧文明历史与现代的碰撞与交融，吸引当地市场消费人群休闲度假游，北京为主的环渤海市场，长三角、珠三角及大西南市场，内蒙古西部、山西、陕西市场，港澳台及日、韩市场消费人群游牧文化体验游。

以关联互动为方向。该经济带串联现代草原文化增长极、游牧帝国文化增长极和现代草原度假文化产业集群、游牧帝国（大辽契丹）文化产业集群，促进经济带与增长极、产业集群关联互动发展，同时促进草原休闲度假、游牧帝国探秘及娱乐文化体验等旅游和休闲产业形态关联发展。该经济带中经棚镇、大板镇是与现代草原文化和游牧帝国（辽、蒙元）文化相对应的两个服务基地，同时又是现代草原度假文化产业集群、游牧帝国（大辽契丹）文化产业集群的服务中心，经济带为增长极和产业集群的打造提供文化相融、资源互补、规模集聚、功能强化、产业延伸等空间。

以优化线路为手段。在已有文化旅游线路基础上，打造经棚镇—贡格尔草原—达里湖、经棚镇—乌兰布统草原、经棚镇—热水—黄岗梁国家森林公园—白音乌拉—阿斯哈图石林、巴林石矿山公园—大板镇—召庙—辽上京—林东镇等自驾路线，先期谋划建设经棚镇至乌兰布统草原，经棚镇经贡格尔草原至达里诺尔湖，或经阿斯哈图石林、黄岗梁国家森林公园、热水塘温泉返回经棚镇的蒸汽火车文化旅游线路，待条件成熟时增设经棚镇经巴林左旗召庙、巴林右旗辽上京遗址至大板镇的蒸汽火车文化旅游线路，可延伸串联阿鲁科尔沁旗的汗廷音乐资源，运用音乐节等形式创新产业形态，为该经济带东部区域聚拢人气，逐步改善西强东弱的产业功能现状。

以辐射带动为目标。强化文化经济带本体功能和作用，辐射带动克什克腾旗贡格尔天然禾草草原景观、阿斯哈图石林、白音敖包国家级自然保护区、达里湖旅游区和乌兰布统草原旅游区、巴林右旗巴林石印石文化资源和格斯尔文化资源、巴林左旗辽祖州祖陵契丹辽文化遗址、阿鲁科尔沁旗罕山山区等产业资源，形成文化产业发展的强大向心力，促进现代草原度假文化产业集群、游牧帝国（大辽契丹）文化产业集群的打造形成。其中，乌兰布统草原与该经济带南北呼应，是该经济带南部最重要的产业支撑区域。

南线文化经济带以高速公路为轴。以西南—东北向赤承高速赤茅段、大广高速通赤段为主要道路架构，形成以赤峰市主城区为地理中枢，贯穿主城区、喀喇沁旗、敖汉旗、宁城县、翁牛特旗等地，覆盖赤茅百公里文化旅游产业带中喀喇沁段的南线文化经济带，该产业带西起喀喇沁旗茅荆坝，东至敖汉旗下洼镇，全长二百多公里，其中，赤峰市主城区是这一文化经济带的服务基地，大喀喇沁区域是该文化经济带的重点辐射带动区域。

以多样文化为基底。该文化经济带包含红山文化、辽文化、蒙元文化与现代时尚文化要素，多样文化资源在空间分布上具有近似隔断性，决定了该文化经济带东、中、西三段的功能异质性。这一文化经济带是农耕文明与游牧文明以及农耕文明、游牧文明与现代时尚文明的碰撞与交融。这一文化经济带西段主要吸引当地市场消费人群进行休闲度假游，中段主要吸引当地市场消费人群和外来游客进行时尚娱乐休闲，东段主要吸引我国国内及日、韩等地探访农耕文明的消费人群开展活动，其中，西段（经济带喀喇沁旗沿线）具有文化开发的时空优势。

以产业互补为方向。该文化经济带串联游牧帝国文化增长极、红山农耕文化增长极和时尚都市文化产业集群、蒙古工艺民俗文化产业集群、红山农耕文化产业集群、大喀喇沁休闲文化产业集群四个产业集群，是对多样文化形态的串联和捆绑，文化经济带的打造将有效提升文化增长极和产业集群的稳固性和综合竞争力。其主要文化经济功能定位于时尚娱乐文化展示、特色商务会展、蒙古族民俗工艺品展示与生产、生态文化休闲、中华农耕文化发展历程展示、农耕文明溯源等，未来将从产业形态、产业功能、产品类型等方面实现互补。

以线路串联为手段。利用米轨小火车等交通工具打造红山—王爷府—旺业甸镇—美林谷文化旅游线路和旺业甸镇—黑里河生态旅游区—辽中京遗址—大明寺—热水镇森林温泉文化旅游线路，适时推进赤峰主城区—红山—小河沿水乡—大黑山生态景区—洼遗址或其甘沙漠—玉龙沙湖旅游区文化旅游线路建设，实现文化经济带与增长极、产业集群以及四大产业集群直接的串联，实现游牧文明、农耕文明与现代时尚文化的有效对接。

图2 赤峰市文化产业发展规划"一核两带"布局

六群集聚,确立产业发展的整合地和主战场。赤峰地域广阔,文化资源多且分布广泛,建设产业集群是对文化资源进行有效整合的重要手段。按照主题明晰、重点突出、链条完善和资源组合的原则,着力建设时尚都市文化产业集群、蒙古工艺民俗文化产业集群、现代草原度假文化产业集群、游牧帝国文化产业集群、红山农耕文化产业集群、大喀喇沁休闲文化产业集群等六大文化产业集群。

通过北线文化经济带和南线文化经济带对文化产业集群进行串联,

集中体现赤峰文化产业的地方特色，展示赤峰独特的人文生态魅力。其中，时尚都市文化产业集群、现代草原度假文化产业集群、大喀喇沁休闲文化产业集群为"十二五"时期优先建设打造的集群。

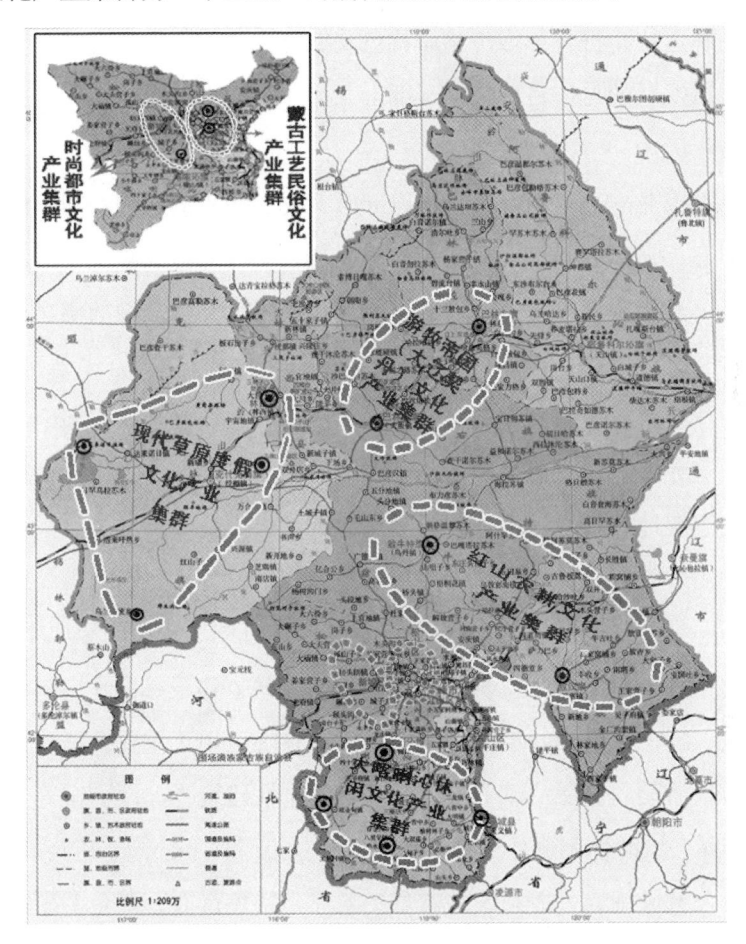

图3 赤峰市文化产业发展规划"六群集聚"布局

总之，以"一核、两带、六群"的空间布局为总领，以红山文化、辽文化、蒙元文化等主题形态为核心，增强赤峰市的文化吸引力、文化集聚力、文化辐射力、文化创新力和文化竞争力，形成产业集群效应明显、空间分布合理、产业结构优化的文化产业空间布局。

三、塑造文化品牌形成城市名片

综合考虑赤峰市的资源优势、城市风貌、城市功能、公众认同和历史文化底蕴，可以考虑把"八部玉龙，原美赤峰"作为赤峰市的总体文化品牌定位，符合赤峰市整体特色和综合优势，能够提升城市功能，体现城市发展的总体目标。"八部玉龙，原美赤峰"总体文化品牌内涵可以被释读为：

八部玉龙——"八部"突出以红山文化为代表的八种不间断的历史文化形态，强调赤峰市华夏文明的起源地之一和北方农耕文明的源头。"玉龙"是指中华第一龙的形象，是代表赤峰市文化品牌的实物标志，同时"玉龙"也突出了赤峰市悠久醇厚的玉文化和龙文化。"八部玉龙"又可与反映游牧帝国文化的《天龙八部》相联系，便于认知和记忆。

原美赤峰——"原美"一是指草原的美丽景观，二是指赤峰市富足的原生态湿地、森林、山地、河流等景观，将优美独特的生态景观打造成文化品牌的宣传口号。"赤峰"既指赤峰市，又寓意赤峰市的地理标志物——红山，"原美赤峰"又可释义为红山悠远的历史文明和原生态美。

要打造城市品牌，必先搭建城市标识系统。建设标准化、国际化、艺术化、特色化的赤峰市多功能形象标识系统应用于重要会议、招商活动、节庆活动、会展活动等重大活动，标志性建筑物、博物馆等公共建筑，车站、旅游休闲服务区等城市窗口，景点景区、公园、道路、桥梁、门牌等公共设施，公务系统的徽章、名片，特色行业、名企名品的宣传推广等，建设城市文化地标。将城市特有资源，尤其是红山文化、辽文化、蒙元文化等的聚集采用标志性的文化符号，充分体现文化内涵，使文化地标和门户景观、地标景观结合起来。

依照赤峰独特资源，强化自然风光品牌。突出草原、沙漠、河流、红山赤土、道路在生态景观打造中的重要作用，着力培育旖旎群山、生态湿地、氧吧森林、四季花卉等优美环境品牌，全面提升生态品质，增强特色服务。加大赤峰市自然保护区、风景名胜景区的环境保护力度，打造以乌兰布统大草原、达哈拉沙漠、九佛山风景区等草原沙漠资源为主要代表的自然风光品牌和石林、峡谷、湖泊、森林等形成的生态品牌。

赤峰历史悠久，要进一步打造历史文化品牌。广泛传播赤峰市既有的以红山文化为代表的八种历史文化形态以及辽文化、蒙元文化等，依托"华夏第一村、中华第一龙"的深度开发，深入挖掘文化内涵，不断丰富表现形式，形成响亮的历史文化品牌。依托文化产业集聚区的建设、动漫影视作品的制作传播，将蒙元文化、辽文化进行产业化包装，配合丰富多彩的节事，打响蒙元、辽文化品牌。

还要进一步打造赤峰当地的文化品牌和特色民俗品牌，壮大巴林石、工艺品制造的规模，将领头企业做得更大更强。丰富出版物、文艺演出、精品杂粮等文化产品，对文化产业品牌推广，形成赤峰市的文化品牌，依托内蒙古特色餐饮、服装服饰、农家乐、巴林石、召庙、蒙古风情等结合赤峰市城市建设，深入挖掘赤峰市活力淳朴的民风民俗资源，形成民俗文化品牌。

第六节 "互联网+"时代的定州旅游发展

关于文化旅游，一直都有多种观念。文化有几种实践：历史与现代文化层，现代文化技术成果等，以居民日常生活习俗、节日庆典、祭祀等民族文化层，还有道德文化层，关于这种理论上概括了很多。文化是旅游的灵魂，旅游是文化的载体，文化赋予旅游魅力，提升旅游核心竞争力，实现了叠加放大的蝴蝶效应。

所有旅游都与文化观念密切相关，或者叫做大文化，不仅是人文历史旅游，包括传统旅游，自然风光旅游，绿色生态旅游，民俗文化旅游，宗教文化产业相关旅游，地域文化旅游古城古镇等，还有旅游地产或者是创意地产，旅游出行方式，旅游人群等等，可以说所有与旅游相关的都与文化有密切关系。

定州历史文化积淀深厚，传统旅游发展中前人已经为定州总结过"定州八景"：开元寺塔、众春园庶、雪浪寒斋、中山后圃、平山胜迹、西溪玩月、唐水秋风、续阅古堂。从定州这些年的旅游发展看得出，近年来，定州旅游发展的思路还是以古城恢复改造和实施古迹开发和博物馆兴建等大型旅游项目为主的，包括开元寺塔、博物馆等，整个定州文化旅游业呈现出良好的发展态势。再加上定州现在成为省直管市、京津冀协同发展、京张联合成功申办冬奥会等重大机遇，都给定州现有旅游开发提供了重要的发展机遇。

如果从文化产业角度来讲，作为总体文化产业或者文化创意产业来说，包括了三个层次：第一层是我们过去意义上依托借助旅游业为龙头发展特色文化产业，这在文化产业中占据了相当大的份额。这种文化旅游业包含了文化演出业、文化工艺品产业、节庆产业、会议产业等等，总的来讲是以旅游业为龙头发展特色文化产业。第二层次是常态文化产业，包括广播文化艺术，包括中国出版，中国演出，中国新闻集团，中国广播集团，电影集团等等第二层次文化产业主体力量。第三层次文化产业主要来自于互联网+，包括网络信息争夺媒体产业，动漫与网络，创意设计创业，广告与现代会展业，休闲娱乐产业等等，包括健身养身等等。所以文化产业内部存在一个转型升级的问题，就是第一层次、第二层次都需要以互联网+新业态进行大规模的全面改造。可以看到，定州的文化旅游发展还是传统旅游业为主的特色文化产业。

过去我们谈文化创意产业发展，一直在呼吁打破阻碍文化创意产业发展的四大壁垒——所有制壁垒、部门壁垒、地域壁垒和行业壁垒。这是由于从直接起因上看，中国文化产业是为了应对加入WTO的挑战，由中国政府在未完成工业化的情况下，主动出台的一种自上而下的政策。一般来说，文化产业是先行进入后工业化发展阶段的欧美等发达国家对全球经济文化发展的一次重塑。在全球性的产业升级和重组的形势下，完成工业化是中国的首要任务，加入WTO为中国提供了承接全球性产业转移的重大发展机遇,但是也面临开放文化类服务贸易的挑战。对于中国的文化机构来说,加入 WTO 既面临文化产业竞争、文化资本冲击,以及文化价值观冲突等多重挑战,但也是一次千载难逢的机遇:可以有力地推动国内文化领域改革与发展的历史性进程,并进而以文化产业的发展作为支点推动整体经济结构的转型。因此在某种程度上说,发展文化产业是中国政府为了应对全球化挑战而制定的主动政策,而不是来自经济发展的内生逻辑。2015 年为期 15 年的联合国"千年计划"到期,联合国将于 2016 年 1 月 1 日正式启动新的发展计划"2030 可持续发展议程"。按照联合国的介绍,这一议程与过去 15 年推行的"千年计划"相比,最大的不同在于第一次将"文化""文化多样性"列入到发展议程中,作为发展中国家经济发展与全球经济转型的重要抓手。联合国教科文立即配合该议程发布了"文化多样性"十周年评估报告,其中指出,自上一轮全球金融危机以来,文化创意产业逆势上扬,成为不可忽视的经济发展力量。而如今进入的数字革命和互联网时代才给文化多样性和文化产业、文化贸易带来了平等发展的大机会,后发地区也因此有了跨越和大发展的机遇。

如今中国国内也在热议"互联网+"。进入这个时代以后,不光是发生了经济表现形式和产业门类变化、就业种类的增长,更主要的是引起了我们思维的变化,因为互联网思维和"互联网+"都是在以中国民营企业家为首的市场的运行过程中产生的新思路。与过去我国经济发展按照西方发展经验进行借鉴和创新不同,这一次不再是自上而下的理念,而是自下而上在市场中产生的实践。这种思维本身就是一种用户思维、一种跨界思维,是整体的综合思维方式,一种积极进取、转型期的改革思维。站在这个立场上我们再看定州发展文化旅游产业的思路,或许可以有不一样的体会。这已经是一个与过去不同的时代,定州过去发展旅游难以脱颖而出的状况或许可以借助"互联网+"产生新的机遇。

一、互联网+与当代旅游业

定州旅游产业的发展,近年来是按前述文物保护、古城修复、项目开发的思路进行的。在基础设施建设上,强调的是文物保护和古城风貌恢复,比如加强开元寺塔、贡院等文物资源的保护开发,推进古州署恢复、中山博物馆、开元寺等项目建设,还有设想将根据《直隶定州志》众春园图,把众春园全面复原,把北宋以来,北方的市井生活、文化艺术、社会百姓、民风民俗,用一种场景化的手段展示出来。

在文化建设上,是以"中山文化"为抓手来深入挖掘历史文化。定州已经与中国社会科学院等学术机构联合举办过多次"中山文化"的研讨会和专题研究,认为定州是中山文化的发源地和历史上的中心区之一,是历朝历代中山地区的特指。根据这一主题,定州策划了一系列项目来深入挖掘和展示"中山文化",将其努力发展为定州的特色文化旅游品牌。

与基础设施和文化建设相配套的,是定州在努力丰富文化内容与活动,建设京津冀文化体验休闲之地。比如在 2016 年春节期间,定州就举办了"点亮古城,出彩定州"迎春灯会,以"鳌山神灯"为灵魂举办的中华传统彩灯盛会。

上述的传统旅游发展思路如何转向互联网+文化产业发展模式,从传统旅游产业为主走向高端旅游?总体来看,有很多非经济非市场非产业管理方式。如何提升文化旅游发展形式,要从产业形态进行创意发展阶段,进而达到现代产业管理和高端产业发展层次。这就是中央十八大文件里讲到的要把文化产业包括文化旅游提升到规模化、集约化、专业化水平,实现文化包括文化旅游产业自身升级换代。

创意确实是旅游文化产业升级换代的根本,旅游换代要从观光旅游逐步向新的产业层次发展。比如旅游文化与高科技深度融合创造新的机遇和业态。旅游与博物馆非物质文化遗产融合作出新的差异选择。旅游与公共文化服务体系相结合,公共文化服务设施与旅游产业融合运用。文化旅游与城市公共艺术,城市风貌,城市品牌共同共赢。未来发展中,互联网化走向移动化众多趋势来推动和预测我们未来文化旅游发展，一切都是移动，移动终端在快速增长，人们越来越依赖手机。社交已经成为标配，比如FACEBOOK，它已经是世界上最大新媒体，在中国是微信。同时新的前沿在云端，网络点播无处不在。

互联网+时代的旅游文化创意新形态是什么样呢？文化创意旅游新形态总体来讲文化旅游产业形态是跨越边界，融合汇总，构成创意旅游和会议展览产业，文化旅游与节庆产业创意产业与节庆产业，文化旅游与广告产业，创意旅游与广告产业，文化旅游与动漫产业，创意旅游动漫游戏产业，文化旅游与主题公园创意旅游的新主题公园产业，文化旅游与体育文化产业，文化与休闲产业健身产业、养生产业融合。以创意为核心。文化旅游与时尚流行产业，文化旅游与奢侈品这些最热闹的创意旅游高端消费产业。文化旅游与生态文化产业，创意旅游生态游产业。

如果把思路从定州上升到河北，甚至全国，可以看到定州大力打造的旅游行业，从历史纵向来说，是将定州过去散落的珍贵文化资源用合理的规划重新进行研究、审视、包装和推广，但是在横向的比较中，传统的旅游产业在河北的十大历史文化名城等更大的范围中，仍然很难脱颖而出。所以，对于定州来说，打破原有传统旅游业的发展思路，大胆与其他行业结合，借助省直管市的机遇整合高效的统筹管理机构，与其他行业融合发展，是提升传统旅游产业为高端旅游产业的一条可行道路。接下来，本文将从城市遗产和古镇重建两个方面进行阐述。

二、城市的遗产

定州是河北十大古城之一，位于保定西南50公里处，以其悠久的历史和灿烂的文化著称于世。商周以来，定州一直是北方的政治、经济、军事、文化中心，为后人留下了丰厚的文化遗产。现在还完整保留着定州贡院、文庙、开元寺塔等传统建筑。其中，定州文庙是河北省保存最完整的文庙古建筑群，省重点文物保护单位，建筑气势恢弘，院内苍柏林立，著名的"东坡双槐"，传说是苏东坡亲手种下的。尤其著名的是开元寺塔，是闻名全国的古建筑，为八角形楼阁建筑，高83.7米。塔身各层外壁内均有一周回廊，整个塔身犹如大塔中又抱着一座小塔。塔内保存有宋代壁画，砖雕斗拱，彩绘天花。回廊两壁有佛龛及历代名人题咏碑刻30多方，各层门窗雕刻的五彩祥云，象征着佛光普照。宋代时定州是与辽毗邻的军事重镇，可登塔来观察敌情，故此塔又称为"料敌塔"。

现在定州贡院和文庙是可以继续作为活动场所使用的。对于普通居民来说，住在祖屋，用着前辈传下来的物件，就是一种归属感。城市亦然，如果有留着上百年甚至几百年的老建筑，人们还能在里头呆着，那么这座城市的味道，过客对这个城市的感觉，市民对这座城市的情感和回忆，都会是不一样的。

比如上海外滩和租界区的老建筑、老洋房，如今仍然在使用。上海这些一两百年的老房子，虽然是在那个特定的时代西洋文明与中国文化交织的产物，如今，却不仅低调地诉说着过去，更以它独特的面貌在时尚潮流中占据着重要的位置。虽然斯人已逝，这些石质的载体却也带了历任主人们的精神。不得不承认，上海的格调或者所谓的腔调，多多少少是跟这些老房子和曾经住在里面的人的故事联系在一起的。

意大利的佛罗伦萨历史中心区是整体作为世界文化遗产被保护起来的。作为文艺复兴的象征，佛罗伦萨在15世纪和16世纪的美第奇时代达到它在经济和文化上的顶峰。600年来佛罗伦萨的艺术活动异常活跃，在这个历史中心区里，甚至保留着13世纪的菲奥里的圣玛利亚教堂，当然也包括圣十字教堂、乌菲齐宫、皮蒂宫这样著名的建筑，还有乔托、博蒂切利和米开朗基罗等大师的杰作。然而历史城区的最主要的意义就是有人，所以在坚持了文化遗产保护的基本原则之外，市民和游客在这个区域里自由地活动。这个保护原则简单的说，就是真实性和完整性，也就是说，保持街区的原貌，不仅要保护区域内的每一栋历史建筑，建筑之间的环境也不能人为地"现代化"。

大部分的文化类论坛都在豪华现代的会议中心和会议室里举办，但去年在佛罗伦萨召开的一个文化论坛却让人印象深刻。会议在佛罗伦萨市政厅举办，这个建筑本身叫做维奇奥宫，也叫"旧宫"，曾经是美蒂奇家族的住所，是一座建于13世纪的碉堡式宫殿，门口竖立着米开朗基罗的"大卫雕像"，而且在很长一段时间里都放置的是这座雕像的原作。会议室是建筑内部二层的16世纪沙龙，那里从佛罗伦萨共和国时期就用作开会，两侧墙壁上绘有米开朗基罗的名作"胜利"。另一个会议室则是三层的13世纪沙龙，那里有着精致的穹顶画和16世纪制作的佛罗伦萨地图壁毯。论坛的附属活动则分别在佛罗伦萨13—14世纪修建的圣玛利亚教堂修道院、圣十字教堂修道院、黛拉培西亚别墅、福德尔利城堡举行。与会者自然是表示叹为观止，整个佛罗伦萨的老城不再像是一个冷冰冰讲外语的孤僻老人，而是娓娓道来，亲切活泼得紧。而主办方也传达了这样的思考：文化遗产，尤其是这样的古代建筑，除了改成博物馆，整个区域整体的可持续发展利用上还有很多可以探索的方式。

北京大概已经没有佛罗伦萨这样成片的完整历史遗迹区了，在层层环路中，仅存的胡同街道也被违建遮蔽了本来的模样。但是人们在其中探索了具体的运用方式。智珠寺院子内最早的建筑群建造于15世纪的永乐年间，当时为皇家御用的番经厂和汉经厂，也住过高僧。1949年以后，智珠寺的一部分曾被改建为电视机厂，生产了北京第一台黑白电视机。现在它经过一群热衷于古建筑保护的人士长达5年时间的修复被按建筑原貌一比一重建起来了，其中一部分变身为集酒店、法餐、艺术展览于一身的高档场所。而像苏州姑苏老城这样能够幸运而有远见地被相对完整保存的，已经很少了。拆都拆了，再仿古重建也只是东施效颦。只能根据现在还留下的老城区状况具体分析，毕竟先人们留下的老房子并不是只有开发成高档会所这一种方式。对于定州来说，如果基础比较好，保存的格局、风貌都基本完整，遗迹也很集中，可以把新城建设和老城保护在地理上分割开来，互不干扰；如果还有小片的历史遗迹在，可以大胆地在周围引入城市现代生活，把小片的遗迹保护起来；而如果遗迹在这座城市里大多都已经面目全非，仅有零星的几个点，在条件允许的情况下不妨做些创意创新，让遗迹活下去。

三、古镇的旧颜新貌

不得不承认，主导着媒介话语，最有消费能力的这个群体近些年陷入到了一种集体怀旧的情绪中。持续十几年热度仍然不退的古镇旅游就是其中一个例证。在小镇那些一脸安详的居民和简单古朴的生活中，在那些充满神秘气息的传统仪式里，人们奔赴田园乡村，奔赴神山和圣水，奔赴信仰导师和手作匠人的居所。这和任何时代都有的收藏旧物的个人怀旧有所不同：一切与西方都市不同的物品都成为了非物质的"遗产"，人们没有时间再耐心等待自己坐着摇椅慢慢聊的那个年纪，而是迫不及待地以尚处青年的身躯，挟裹在整个后现代反思的洪流中，站在整个人类的宏大"思乡"情结之上，展开着一场隆重的怀旧活动。

如果说一个人的怀旧情绪是在如今嘈杂的社会里疲惫地寻找自己的归属感，一个城市的怀旧情绪，则是努力在稀缺的注意力经济中，在这个就连与众不同都变得毫无新意的语境中，给自己的这片土地一个与众不同被人记住的理由。每个城市都在拼命挖掘自己的前半生。工业发达的东中部城市轰轰烈烈开展着旧厂房改造运动，那些彩色的小心思和小格局被放置在厚重的工业遗迹之中，人们用力所能及的文化和艺术叛逆着工业化生产的记忆。有些许历史的城市也热衷于开发和重建各种历史文化街区。然而除了极少数的成功案例，大部分都变成了主题公园式的工整街区，有着适合"到此一游"的影视拍摄外景地的气质；有的成为地产开发的招牌却无力为继，招商不足大片闲置。今年国庆期间济南宽厚里开街，这是一个听名字很像是在向成都的宽窄巷子致意的项目。然而与成都宽窄巷子得到的美誉不同，当地媒体惊呼着"没文化"，网友哀叹着"名曰宽厚，却对传承如此刻薄！"这是定州开发类似项目的时候特别要注意的。

如果说丽江和山村田园风光是人们直接回望质朴生活、旨在慢下来逃离朝九晚五这种怀旧思维的1.0版本，成都的锦里和宽窄巷子就是2.0版本。宽窄巷子是北方胡同文化和建筑风格在南方的一个"孤本"，也是一片比较成规模的清代古街区,本身保留着成都过去的城市格局痕迹。宽窄巷子的开发跟现在普遍的拆掉重建或者复建不同，基本上保留了原址原貌，又点缀着现代人的巧思。三条老巷子分别有着老生活、慢生活和新生活的清晰定位和区分，而文人们的纷纷入驻经营酒吧餐厅真的又赋予了这个街区见证当代文学生态的文化地位。于是它既成了人们回忆老街生活的目的地，又显示了传统与现代融合的方式，还借了文人墨客之手把这些带着怀旧情愫的过客想说的话用文学语言表达出来，这令宽窄巷子的格调比普通青年扎堆的古镇古街又高出了一筹。

而成都大慈寺周边国际金融中心、远洋太古里、崇德里这一片新的商业街区的建成，将宽窄巷子那种老建筑老情怀的方式与现代商业综合体结合，把这种怀旧情绪进化到了3.0版本。大慈寺历史上是一座著名的古寺，鼎盛时期有8524间各种房廊，96个院子，围绕着寺庙更是流传近千年的商业中心。而如今呈现出的面貌，并不是大部分城市会选择的原样复建，虽然在崇德里连老房子的瓦片都是拆下来一片片清洗修复过后重新放上去的，但是国际金融中心楼上又摆满了当代艺术家的雕塑和装置艺术。而围绕着大慈寺建起来的远洋太古里，把众多的国际奢侈品牌、中国最大的民营书店和古刹放置在一起，本身倒像是一种装置艺术。奇妙的是，各种八竿子打不着的视觉元素放在一起，非但没有违和感，还让人隐约体会到唐宋时期那种庙市兴旺的质感。

所以，定州正在恢复的传统体验街区，除了要考虑传统的原始风貌、历史规制之外，还要考虑消费者的喜好和接受能力，切忌仅从供给角度出发考虑问题，只考虑有什么可以提供，而不考虑消费者愿意逛什么、看什么、买什么。

对于古镇、乡村和老街，人们的情感是复杂的。观光客收获了光和影的照片以及纪念品，试图来找到一种不同于现代城市生活的"味道"和"感觉"，或者是一种"时光的痕迹"。对于古镇的期待，是混杂着乡愁、怀旧、猎奇和消费的。不同的人来这里寻找不同的心理满足，于是它又注定无法令所有人满意。就像新修的仿古建筑群，很容易就会有主题公园的即视感，但是仍然可以吸引到大量的投资和蜂拥而至的游客，有的人弃它空洞的外壳失去了传统应有的味道，有的人爱它带着消费时代的华丽，不近不远的陌生感。

这种怀旧的乡愁，已经超出了对于古村镇保护的社会历史意义。它既是个体对自己过去的童年记忆，也是整个社会集体的无意识在后工业时代对于现代性的反思，它还是从一出生就浸润其中的新人类认识世界的方式。这是一种剔除了所有灰暗真实的集体想象，是闲适、友爱、纯净、美好的乐土，如果古村是这种集体想象的农村田园版，古镇就是它对于原始城镇的乌托邦回想。所以人们在古镇寻找的并不完全是个人童年的真实回忆，更是追求一种与现代城镇和都市生活的强烈反差。

其实，这种永恒的悖论在这里，现代人会越来越向往田园和原生态，但是他们已经太习惯现代化的生活了。于是，基于这种理解，就容易明白古镇复兴需要做什么了。不仅是保护和恢复最初的建筑形态，更是生活方式的重建。重建起来的这种生活方式，是既不同于原生态，也不同于都市现代生活的新方式。

现代建筑是古镇的大敌，经过现代技术改造的传统建筑才能留得住居民。曾经在法国普罗旺斯慕名去看过一个石头城，小镇里的大部分建筑建于中世纪时代，整个小镇的房屋都是石头的原色，用山上的花岗岩累积而成，依山而建，错落有致。当地居民不足两千，但独特的建筑风格加上特殊的地理位置，吸引了无数的游客前来观光。我当时以为这是一座空城，因为中世纪的建筑显然没法让现代人居住。直到刚好路过一家正在举办婚礼的人家，被主人热情地邀请进屋为新婚夫妇送上祝福，才看到原来屋内装潢陈设极为现代，虽然房屋顶着石色的外壳，真正在里面生活也是正常和舒适的。这便让人领悟，所谓现代化并不是表面的视觉设计变革和破旧立新，用现代技术让人们更方便地延续传统生活方式才是进步的真谛。

再举一个国人熟悉的奥地利"最美湖畔小镇"哈尔施塔特做例子。依山傍水的哈尔施塔特位于阿尔卑斯山区，面积极小，常住人口不足千人，但每年接待的旅游者超过50万人次。小镇只有一条路可供出入，只有当地居民的自用车和警车、消防车、救护车可以开进小镇，所有的游客只能把车停在小城外面的公共停车场，步行进城游览。最重要的是，这座看上去传统的小城也是经过现代改造的，尤其是看不到的排水系统，使得虽然小镇临湖，但所有的生活污水绝不入湖，而是通过管道送到污水处理厂。小镇也改变了原有的能源使用，更多使用电能，采用集中供暖，地热泵供暖等。

然而说到底实用技术保证建筑外观的原汁原味和居民生活方式的正常延续也只是提供外在的视觉感官和氛围营造，对于大部分景色无法出奇制胜的古镇来说，文化才是灵魂。

墨西哥小城瓜纳华托是墨西哥若干西班牙殖民地风格的城市之一，也是充满了绚丽多彩的建筑。但它之所以能在众多美丽的小城中脱颖而出，很大程度上得益于每年在这里举办的塞万提斯国际艺术节。40多年来，这座小城因为文化而发展，基本每个月都会举办各种艺术活动。小城如今拥有24座博物馆，7座剧院，还有若干可以露天表演的广场和街道，而且其中大部分都是免费的。文化内容为彩色建筑提供了可持续的生命力，成为游客源源不断涌来的主要原因。

这些外国的例子未必能够直接移植到定州，不过在中国也有类似的经验可以借鉴。比如在中国，乌镇已经走在了众多小镇的前面。每年的乌镇戏剧节和贯穿整年的大小节庆活动和国际论坛使这个小镇率先走出了靠建筑吸引人的阶段，靠文化赢得了更多发展空间。

中国目前有国家级的历史文化名镇252个，历史文化名村276个，还会有更多的城镇和乡村加入到这样的名录中。而现在中国大部分的城市都有古镇和乡村打造的计划，定州再造古镇或者古街想要脱颖而出会越来越难，甚至可能停留在主题乐园层面的体验。古镇复兴是一项持续的建设事业，更是一个真正要动脑子规划在前面的立体方案。

四、互联网+与城市旅游的3.0版本

著名的城市研究学者查尔斯·兰德利提出过从0.0—1.0—2.0—3.0的四级城市形态描述。像中国这样在最近几十年里突然发力，一直跳跃着大步往前发展的国家来说，大部分的中国城市，从城市最初的形态到如今西方学者称之为3.0的时代只经过了这么短的时间。当我们开始大规模谈论3.0的时候，其实相当部分的城市还只是处在1.0时期。兰德利提出的这种带数字的城市阶段划分，倒是时下流行的方式，把城市从古到今分为从0.0版到3.0版的城市发展阶段。

在工业革命之前的一两千年，城市发展都属于0.0版本，人们根据政治的需要、文化的需要、宗教的需要、手工业发展的需要或者商业的需要形成了不同功能的集聚，于是形成了最初的城市。像是欧洲的佛罗伦萨、梵蒂冈、阿维尼翁，这样的城市遗存如今基本都成为了文化遗产，成为了与我们如今的生活有距离的遗迹。

而进入工业化时代，城市也进入了1.0版本。1.0版本的城市是工程学意义上的城市，修建的是城市的硬件和基础设施——房屋、道路，这是工业化时代到来的象征，追求的是形式上的力量，扩大的城市规模，更高的建筑。相对于人的个体感受而言，这种城市努力塑造的，是建筑的形象。不管是纽约的曼哈顿建筑群的剪影或者航拍照片，还是我们每个游客前往上海黄浦江边或者香港维多利亚港都会拍摄的那

张对岸建筑群的照片。在这个版本的城市观念中，这些繁华与发达是这座城市的标志。

2.0 版本的城市是软件的城市，也是将城市的功能区进行明确划分的阶段——比如智慧城市，比如修建产业园。公共艺术成为更为重要的形象标志，日常生活的审美化促进了商业广告创意和城市街道景观的巨大变化。伦敦的地铁是城市 2.0 的一个范本。它的圆形标志和地铁路线图成为最为经典的设计之一，被全球熟知，比伦敦市的徽标还要著名。这些图案出现在所有类型的旅游纪念品上，成为城市的象征。

而我们不知不觉进入的这个 3.0 的城市，城市更适合人的行走和居住，所有的功能区域和部件不再生硬地区分，而是返璞归真到了一种村庄一样的自然状态。城市化的程度到达了更高的比例；空间更为开放，功能不再严格限定在固定的区域和办公室里，家里可以办公，咖啡馆里可以办公，公园里也可以；由于互联网和云的充分使用，分享经济迅速发展，可以有没有酒店的酒店连锁，可以有没有出租车的出租公司。

这种划分清晰而让人期待。然而不久前深圳发生的渣土滑坡的事故给了我们别的启示。在快速建设的深圳市，土地面积的局限使得建设废弃的土料堆放都成为了很困难的事。虽然媒体已经在很久以前就报道过，随着地铁兴建、旧城改造和各种建筑工程的实施，这种"余泥渣土废弃物"已经成为了快速发展的大城市必须面对的问题。可是当高高的渣土堆不堪重负倒塌的时候，人们不禁会疑惑，当我们的城市有了更多酷炫的功能，就真的可以算作 3.0 版本的城市了吗？

所以还有学者开始思考，这一切形式上的革新都是新一代城市的特征，但是城市的 3.0 版本决不仅仅是这些。因为我们看到各种有设计感的高楼之下是一场暴雨就能使之崩溃甚至因此出人命的下水道系统，明明已经将道路修建得四通八达却仍然总是水泄不通，看到人们总是笼罩在一片印象派的水墨画的空气里，看到普通人也能随口说出一堆与空气和食品有关的化学术语，看到电力一旦故障整个供水、供暖就瘫痪的高级公寓……城市基础设施和管理水平虽然都是过去阶段城市的特征，却直接影响了城市最终的品质。形式的高大，人在哪里？城市即人。

或者可以换句话说，时代和文化的整体发展阶段并不总是与城市的实际发展水平同步的，也许一个城市已经进入全互联网时代，但基础设施和文化观念却还没走完 1.0 的阶段。也或许正相反，一个城市保持着严格的传统戒律，拒绝新的创意和技术的尝试，但是却让人生活得很方便、舒适和自由，这也是可能的。所以，你的城市现在是几点零时代？

重要的是，如果有选择的自由，定州选择几点零？这是一个关乎市民的生存，也似乎关乎现代性、后现代性的哲学命题。不是吗？选择的艰难。